Lee Bailey Kalifornien

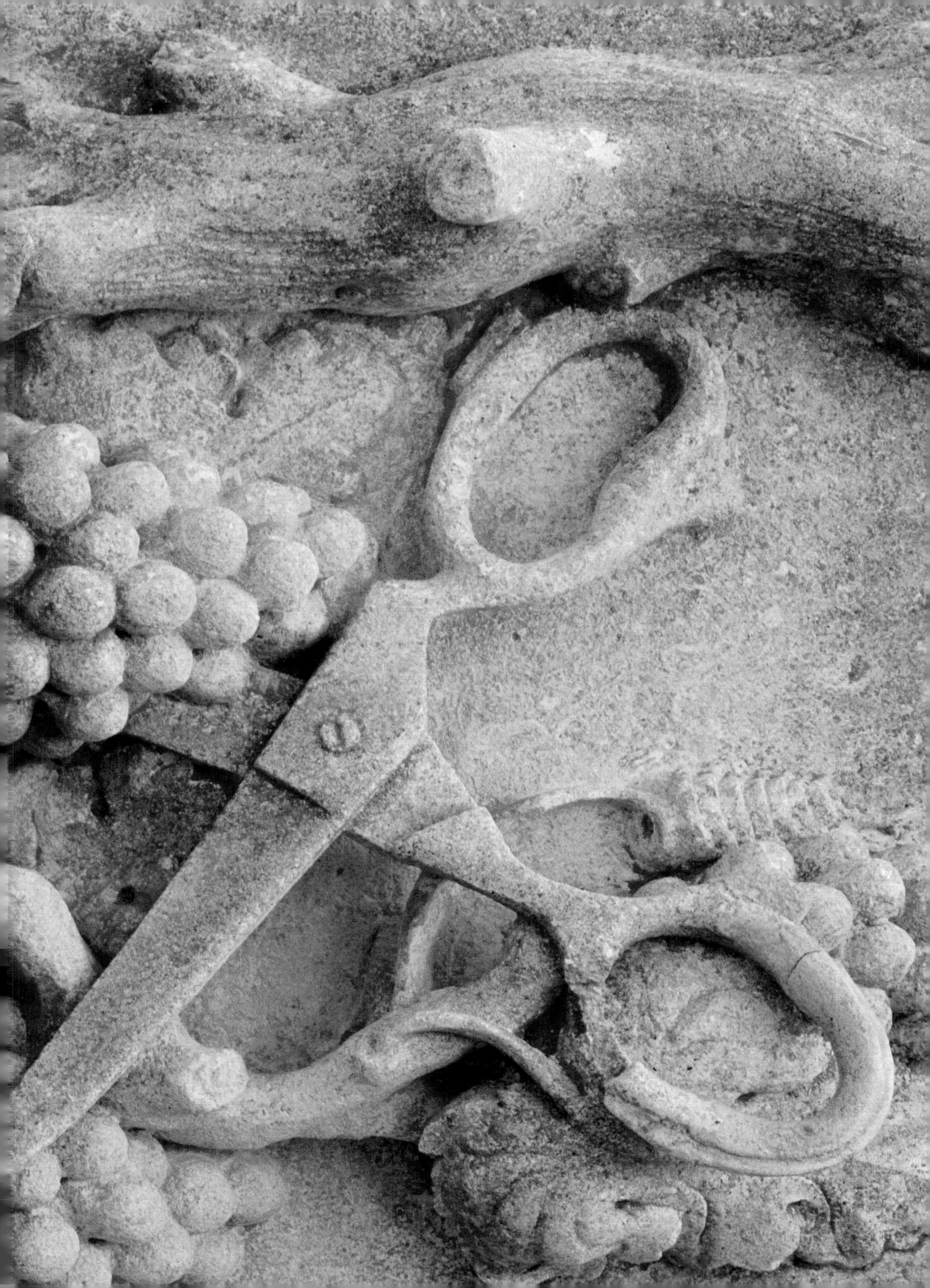

Lee Bailey

Kalifornien

Das Wine Country:
seine Küche und seine Weine

Photos von Tom Eckerle

Aus dem Amerikanischen
von Susanne Bunzel

edition spangenberg bei
Droemer Knaur

Meiner Freundin und ehemaligen Verlegerin Carolyn Hart Bryant,
für Jahre der Ermutigung, der harten Arbeit und Hilfe –
vor allem aber für die inspirierende Zusammenarbeit.

Die Deutsche Bibliothek – CIP-Einheitsaufnahme

Kalifornien : Das Wine Country: seine Küche und seine Weine /
Lee Bailey. Photos von Tom Eckerle. Aus dem Amerikan. von Susanne Bunzel. –
München : Ed. Spangenberg bei Droemer Knaur, 1995
Einheitssacht.: California Wine Country Cooking <dt.>
ISBN 3-426-26855-8
NE: Bailey, Lee; Eckerle, Tom; Bunzel, Susanne [Übers.]; EST

Die Folie des Schutzumschlags sowie die Einschweißfolie sind PE-Folien und
biologisch abbaubar. Dieses Buch wurde auf chlor- und säurefreiem Papier gedruckt.

© Copyright der deutschsprachigen Ausgabe
Droemersche Verlagsanstalt Th. Knaur Nachf., München 1995
© Copyright des Textes 1991 by Lee Bailey
© Copyright der Photos 1991 by Tom Eckerle
Die amerikanische Originalausgabe erschien unter dem Titel »California Wine Country Cooking«
1991 bei Clarkson N. Potter, Inc., New York.
Das Werk einschließlich aller seiner Teile ist urheberrechtlich geschützt.
Jede Verwertung außerhalb der engen Grenzen des Urheberrechtsgesetzes ist ohne
Zustimmung des Verlags unzulässig und strafbar. Das gilt insbesondere
für Vervielfältigungen, Übersetzungen, Mikroverfilmungen und die Einspeicherung
und Verarbeitung in elektronischen Systemen.
Umschlaggestaltung: Agentur ZERO, München
Umschlagphoto: Tom Eckerle
Herstellung und Satz: Bernd Walser Buchproduktion, München
Reproduktion: Fotolitho Longo, Bozen
Karte: Kartographie Winkler, München
Druck: Appl, Wemding
Bindung: Sigloch, Künzelsau
Printed in Germany
ISBN 3-426-26855-8
5 4 3 2 1

Inhalt

Einführung 7	Ein sommerliches Abendessen 93
Lunch im Atrium 13	Stag's Leap Wine Cellars
Cain Cellars	Ein Familienessen 99
Ein herbstliches Dinner 19	Alexander Valley Vineyards
Iron House Vineyards	Picknick im Weinberg 105
Hors d'œuvres und Desserts für eine Party 25	Louis M. Martini Winery
Beringer Vineyards	Ein herzhaftes Frühlingsmahl 111
Ein leichtes Festmenü 35	Robert Mondavi Winery
Cakebread Cellars	Salat, Pasta und Wein 117
Ein Champagner-Dinner 41	Inglenook – Napa Valley
Schramsberg Vineyards & Cellars	Ein Sonntagsessen auf der grünen Wiese 127
Lunch unter Großmutters Laube 49	Newton Vineyard
Beaulieu Vineyard	Ein kleines, aber feines Dinner im Freien 135
Ein Menü für Ballonfahrer 55	Ferrari-Carano Vineyards and Winery
Buena Vista Winery & Vineyards	Indian Summer Supper 141
Ein kalifornisch-mexikanisches Fest 63	Quivira Vineyards
Matanzas Creek Winery	Ein festliches Dinner zu Hause 147
Dinner im Museum 69	Jordan Vineyard & Winery
Hess Collection Winery	Rollies Leibgerichte 155
Lunch und ein Nachmittag beim Croquet 75	Heitz Wine Cellars
Sonoma-Cutrer Vineyards	Ein besonderes Dinner für Freunde 161
Ein elegantes Dinner auf dem Weingut 81	Trefethen Vineyards
Monticello Cellars	Ein Ausflug in die kalifornische Spitzengastronomie 168
Sunday Supper 89	
Fetzer Vineyards	Tips rund um den Wein 187

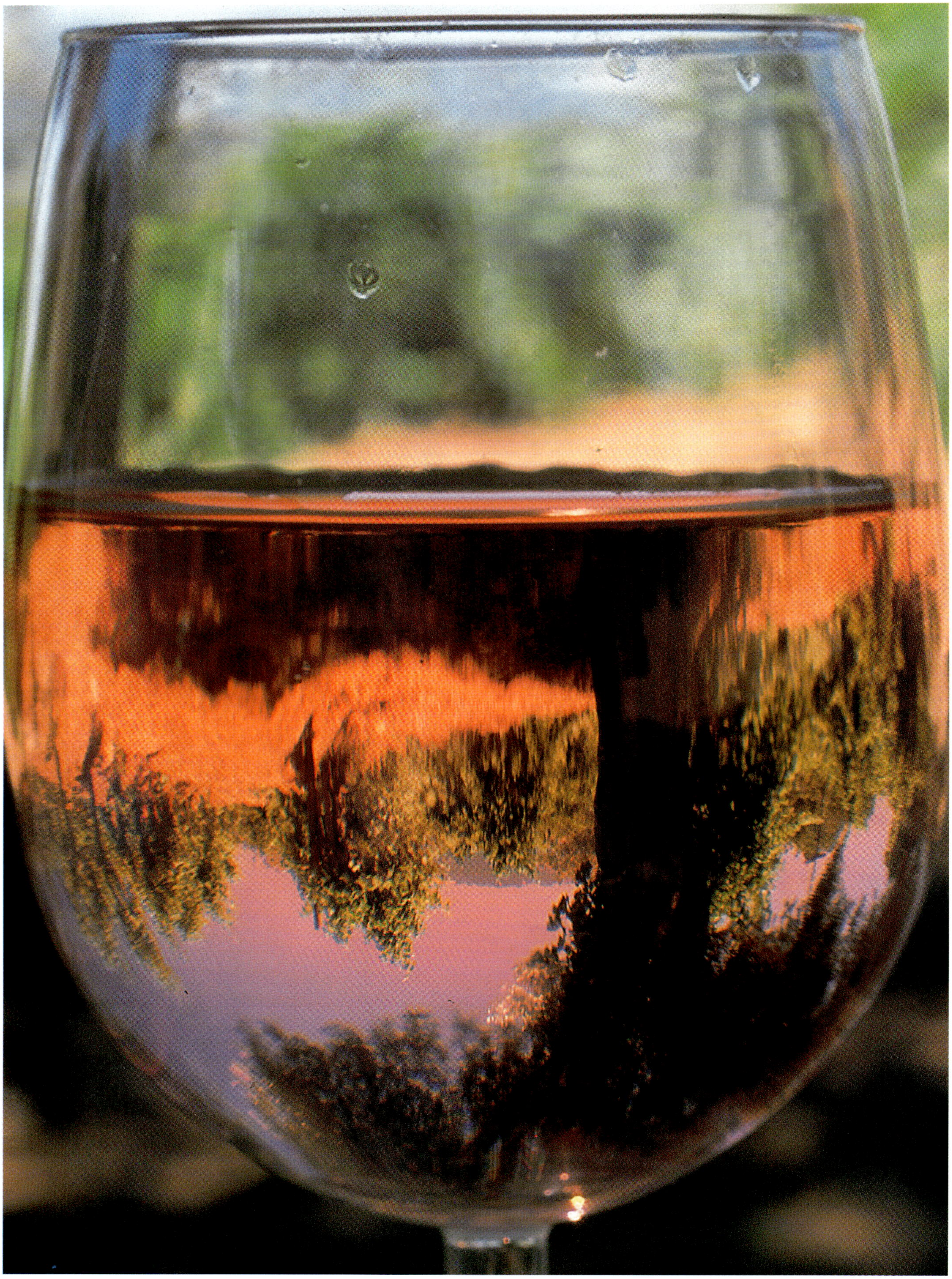

Einführung

Als ich Mitte der siebziger Jahre zum erstenmal in das nordkalifornische Wine Country kam, wollte ich in erster Linie meinen alten Freund Lee Klein besuchen. Der hatte seinen Beruf als Journalist und Verleger an den Nagel gehängt, um seinen Traum von einem kleinen Restaurant im Sonoma County wahr zu machen.

Sterling Vineyards hatte die griechisch anmutenden, blendend weißen Bauten und die Seilbahn für die Besucher des Weinguts gerade erst fertiggestellt. Als wir hinauffuhren und auf die schier endlos weiten Weingärten hinabblickten, erschien mir die Landschaft als ein vollkommenes, ruhiges Paradies. Das Wetter war während meines gesamten Aufenthaltes herrlich, die Luft war warm und duftete nach Frühling – was ich natürlich besonders zu schätzen wußte, da das New Yorker Wetter bei meiner Abreise wieder einen seiner Aprilscherze aufführte und Schneeschauer und Windböen durch die Stadt jagte.

In den folgenden Tagen besichtigten wir noch eine Reihe anderer Weingüter, genossen ein paar nette, aber nicht weiter erwähnenswerte Mahlzeiten und dachten an eine Ballonfahrt.

Damals konnte ich wirklich noch nicht ahnen, was sich alles ereignen sollte.

In den darauffolgenden Jahren schossen die Weingüter wie Pilze aus dem Boden; mit ihnen kamen Leute, die wußten, welch kulinarische Schätze Kalifornien bietet.

In Europa ist es keine aufregende Erkenntnis, daß man dort hinfährt, wo der Wein wächst, wenn man wirklich gut essen möchte. Dasselbe passierte in aller Stille dann auch in Kalifornien: Mund-zu-Mund-Propaganda und Insidertips genügten, um der Spitzengastronomie im Wine Country auf die Sprünge zu helfen. Allein die ruhigen Täler der Gegend boten einen Vorteil selbst gegenüber den alten Weinbauregionen im fernen Europa: Die vielen unterschiedlichen Mikro- und Kleinklimazonen dieser lieblichen Hügellandschaft lassen hier ohne Einschränkung alle nur denkbaren Früchte und Gemüsesorten gedeihen.

Sehr bald schon wurde jede Menge bekanntes Obst und Gemüse angebaut. Als dann schließlich die Winzer über die nötige Erfahrung verfügten und Vertrauen genossen, hielt ein raffinierterer Geschmack Einzug, verbreitete sich und brachte kulinarische Innovationen mit sich. Was einst neu und exotisch war, ist heute selbstverständlich: Tomatensorten von blaßgelb über orange bis tiefrot sind aus der kalifornischen Küche nicht mehr wegzudenken; Paprikaschoten sind in Farben und Geschmacksnuancen zu haben, die vor ein paar Jahren noch völlig undenkbar waren; es gab auf einmal Blattgemüse von butterzart bis scharf. Auberginen, die man zuvor nur als dunkel glänzendes, birnenförmiges Gemüse kannte, bekamen eine neue Form und cremige Haut. Köche mußten nicht mehr nur mit einer Sorte Thymian, Minze oder Knoblauch auskommen. Alle nur erdenklichen Kräuter und Gewürze waren auf einmal da.

Und dann das Obst, von den allgegenwärtigen Kiwis bis zu Persimonen so knackig wie Äpfel, das roh und mit der Schale verzehrt werden kann.

Das ist natürlich längst nicht alles, gibt aber eine Vorstellung von dem, was damals passierte.

Gleichzeitig begannen die Leute, Käse herzustellen oder herrliches Brot in eigens gemauerten Öfen zu backen. Frei laufende Hühner und andere Hoftiere wurden in natürlicher Umgebung und ohne Chemikalien aufgezogen. Aufgeschlossenheit und Freiheit standen auf einmal ganz oben an. Ein Bauer machte sogar seinen »Parmaschinken« selbst.

Praxis und Phantasie führten schließlich zu einer Kochweise, zu einem Gefühl für Speisen und zu einer Form von Gastfreundschaft, von der ich glaube, daß sie dem Geschmack und den Terminkalendern der Leute von heute entgegenkommt. Die Küche ist frisch, vielfältig und reichhaltig, sie ist spontan, schlicht und einfach. Und viele Gerichte sind variierbar, schnell und einfach zuzubereiten. Mehrere kalifornische Köche haben mir erzählt, daß sie eine Zutat, die gerade ausgegangen ist, ganz einfach mit dem ersetzen, was vorrätig ist, und auf dieser Basis dann weiterkochen.

Vergessen Sie also gekünstelte Speisen, vergessen Sie alles, was unnatürlich ist. Das Motto heißt heute »zurück zur Natur«, aber zu einer Natur, die Sie so vielleicht noch nie gesehen haben. Die Speisen können so einfach sein wie eine Tomatillosuppe mit Koriandergrün und Orangen oder aber so raffiniert wie ein ganzer pochierter Lachs für ein Festessen.

Um es kurz zu machen: Willkommen im Weinland Kalifornien!

Lassen Sie uns nun über die Weine sprechen. Wenn Sie die Menüs durchlesen, werden Sie feststellen, daß in vielen Fällen für jeden Gang ein eigener Wein serviert wird (das Wie und Warum erzählen Ihnen die verantwortlichen Köche). Oft sind dabei noch nicht einmal die Weine erwähnt, die vor dem Essen getrunken werden. Natürlich serviert man als normaler Gastgeber selten oder nie so viele Weine zu einer Mahlzeit. Ich selbst habe das auch noch nie gemacht und werde es wohl auch nie tun. Zwei Weine sind für mich ausreichend, und meistens genügt auch nur ein einziger. Aber Wein ist nun einmal das Geschäft dieser Leute. Und dennoch (ob ich nun ihren Ratschlägen folgen werde oder nicht) fand ich ihr Bemühen um Qualität und Vielfalt sehr erfrischend und motivierend, zeigt es doch, daß Wein nicht nur Geschäft ist. Diese Leute betreiben Weinbau mit solcher Hingabe und Konzentration, daß man geradezu von einer Kunst sprechen muß.

Wir können jedenfalls viel von ihnen lernen, beispielsweise wie und warum sie bestimmte Speisen mit bestimmten Weinen kombinieren. Ich glaube nicht, daß Sie und ich nun genau dieselben Weine zu denselben Speisen reichen sollen, denn letztendlich ist – wie auch viele meiner Gesprächspartner in Napa und Sonoma unterstreichen – einzig und allein der persönliche Geschmack entscheidend. Halten Sie sich einfach offen für die Möglichkeiten, die sich bieten, das ist stets von Vorteil. Ich trinke zum Beispiel fast nie Weißwein, wenn ich die Wahl habe; aber während meines Aufenthaltes im Wine Country habe ich alles probiert, was mir unter die Nase kam. Ich bin zwar nicht direkt zum Weißweintrinker geworden, aber ich habe Weißweine entdeckt, die mir besonders gut geschmeckt haben und die ich sicher wieder trinken werde. Ich habe gerade auch wieder entdeckt, wie gut süße Weine zum Dessert schmecken. Ich weiß nicht, warum ich so überrascht war, habe ich doch selbst jahrelang Köche dazu ermutigt, die Schlagsahne zum Dessert mit Bourbon Whisky oder Eau-de-vie zu aromatisieren. Das ist natürlich nicht dasselbe, aber Sie können sich sicher vorstellen, was ich meine.

Durch mein Weinabenteuer lernte ich außerdem, daß das, was für Laien oft wie Wichtigtuerei aussieht, notwendig und wohldurchdacht ist: So dient das Schwenken des Weins im Glas dazu, das Bouquet des Weins freizusetzen, damit man es überhaupt erst riechen kann. Diese und andere Gesten oder »Rituale«, die für den Neuling sonderbar oder einschüchternd wirken mögen, sollten Sie allerdings befolgen, denn das wird Ihr Vergnügen am Wein steigern. Je mehr Sie mit den Riten einer Weinverkostung vertraut sind, um so mehr werden Sie eine solche auch genießen. Es ist ganz einfach, aber es liegt an Ihnen!

Vielleicht das Beste am ganzen Weinland Kalifornien ist die Tatsache, daß jeder, der hier mit Wein zu tun hat, wirklich gerne nicht nur über Wein redet, sondern Laien hilft und ihnen erklärt, was sie gerade verkosten, und dadurch Weintrinken zum Vergnügen werden läßt. Jeder, vor allem diejenigen, die nur mit Großstadtweinhandlungen oder irgendeinem abgehobenen Sommelier gesprochen haben, wird von dieser Offenheit und Bereitschaft zum Erklären begeistert sein. Ich kann eine solche Entdeckungsreise all denen, die sich für Wein interessieren, nur empfehlen.

Obwohl die Köche und Küchenchefs, mit denen ich gesprochen habe, sehr genaue Vorstellungen davon haben, welche Weine man zu welchen Speisen serviert, hoffe ich doch, daß ihre meist kurzen Kommentare deutlich machen, nach welchen Weinen Sie im allgemeinen Ausschau halten sollten. Das ist der erste Schritt. Besonderheiten und Finessen können warten.

Obwohl ich kein Weinexperte bin – schließlich soll das vorliegende Buch in erster Linie ein Kochbuch sein –, hoffe ich, daß die Anmerkungen zum Wein von seiten der Fachleute und meine eigenen Reaktionen Sie nach der Lektüre dieses Buches zum Experimentieren anregen. Wein soll schließlich Spaß machen.

Ich muß noch anmerken, daß einige der Jahrgangsweine, die hier erwähnt und abgebildet sind, nicht mehr im Handel sind, wenn Sie dieses Buch in Händen halten. Das soll Sie aber nicht weiter stören, denn die Unterschiede zwischen den besseren und weniger guten Jahrgängen bestehen oft nur in winzigen Nuancen. Bei einem guten Wein einer renommier-

Weinland Kalifornien

Napa Valley und Sonoma Valley

Cloverdale

Fetzer Vineyards 20km nördlich von Cloverdale

LAKE SONOMA

Ferrari-Carano Vineyards und Winery

Quivira Vineyards

Jordan Vineyard & Winery

Healdsburg

Alexander Valley Vineyards

Russian River

Sonoma-Cutrer Vineyards

Calistoga

Iron Horse Vineyards

Schramsberg Vineyard & Cellars

Cain Cellars

Beringer Vineyards

Santa Rosa

Newton Vineyard

St. Helena

Louis M. Martini Winery

Heitz Wine Cellars

Matanzas Creek Winery

Beaulieu Vineyard

Inglenook-Napa Valley

LAKE HENNESSEY

Cakebread Cellars

Robert Mondavi Winery

Yountville

Stag's Leap Wine Cellars

Hess Winery

Trefethen Vineyards

Monticello Cellars

Sonoma

Buena Vista Winery & Vineyards

Sonoma Creek

Napa River

Napa

PAZIFISCHER OZEAN

SAN PABLO BAY

N

ten Lage gehen Sie unabhängig vom Jahrgang in der Regel kein Risiko ein.

Und noch ein Wort zu den Rezepten. Sie kommen zu etwa gleichen Teilen von den Winzern und von Profiköchen. In jedem Fall spiegeln die Menüs und Rezepte den Stil und die Vorlieben der einzelnen Weingüter wider. Wir haben uns sehr bemüht, alle Rezepte so aufzubauen, daß sie auch von durchschnittlich begabten Hobbyköchen nachgekocht werden können. Sie werden jedoch auch ein paar Menüs entdecken, die etwas aufwendiger sind oder für die man einen zweiten Herd braucht. Darüber brauchen Sie allerdings nicht zu verzweifeln, denn selbst diese Menüs beinhalten jede Menge einfacher Einzelgerichte und Techniken, die Sie nachahmen können. So ist zum Beispiel das Braten des Lammfleischs bei Jordan Winery sehr einfach und ergibt ein herrliches Fleisch. Sie brauchen nicht einmal die Sauce dazu, um das Lamm zu genießen. Sie können Kartoffelpüree und Ihr Lieblingsgemüse anstelle der Beilagen aus dem Rezept reichen und immer noch ein elegantes Mahl auftischen.

Sie werden auf den folgenden Seiten jede Menge gute und interessante Gerichte entdecken, selbst wenn Sie keine Lust haben, jedes einzelne Menü originalgetreu nachzukochen. Sie sind schließlich auf Entdeckungsreise.

EINFÜHRUNG 11

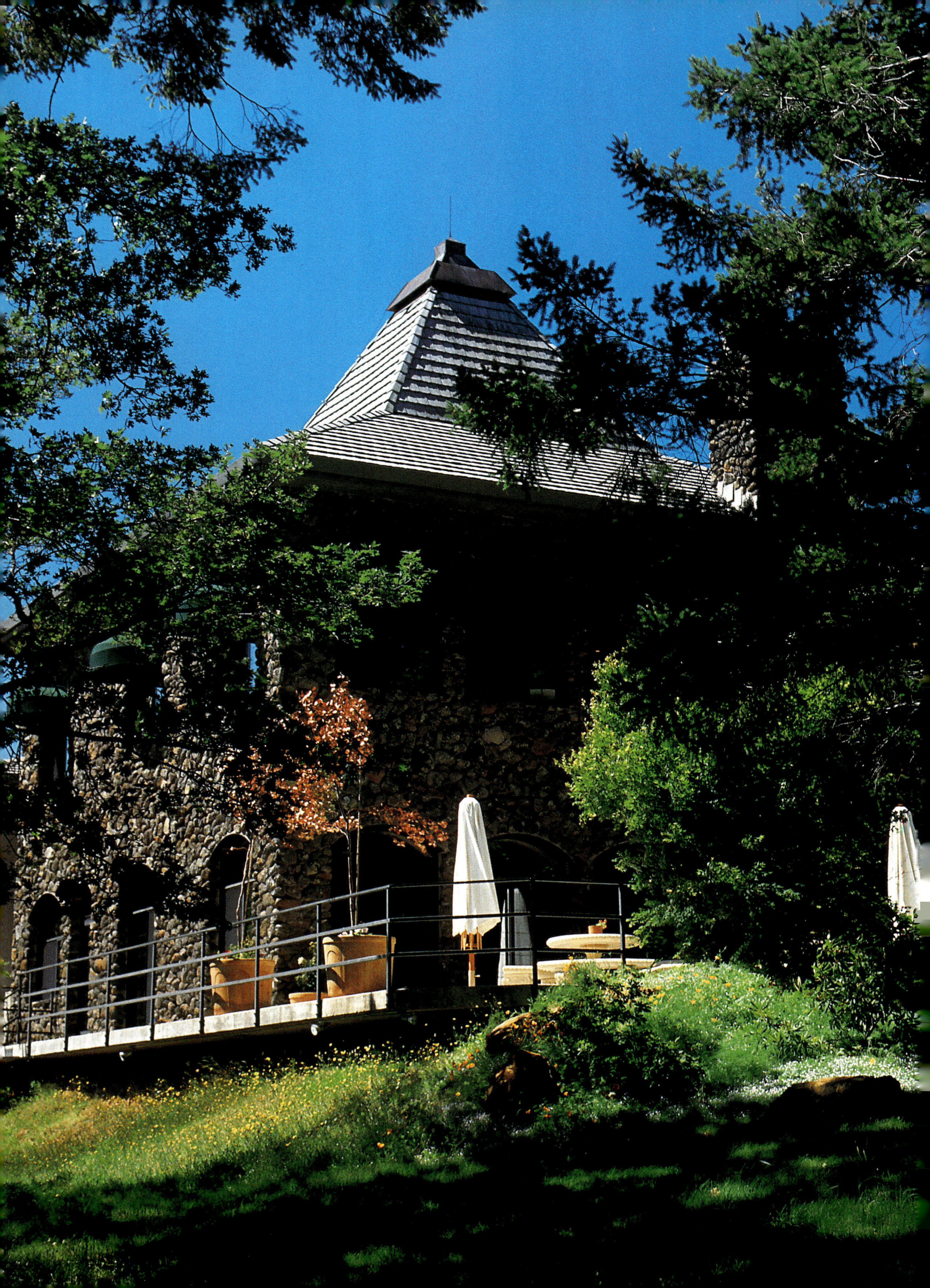

Lunch im Atrium

Cain Cellars ist unter den Kellereien hier im Tal, oder besser gesagt, oberhalb des Tales, noch relativ jung, wurde sie doch erst 1980 gegründet. In jenem Jahr kauften Jerry und Joyce Cain die alte Rinderranch, die sie zum Weingut umbauen wollten. Man kann darüber streiten, ob die Cains von einer unsichtbaren Hand geführt wurden, oder ob es einfach nur glücklicher Zufall war, als sie ihre Ranch fanden. Als sie wieder einmal in Sonoma waren, um nach gutem Rebland Ausschau zu halten, hörten sie beim Frühstück, wie die Leute am Nachbartisch über ein großes Grundstück am Spring Mountain sprachen, das zum Verkauf stand. Nach ihrem »Petit déjeuner« brachen sie sofort auf zu dem unbekannten Ort, verirrten sich auf dem Weg dorthin, wurden von freundlichen Einheimischen gerettet, und zwei Tage später reichten sie ihr Angebot für das Grundstück ein.

Nach einem Jahr Vorbereitungszeit konnten die Cains endlich ihre ersten Cabernet-Sauvignon-Reben pflanzen. Es folgten Cabernet Franc, Merlot, Malbec und Petit Verdot. Fachleute erzählten mir, daß die beiden letztgenannten Rebsorten nicht sehr häufig in dieser Gegend gepflanzt werden, wogegen man sie in Bordeaux, wo man sie für Mischsätze verwendet, oft sieht. Wie Sie sehen, waren die Cains vor allem an roten Bordeauxsorten interessiert und wollten daraus einen eigenen Stil mischen.

Die Frage nach dem Stil sollte Sie nicht allzusehr überraschen, ist Joyce Cain doch auch Innenarchitektin und ihr Mann ein Bauunternehmer und Immobilienfachmann. Bereits in der Vergangenheit haben sie sich um Projekte gekümmert, die Stilsicherheit – wenngleich auf einem völlig anderen Gebiet – verlangten. Stil war also ein selbstverständliches Ziel für die beiden und ein angenehmer Nebeneffekt für den Verbraucher.

Die Cains engagierten sich so für diese Aufgabe, daß sie und ihre Mitarbeiter in der kurzen Zeit seit Bestehen der Kellerei individuelle und preisgekrönte Weine geschaffen haben.

Bei aller Liebe zum Rotwein haben die Cains jedoch den Weißwein nicht vernachlässigt. Sie keltern die Trauben – vor allem Chardonnay – von anderen Gütern in den Weinbaugebieten Napa und Carneros, und auch diese Weine werden allseits hoch geschätzt.

Da die Cains jedoch vor allem auf Mischsätze von Trauben aus dem eigenen Anbau setzen, können sie mit dem »Cain Five« einen echten Spitzenwein anbieten. Wie der Name schon sagt, wird der Wein aus einer gelungenen Mischung fünf verschiedener Rebsorten gemacht.

Zusammen mit den Kellereigebäuden wurde auch ein Wohnhaus hoch oben auf dem Mayacamas Ridge, der das Napa Valley vom Valley of the Moon trennt, gebaut. Sie können sich gut vorstellen, daß fast jeder Fleck in diesem Haus eine atemberaubende Aussicht auf das Napa Valley bis hinüber nach St. Helena bietet.

Im Mittelpunkt des Hauses liegt wie in einem Atrium die Küche – ein ansprechender, verglaster Raum, der einlädt zu einem kleinen Lunch, der jedesmal, wenn man von seinem köstlichen Mahl aufblickt, die wunderschöne Aussicht freigibt. Der Frieden und die Ruhe sind geradezu greifbar, und das Essen ist ausgezeichnet.

Blick auf das Weingut

Menü

*Kammuscheln mit Ingwer-Soja-Butter
auf Bok Choy*

*Gebratener Kapaun mit Pilzsauce
und Babygemüsen*

*Gemischte Blattsalate und Blattgemüse
mit Honig-Zitronen-Dressing*

*Terrine von drei verschiedenen
Schokoladensorten mit Englischer
Creme und Himbeersauce*

87er Chardonnay
Cain Five

Joyce und Jerry Cain

Kammuscheln mit Ingwer-Soja-Butter auf Bok Choy

Mir gefällt die Art, in der Küchenchef Stephen Benson die einfache Zubereitung der einzelnen Bestandteile für dieses Gericht beschreibt. Er nennt dabei verschiedene Garmethoden, so daß Sie die wählen können, die Ihnen am liebsten ist. Achten Sie zum Beispiel auf die verschiedenen Zubereitungsarten für die Muscheln.

1/2 Flasche trockener Weißwein
2 Eßlöffel Reisessig
2 Eßlöffel fein geriebener frischer Ingwer
3 mittelgroße Schalotten, fein gehackt
250 g Butterflöckchen
1 Eßlöffel Sojasauce
500–750 g Kammuscheln (100–150 g pro Person)
3 kleine Köpfe Bok Choy, der Länge nach halbiert
Olivenöl
Zum Garnieren:
1 rote und 1 gelbe Paprikaschote, klein gewürfelt, fein geschnittener Schnittlauch

Wein, Essig, Ingwer und Schalotten in eine kleine Kasserolle geben und bei starker Hitze etwa 5 Minuten lang einkochen lassen, bis etwa 1 Eßlöffel Flüssigkeit übrigbleibt. Die Hitze zurücknehmen und die Butter flöckchenweise einarbeiten (etwas davon beiseite stellen). Vom Herd nehmen und die Sojasauce einrühren. Nach Belieben durch einen Filter gießen. Sauce über einem Topf mit heißem Wasser warm stellen, bis die Muscheln und das Gemüse fertig sind.

Kammuscheln unter dem Grill oder in einer heißen Pfanne mit einem Hauch Olivenöl garen. Wenn Sie die Muscheln grillen, vorher mit Olivenöl einpinseln. Garen Sie die Muscheln schnell und bei großer Hitze, denn dadurch bekommen sie eine schöne Farbe und bleiben trotzdem saftig.

Den Bok Choy in einem Dämpfeinsatz mit wenig Wasser eine Minute lang garen.

Zum Anrichten die restliche Butter zerlassen und die vorgewärmten Teller großzügig damit einpinseln. Dann die Gemüseblätter fächerförmig darauf anordnen. Die Muscheln auf die Stielenden setzen. Mit dem fein gehackten Paprika und den Schnittlauchröllchen garnieren. Sofort servieren.

Für 6 Personen

Kammuscheln mit Ingwer-Soja-Butter auf Bok Choy mit geröstetem Brot

Gebratener Kapaun mit Pilzsauce und Babygemüsen

Kapaun ist sehr selten geworden – um so größer ist dann die Freude, wenn man wieder auf ein Rezept wie dieses stößt. Wenn Sie keinen Kapaun bekommen können, verwenden

Gebratener Kapaun mit Pilzsauce und Babygemüsen

Sie statt dessen eine schöne Poularde oder vielleicht sogar einen Fasan.

(Achtung: Kapaun ist in Deutschland sehr schwer zu bekommen, weil das Kastrieren von Hähnen verboten ist. Man kann ihn in der Regel nur auf Vorbestellung für sehr viel Geld kaufen. Poularden schmecken zwar nicht ganz so zart, sind aber immer noch eine gute und vor allem preiswerte Alternative.)

---

1 Kapaun, etwa 2 1/2 bis 3 kg schwer

Salz und schwarzer Pfeffer aus der Mühle

1/2 Zwiebel, grob gewürfelt

1 Karotte, in Stücke geschnitten

3 Selleriestangen, in Stücke geschnitten

Streichfähige Butter

250–350 ml Hühnerbrühe

200 g Champignons, in groben Scheiben

250 g Crème double oder Sahne

Nach Belieben 1 Eßlöffel Speisestärke

Verschiedene frische, gedämpfte Babygemüse

Ofen auf 200° vorheizen.

Kapaun ausnehmen, Kragen und überschüssiges Fett entfernen. Den Kragen und sämtliche Innereien bis auf die Leber (Leber extra verwenden) in einen stabilen Bräter geben. Den Kapaun innen salzen und pfeffern und mit der Zwiebel, den Karotten und Selleriestückchen füllen. Die Öffnung verschließen und den Kapaun in den Bräter setzen. Mit der weichen Butter bestreichen, salzen und pfeffern. 20 Minuten im vorgeheizten Ofen bei 200° braten, dann die Temperatur auf 165° herunterschalten.

Den Braten mit 1/4 l Hühnerbrühe übergießen; alle 15–20 Minuten die Bratenflüssigkeit abschöpfen und den Kapaun damit begießen. Unter Umständen etwas mehr Brühe zugießen, denn im Bräter sollte immer 1/4 l Flüssigkeit sein. Nach 30 Minuten die Pilze hinzugeben und mit dem Kapaun fertiggaren. Nach etwa einer Stunde Schenkel mit einer Gabel einstechen; wenn klare Flüssigkeit austritt, ist das Fleisch gar.

Den Kapaun herausnehmen und die Flüssigkeit, die sich im Bauch gebildet hat, in den Bräter gießen. Fleisch warm stellen. Das Fett aus dem Bräter mit einer kleinen Kelle abschöpfen.

Bräter auf dem Herd erhitzen, die Crème double in den Bratenfond einrühren und zum Kochen bringen. Sauce etwa 5 Minuten einkochen lassen, bis etwa 3/8 l Flüssigkeit übrigbleiben. Nach Belieben mit etwas Speisestärke eindicken. Dazu die Stärke in etwas Wasser auflösen und langsam in die Sauce einrühren. Sauce durchpassieren, dabei die Pilze herausnehmen.

Die Brust herauslösen. Dazu mit einem Messer auf beiden Seiten den Brustknochen entlangfahren, bis zwei gleiche Hälften entstehen. Die Beine herausnehmen und die Schenkel abtrennen. Das Schenkel- und Brustfleisch in Scheiben schneiden und auf einer vorgewärmten Platte anrichten.

Mit der Sauce und dem gedämpften Gemüse servieren.

Für 6 Personen

Gemischte Blattsalate und Blattgemüse mit Honig-Zitronen-Dressing

Viele Weinkenner werden Ihnen erzählen, daß man Wein nicht mit Salat servieren kann, weil er mit dem Essig im Dressing reagiert. Stephen hat deswegen ein köstliches und einfaches Dressing kreiert, zu dem Sie, wenn Sie wollen, auch Wein trinken können.

Gemischte Blattsalate und Blattgemüse mit Honig-Zitronen-Dressing

2 Schalotten, fein gehackt, oder 2 Eßlöffel fein gehackte Zwiebeln
3 Eßlöffel Honig
3 Eßlöffel frisch gepreßter Zitronensaft
1 Eßlöffel Olivenöl
Frisch gemahlener Pfeffer und Salz
6 Schüsseln gemischte Blattsalate und Blattgemüse oder Salatmischung

Alle Zutaten bis auf den Salat und das Gemüse in eine kleine Schüssel geben und vermischen.

Salate und Gemüse gründlich waschen, trockenschleudern und mit dem Dressing anrichten.
Für 6 Personen

Terrine von drei verschiedenen Schokoladensorten mit Englischer Creme und Himbeersauce

Schokoladenfans aufgepaßt!
Die Schokoladen im Wasserbad unter gelegentlichem Umrühren schmelzen lassen.

Terrine von drei verschiedenen Schokoladensorten mit Englischer Creme und Himbeersauce

300 g Zartbitterschokolade
100 g Milchschokolade
80 g weiße Schokolade
1 knapper Teelöffel Gelatinepulver
60 ml Wasser
2 Eiweiße
3 Eßlöffel Zucker
150 g Sahne
125 g fein gemahlene Walnüsse
Englische Creme
Himbeersauce

Die Gelatine in Wasser auflösen und zur Englischen Creme geben. Diese Mischung in die Schokolade rühren und beiseite stellen. Die Eiweiße mit dem Zucker steifschlagen und beiseite stellen. Die Sahne in einer großen Schüssel steifschlagen und die Schokoladenmasse sorgfältig einarbeiten. Dann den Eischnee unterziehen und schließlich die Walnüsse einstreuen. Die Masse in eine Kastenform füllen. Mit Haushaltsfolie abdecken und über Nacht kühl stellen.

Vor dem Servieren die Form kurz in heißes Wasser tauchen, dann die Terrine auf eine Servierplatte stürzen. Das gelingt in der Regel nicht gleich beim ersten Mal. Noch einmal versuchen oder die Form noch mal in heißes Wasser tauchen. Die gestürzte Terrine mit einem Spatel glätten und 30 Minuten in den Kühlschrank stellen. Zum Aufschneiden Messer in heißes Wasser tauchen. Mit Englischer Creme und Himbeersauce servieren.
Für mindestens 8 Personen

Englische Creme

5 Eigelbe	
120 g Zucker	
1/4 l Milch	
1/4 l Sahne	
1 Teelöffel Vanilleextrakt	

Eigelbe und Zucker in einer Schüssel sehr schaumig schlagen, bis die Masse dickflüssig und hellgelb wird. Sahne und Milch vorsichtig zum Sieden bringen und langsam unter die Eimasse rühren. Die Sauce im Wasserbad kochen. Dabei ständig umrühren und aufpassen, daß am Topfrand nichts anlegen kann. Gut 5 Minuten kochen, bis die Masse etwas eingedickt ist. Vom Herd nehmen, Vanilleextrakt einrühren und den Topf in kaltes Wasser stellen. Ab und zu umrühren, bis die Masse lauwarm ist.
Ergibt etwa 750 Gramm

Himbeersauce

500 g frische oder tiefgefrorene Himbeeren	
Zucker nach Belieben	

Himbeeren mit dem Mixer pürieren. Durch ein feines Sieb streichen und nach Belieben mit Zucker süßen.
Ergibt etwa 400 Milliliter

Die Weine

Ich muß zugeben, Stephen Bensons offensichtlich unkonventionelle Art, Speisen und Wein zu kombinieren, ist sehr nach meinem Geschmack.

»Der 87er Chardonnay sollte vom Muschelgericht bis einschließlich zum Salatgang getrunken werden. Der Cain Five wird zur Vorspeise geöffnet. Meiner Meinung nach kann man zu Geflügel sowohl Rotwein als auch Weißwein servieren. Der Chardonnay schmeckt nach einem ganzen Obstkorb: Apfel, Ananas, Mango und Papaya. Die Aromen entsprechen dem intensiven Geschmack; der Fruchtton wird durch die rauchigen Röstöne der Eichenfässer noch unterstrichen.

Der Cain Five ist ein ungewöhnlich komplexer Rotwein. Vanille, Anis, Minze, Kirsche, Brombeere, schwarze Johannisbeere, Holzrauch- und Tabakelemente finden sich sowohl in der Nase wie auf der Zunge. Sein Merkmal ist ein seidiges, elegantes Gefühl im Mund. Der Wein ist jetzt schon ein Genuß, er wird mit zunehmender Flaschenreife in den nächsten zehn bis zwanzig Jahren aber noch besser werden.

Wir glauben, daß man bei der Kombination von Speisen und Wein ruhig unabhängig von allen Regeln experimentieren darf. Warum nicht den Rotwein zum Schokoladendessert servieren?«

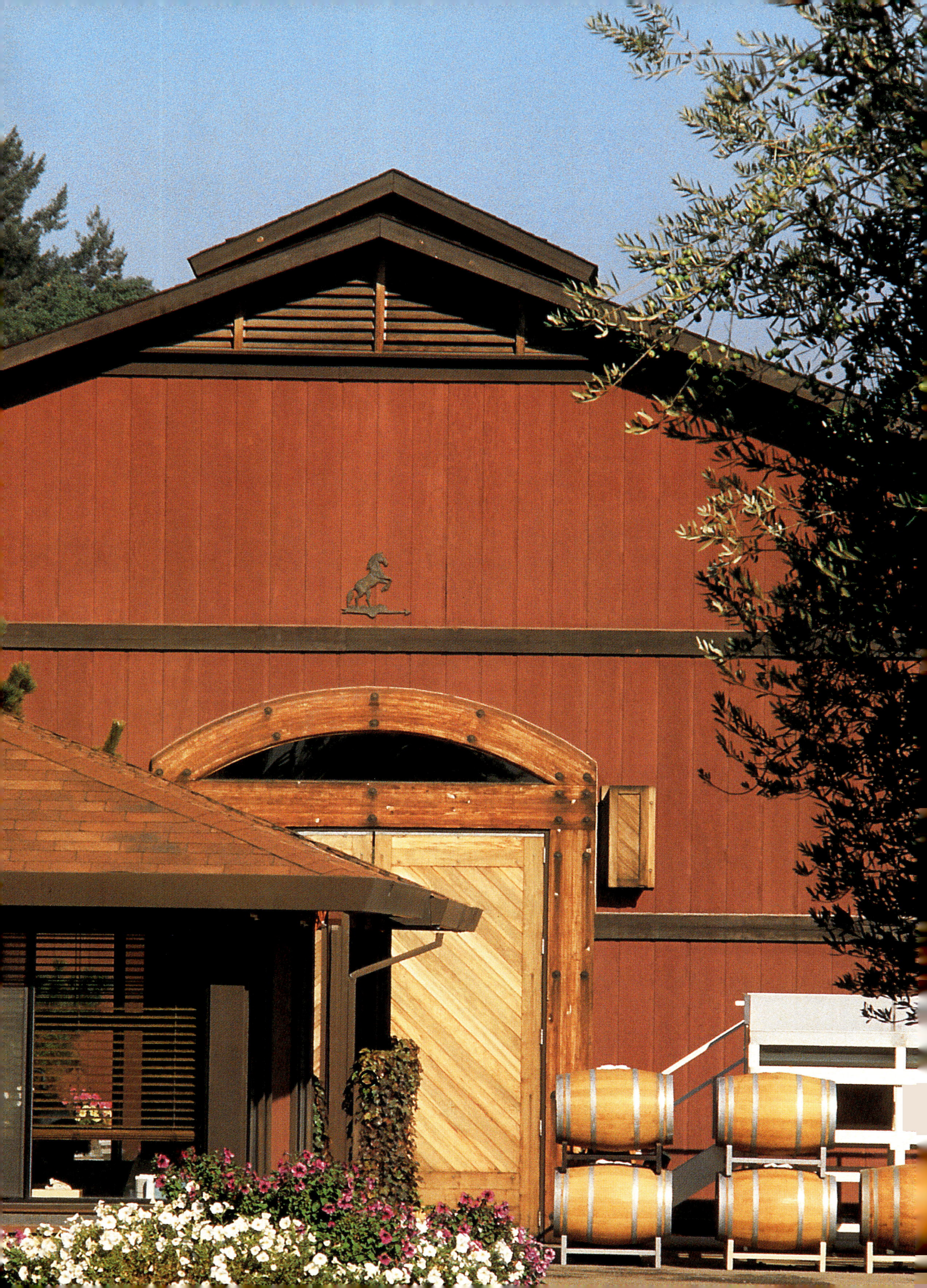

Ein herbstliches Dinner

Wenn alles nach Plan gelaufen wäre, dann würden Barry und Audrey Sterling glücklich in Frankreich leben, Wein machen und wunderbares Essen genießen. Manche Dinge laufen aber nicht nach Plan, und so findet das Dinner jetzt nicht in Frankreich, sondern in Kalifornien statt.

Barry und Audrey lernten sich an der Universität Stanford kennen, wo Barry Jura studierte. Nach seinem Abschluß heirateten die beiden und zogen für ein paar Jahre nach Washington.

1960 nach Los Angeles zurückgekehrt, um eine eigene Kanzlei zu eröffnen, beschäftigte Barry sich mit Firmenrecht und engagierte sich bei den Demokraten. Außerdem war die Familie mit Joy und Lawrence auf vier Mitglieder angewachsen. Das Leben verlief äußerst geschäftig. Die beiden attraktiven und jungen Sterlings hatten gern Gäste und taten sich bei der Bürgerrechtsbewegung in Los Angeles hervor. Vielleicht wären sie immer noch dort – abgesehen von der einen Reise nach Europa, die Audrey ihrem Mann zum dreißigsten Geburtstag schenkte. Für Barry war es Liebe auf den ersten Blick, und in den folgenden Jahren reisten sie viel ins Ausland.

Ein Traum wurde wahr, als Barry Mitte der sechziger Jahre das Angebot erhielt, als Jurist nach Paris zu gehen. Ohne auch nur einen Augenblick zu zögern, zog die ganze Familie nach Paris. Dort lebten sie in einer großzügigen Belle-Époque-Wohnung. Dazu kam ein Haus in Südfrankreich. Später siedelten sie nach London, wo Barry eine eigene Kanzlei unterhielt, über, in ein dreihundert Jahre altes Queen-Anne-Haus.

Die Kellereigebäude sehen aus wie rote Scheunen

In dieser Zeit entdeckten Barry und Audrey ihre Liebe zu französischem Wein und französischem Essen. Auf ihren Reisen kreuz und quer durch Frankreich lernten sie immer neue Restaurants und Weine kennen. Zu dieser Zeit muß wohl auch die Idee geboren worden sein, sich in Frankreich niederzulassen, um dort feine Speisen servieren und eigenen Wein machen zu können. Die ernsthafte Suche nach dem geeigneten Fleck begann 1967 und dauerte bis 1974, als sie ihren Plan wieder aufgaben und beschlossen, nach Kalifornien zurückzukehren.

Enttäuscht, aber wild entschlossen, zumindest einen Teil der Idee zu retten, begannen sie ihre Suche von neuem, diesmal im nordkalifornischen Wine Country. Schließlich erwarben sie die alte Iron Horse Ranch. Die Ranch wurde von Forrest Tancer verwaltet, einem Mann, der das Potential dieses Betriebs voll ausschöpfen wollte. Sein Einsatz und seine Fachkenntnis waren so überzeugend, daß die Sterlings ihn zu ihrem Geschäftspartner machten.

Im Lauf der Jahre wurden Weingärten und Weingut renoviert, man installierte ein Frostschutzsystem, zog Spaliere und Zäune. Gleichzeitig beaufsichtigte Audrey den Wiederaufbau des neugotischen Redwood-Hauses aus dem Jahre 1876 und legte auf dem Grundstück blühende Gärten an.

1979 endlich wurden die ersten Weine gekeltert und entschädigten schon bald für alle Mühen. Heute kann man sich gar nicht vorstellen, daß das Abfüllen dieser ersten Weine gerade einmal eineinhalb Jahrzehnte zurückliegt.

Barrys Traum wurde also doch noch wahr und hat auch seine Existenzberechtigung – man muß das herrliche Essen und die bemerkenswerten Weine nur einmal probieren!

Menü

Thunfisch, Lachs und Stör vom Rost

Frische Tomatensauce

Rote Bete und Goldrüben mit Blattgrün

Grüne Bohnen mit gelben und roten Cocktailtomaten

Feldsalat und Radicchio an Schaumweinvinaigrette

Frische Feigen, in Cabernet und Honig pochiert

Cayenne Pound Cake

Pfeffer-Zucker-Plätzchen

Chardonnay

Cabernet

Gegrillter Thunfisch

Von vorne im Uhrzeigersinn: gegrillter Thunfisch, Lachs und Stör; grüne Böhnchen mit gelben und roten Cocktailtomaten; rote Bete und Goldrübchen; Blattgemüse; in der Mitte: frische Tomatensauce

Thunfisch, Lachs und Stör vom Rost

Eigentlich können Sie eine beliebige Kombination von Fischen wählen, aber diese drei Arten schmecken zusammen besonders gut.

600 g frisches Thunfischfilet
600 g frisches Lachsfilet, in breiten Streifen
600 g frisches Störfilet, in breiten Streifen
Olivenöl
Salz und weißer Pfeffer
Frische Tomatensauce (s. folgendes Rezept)

In einem Gartengrill Kohlenglut vorbereiten, dann den Grillrost etwa 10–15 cm über der Glut (die Holzkohlen müssen mit Asche bedeckt sein) einsetzen. Den Rost richtig heiß werden lassen und in der Zwischenzeit die Fischstücke großzügig mit Olivenöl einpinseln, salzen und pfeffern. Den Lachs zuerst grillen. Etwa zwei Minuten auf jeder Seite garen, bis er sich mit einer Gabel leicht zerpflücken läßt. Vom Rost nehmen und auf einer vorgewärmten Platte anrichten. Dann Thunfisch und Stör grillen. Das Thunfischfilet braucht 2 1/4 Minuten pro Seite, damit es außen gar, innen aber noch roh ist. Der Stör ist nach drei Minuten pro Seite zwar noch fest, kann aber leicht mit der Gabel zerteilt werden. Auf einer vorgewärmten Platte anrichten. Wenn Sie keinen Gartengrill haben, können Sie den Fisch auch unter dem Grill im Ofen garen.

Stör und Lachs um das Thunfischfilet drapieren und mit der Tomatensauce servieren.
Für 6 bis 8 Personen

Frische Tomatensauce

Diese Sauce wird nur ganz kurz gekocht, damit sie ihren frischen Geschmack behält. Sie schmeckt auch zu Nudeln ausgezeichnet.

5–6 Eßlöffel Olivenöl
2 Eßlöffel fein gehackter Knoblauch
8 mittlere bis große Tomaten (insgesamt etwa 2 kg), geschält, entkernt und grob gewürfelt
1 Prise Zucker
Salz und Pfeffer aus der Mühle
3 Eßlöffel frisches Basilikum, in feine Streifen geschnitten

Öl in eine weite Pfanne geben und erhitzen. Knoblauch zufügen und eine Minute unter ständigem Wenden braten. Die Tomaten beigeben und bei kräftiger Hitze etwa 5 Minuten schmoren, bis die Tomaten durch und durch heiß sind und ein Teil der Flüssigkeit verdampft ist. Dabei ständig umrühren. Schließ-

lich den Zucker einstreuen, salzen und pfeffern. Pfanne vom Herd nehmen und das Basilikum einrühren. Servieren.
Für 6 bis 8 Personen

Rote Bete und Goldrüben mit Blattgrün

Viele Leute meinen, das Blattgrün von Rüben sei viel zu bitter. Wenn man es aber mit etwas frisch gepreßtem Zitronensaft oder einem Spritzer Essig serviert, kann es zu einer Köstlichkeit werden. Sie kaufen das Grün ja ohnehin mit, warum es also nicht einmal versuchen?

1 kg rote Bete mit Blattgrün
1 kg Goldrübchen mit Blattgrün
2 Schalotten, fein gehackt
1 große Knoblauchzehe, fein gehackt
1 1/2 Teelöffel Balsamessig
150 ml Olivenöl
1 Eßlöffel Dijonsenf
Salz und Pfeffer
Blattgemüse (s. folgendes Rezept)

Rüben gründlich waschen. Das Grün etwa zwei Finger breit über der Knolle abschneiden und beiseite legen. Die Wurzelfäden abtrennen. Die roten Bete und die Goldrüben getrennt in zwei Töpfe geben und mit Wasser bedecken. Zum Kochen bringen und bei mittlerer Hitze etwa eine halbe Stunde weichkochen. Abgießen und etwas abkühlen lassen, dann die Haut abziehen. Die Knollen je nach Größe halbieren oder vierteln und in zwei großen Schüsseln anrichten.

Während die Rüben kochen, die restlichen Zutaten vermengen und anschließend über die fertigen Rüben gießen. Abdecken und über Nacht im Kühlschrank ziehen lassen.

Vor dem Servieren Rüben aus der Marinade heben; mit dem Blattgrün reichen.

Feldsalat und Radicchio an Schaumweinvinaigrette

Blattgemüse

Das Grün von den Rüben
2 Eßlöffel Olivenöl
1 kleine Knoblauchzehe, fein gehackt
Salz und Pfeffer
1 Eßlöffel Balsamessig

Blattgrün waschen und von den Stengeln zupfen. Öl in einem großen Topf langsam erhitzen und Knoblauch 2–3 Minuten lang darin andünsten. Das Blattgrün in den Topf geben und etwa 6–8 Minuten lang in Öl und Knoblauch schwenken, bis es weich und zart ist. Mit Salz und Pfeffer würzen. Unmittelbar vor dem Servieren mit Balsamessig benetzen.
Für 6 bis 8 Personen

Grüne Bohnen mit gelben und roten Cocktailtomaten

Dieses Gericht ist eine Augenweide!

1 kg feine grüne Bohnen, geputzt
12 rote Cocktailtomaten, halbiert
12 gelbe Cocktailtomaten, halbiert
Salz und Pfeffer
2 Eßlöffel Olivenöl

Bohnen in sprudelndes Wasser geben und ca. 2 Minuten lang kochen; sie sollten zart, aber noch bißfest sein. Abgießen und in eine Schüssel mit Eiswasser legen. Wenn die Bohnen abgekühlt sind, erneut abgießen.

Bohnen unter die Tomatenhälften heben und mit Salz und Pfeffer würzen. Mit Olivenöl übergießen und noch einmal gut durchmischen.
Für 6 bis 8 Personen

Feldsalat und Radicchio an Schaumweinvinaigrette

Das Menü ist so reichhaltig, daß Sie vielleicht gar keinen Salatgang einschieben wollen. Wenn Sie aber doch Lust darauf haben – hier ist das Rezept, das Sie noch mit Monterey-Jack-Käse verfeinern können.

500 g geputzter Feldsalat und zerkleinerter Radicchio
6 mittelgroße Schalotten, fein gehackt
1 Eßlöffel Dijonsenf
125 ml Sekt
125 ml Champagneressig
125 ml Olivenöl extravergine
Salz und Pfeffer
Nach Belieben Monterey-Jack-Käse oder ein anderer halbfester Doppelrahmkäse

IRON HORSE VINEYARDS

Salat in eine große Schüssel geben, mit Haushaltsfolie abdecken und in den Kühlschrank stellen. In der Zwischenzeit Schalotten, Senf, Sekt und Essig in eine Schüssel geben und verrühren. Dann das Öl einrühren, salzen und pfeffern. Nach Belieben noch mehr Öl zufügen. Die Vinaigrette nicht kalt stellen.

Den Salat aus dem Kühlschrank nehmen und zunächst mit ein paar Eßlöffeln Vinaigrette anmachen. Dann abschmecken und nach Belieben mit Käse servieren.
Für 6 bis 8 Personen

Frische Feigen, in Cabernet und Honig pochiert

Die Feigen sehen so gut aus, wie sie schmecken. Und sie sind auch noch ganz einfach zuzubereiten.

Der Tisch ist mit einem herbstlichen Blumenstrauß geschmückt

---

24 mittelgroße Feigen, geputzt
ca. 1 1/2 Flaschen Cabernet
4 Eßlöffel Honig
Nach Belieben Minzeblättchen zum Garnieren

Feigen in einen Edelstahltopf geben. Mit Wein bedecken und den Honig zufügen. Schnell aufkochen lassen, dann die Hitze zurückschalten und die Flüssigkeit simmern lassen. Die Feigen sind fertig, wenn sie weich sind, ohne auseinanderzufallen (insgesamt 4–5 Minuten Garzeit). Abkühlen lassen.

Die Feigen herausheben und die Flüssigkeit etwa 5 Minuten bei kräftiger Hitze etwas eindicken. Abkühlen lassen und kühl stellen.

Vor dem Servieren die Feigen in Glasschälchen anrichten und mit der Sauce übergießen. Mit Minzeblättchen garnieren. Saucenreste können Sie erneut zum Pochieren verwenden.
Für 6 bis 8 Personen

Cayenne Pound Cake

---

250 g Butter, zimmerwarm
250 g Zucker
5 Eier, zimmerwarm
1 Teelöffel Vanilleextrakt
500 g Mehl
1 winzige Prise Cayennepfeffer
1/2 Teelöffel Salz
1 Päckchen Backpulver

Ofen auf 160° vorheizen; eine Kastenform (22 cm lang) einfetten und beiseite stellen.

Butter und Zucker schaumig rühren. Die Eier einzeln hinzufügen und jeweils sorgfältig verrühren. Vanilleextrakt einstreuen. Mehl durchsieben, mit dem Cayennepfeffer und Salz vermengen und erneut durchsieben. Diese Mischung nach und nach in die Buttermasse einrühren. Zum Schluß das Backpulver da-

Frische Feigen, in Cabernet und Honig pochiert, mit Cayenne Pound Cake

zugeben. Den Teig in die Form geben und eine Stunde backen.
Für 8 bis 12 Personen

Pfeffer-Zucker-Plätzchen

Diese Plätzchen sind fast so wie meine Lieblingsplätzchen. Kein Wunder, daß sie mir geschmeckt haben.

250 g Butter, zimmerwarm
300 g Zucker
2 Eier
1 Teelöffel Vanilleextrakt
1/2 Teelöffel Salz
500 g Mehl
1 Eßlöffel Nelkenpfeffer
1/2 Teelöffel schwarzer Pfeffer
Backpulver

Butter und 250 g Zucker schaumig rühren. Die Eier einzeln zufügen und schön schaumig schlagen. Vanilleextrakt einrühren. Salz und Mehl durchsieben und in den Teig rühren, der von halbfester Konsistenz sein sollte. 20 Minuten in den Kühlschrank stellen. In der Zwischenzeit den Ofen auf 180° vorheizen.

Den restlichen Zucker, den Nelkenpfeffer und den Pfeffer in einer Schüssel vermengen und dann auf einem Blatt Wachspapier ausbreiten. Mit einem Löffel Teigportionen abstechen und zu Kügelchen rollen. Die Teigkugeln in den Gewürzen wenden und auf ein Backblech setzen. Dabei genügend Platz lassen, da die Plätzchen auseinanderlaufen.

10–12 Minuten im heißen Ofen goldgelb backen.
Ergibt 50–60 Stück

Die Weine

Mir gefällt die Art und Weise, in der die Küchenchefin Martha Buser erklärt, warum sie und Mrs. Sterling diese Weine für dieses Essen ausgewählt haben. Sie zählt dabei nicht nur die Vorzüge der einzelnen Weine auf, sondern erzählt auch, warum beispielsweise der Pinot Noir, der in der engeren Wahl war, dann doch nicht serviert wurde.

»Wir wählten den Chardonnay zum Fischgang, weil er dem Geschmack der drei Fischsorten mehr entgegensetzen kann als ein Fumé, der von Haus aus nicht so fruchtig ist. Wir hatten auch an einen Pinot Noir gedacht, entschieden uns dann aber für den Chardonnay, weil er den zarten Geschmack des Störs nicht überdeckt. Der Pinot hätte gut zu Thunfisch und Lachs gepaßt.

Cabernet schien uns der richtige Wein für den Salat und das Dessert, weil wir zum Salat den Käse und ein herzhaftes Brot servierten. Und die Feigen wurden schließlich in Cabernet gegart. Ich finde, der Pfeffer- und Beerenton der Cabernetrebe paßt hervorragend zu den Feigen.«

IRON HORSE VINEYARDS

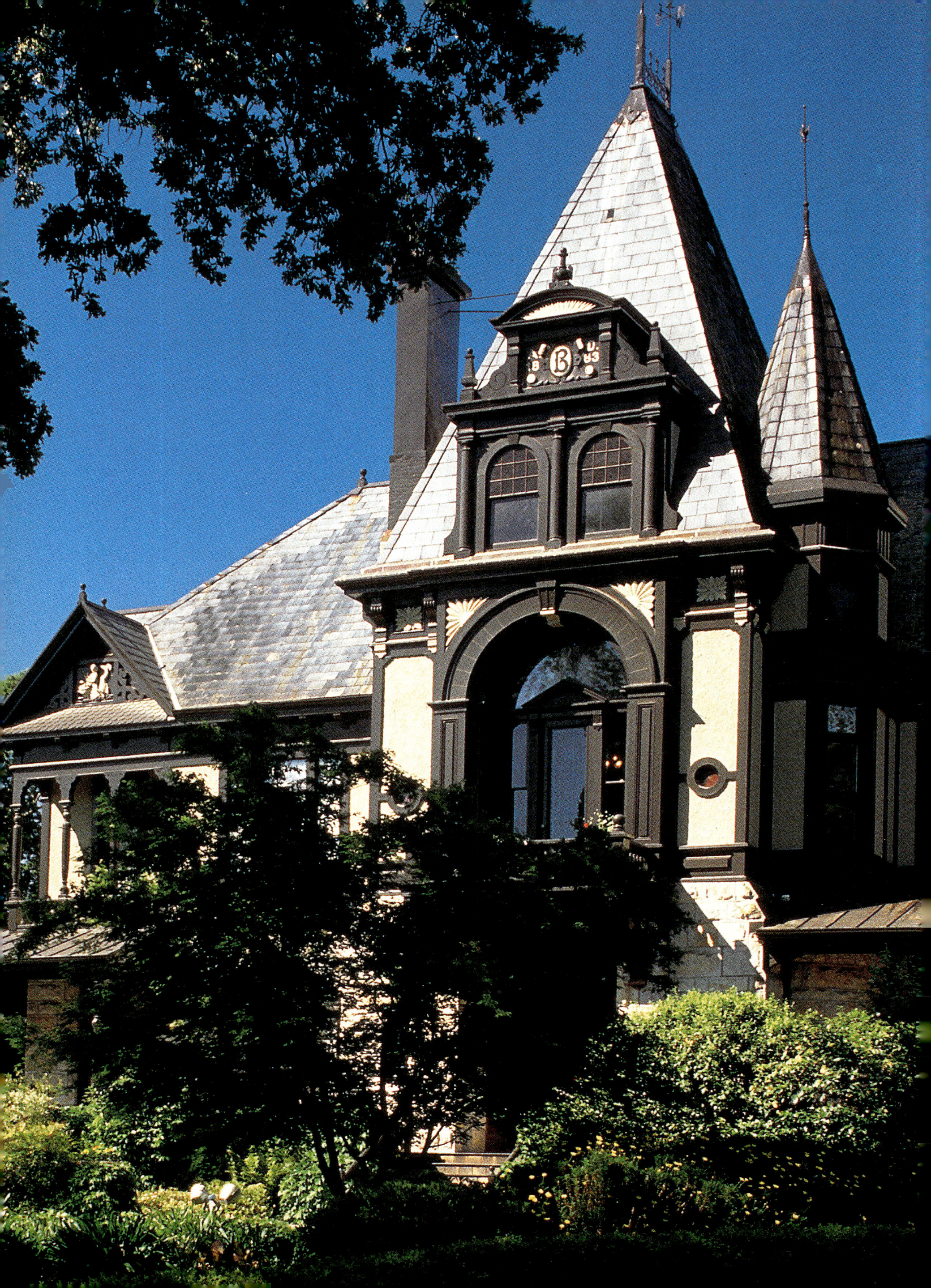

Hors d'œuvres und Desserts für eine Party

Beringer Vineyards wurde 1876 gegründet. Sechs Jahre zuvor war Jacob Beringer auf der Suche nach dem richtigen Klima und der richtigen Landschaft für den Weinbau nach Amerika ausgewandert. Auf seiner Reise verschlug es ihn im Strom des Goldrausches nach Kalifornien. Aber Jacob stand der Sinn nicht nach Goldwaschen, denn er hatte im Napa Valley endlich gefunden, was er so lange gesucht hatte: den geeigneten Standort für die Kellerei Beringer.

Jacobs älterer Bruder Frederick war 1865 nach New York ausgewandert. Jacob, der in Deutschland als Winzer und Kellermeister gearbeitet hatte, konnte seinen Bruder als Partner und Geschäftsführer für sein Weingut gewinnen. Jacob war für die Weinherstellung zuständig, eine Aufgabe, die er bis an sein Lebensende wahrnam.

Gleich nach Fredericks Ankunft in Kalifornien gingen die beiden Brüder an den Ausbau der Kellerei. Durch seine Winzertätigkeit in Deutschland und Frankreich wußte Jacob, daß man Wein am besten in Felsgrotten oder Stollen reifen läßt und lagert. Die Hügel hinter dem Weingut waren dafür wie geschaffen, so daß er dort in mehrjähriger Arbeit Stollen anlegen ließ. Die Hauptarbeit wurde von Chinesen geleistet, die nach dem Bau der Transamerika-Eisenbahn arbeitslos geworden waren. Während die Stollen in mühevoller Kleinarbeit in die Felsen getrieben wurden, entwickelte man einen Wirtschaftsplan für das Weingut. Danach wurden Reben gepflanzt und Gebäude errichtet.

Als die wichtigsten Kellereigebäude fertiggestellt waren, suchte sich Frederick, der das väterliche Anwesen am Rhein nachbauen wollte, ein schönes Fleckchen auf dem Terrain des Weinguts aus und begann 1883 mit dem Bau des »Rhine House«.

Jacob und seine Frau bewohnten bereits seit dem Bau der Stollen das Hudson House aus dem Jahre 1854. Beide Häuser stehen heute noch.

Jacobs feines Gespür für den richtigen Standort der Kellerei in diesem ruhigen Tal und seine Sachkenntnis beim Bau der Lagerstollen, die das ganze Jahr über eine gleichbleibende Temperatur von etwa 14° haben, sind auch für die heutigen Betreiber des Weinguts ein wichtiges Kapital.

Jacobs Nachkommen lebten bis 1971 im »Hudson House«. Dann wurde Beringer Brothers von Wine World Inc. übernommen; im Lauf der Jahre brachten die neuen Eigentümer das Weingut auf den neuesten Stand und führten einige sehr ehrgeizige Projekte durch. Sie erhöhten die Produktionskapazität, bauten den alten Keller und die Stollen aus, renovierten das »Rhine House« (das 1972 in das National Register of Historic Places aufgenommen wurde), kauften Land und Gebäude dazu.

1989 schließlich wurde das Beringer Culinary Center im umgebauten Hudson House eröffnet.

Diese Fachschule für Gastronomie steht unter der Leitung der renommierten Madeleine Kamman. Damit ist Beringer nicht nur unter den Weinbaubetrieben und Kellereien, sondern auch unter den Ausbildungsstätten für die Gastronomie zur führenden Adresse geworden.

*Das historische »Rhine House«,
mit dessen Bau 1883 begonnen wurde*

Menü

Leichte Käsekörbchen
Gegrillte Wachteln Mandarinart
Austern in Rucolacreme
Eingelegte Garnelen
Erdbeerkuchen mit Amarettocreme
Apfelkuchen Napa Valley
Walnußsorbet
Zitronen-Walnuß-Stangen

87er Sauvignon Blanc
87er Knights Valley Gamay Beaujolais

Austern in Rucolacreme

Leichte Käsekörbchen

Wie Sie auf dem Photo erkennen können, sehen diese Körbchen aus Phylloteig (gibt's in vielen türkischen und orientalischen Spezialitätengeschäften) wirklich besonders aus. Sie sind außerdem wunderbar einfach zu machen.

12 Blätter Phylloteig (ersatzweise Strudelblätter)
4 Eßlöffel Haselnußöl (ersatzweise Walnußöl oder Pflanzenöl)
250 g milder Ziegenkäse
125 g Frischkäse
3 Eier
80 g geröstete Pinienkerne
60 g getrocknete Tomaten, fein geschnitten
6 Frühlingszwiebeln mit Halmen, fein geschnitten
2 Eßlöffel Dill, fein gehackt
Schwarzer Pfeffer aus der Mühle
Nach Belieben etwas Salz

Ofen auf 180° vorheizen.
Die Körbchen gelingen am besten in kleinen Souffléförmchen. Dazu den Phylloteig in Quadrate von 20 cm Seitenlänge teilen und mit dem Öl einpinseln. Jeweils 4 Teigquadrate aufeinanderlegen und in die Förmchen setzen. Die Teigenden dabei wie Blütenblätter auseinanderzupfen. Mit Haushaltsfolie abdecken und 1 Stunde kalt stellen. Den Ziegenkäse in eine Schüssel bröckeln und mit dem Frischkäse vermengen. Nacheinander die Eier zugeben und zu einer gleichmäßigen Masse verrühren. Die übrigen Zutaten hinzufügen und sorgfältig vermengen. (Bis zu diesem Punkt kann die Füllung auch schon im voraus zubereitet werden; im Kühlschrank hält sie sich längere Zeit frisch. Dann die Füllung auf Zimmertemperatur erwärmen und wie beschrieben fortfahren.)
Die Teigkörbchen zu Dreiviertel füllen. Im Ofen backen, bis der Teig goldbraun ist und die Füllung Blasen wirft (ca. 12–15 Minuten).
Ergibt 36 Stück

Gegrillte Wachteln Mandarinart

Beim Kauf der Wachteln sollten Sie Ihren Metzger bitten, den Brustkorb und die Wirbelsäule der Wachteln herauszutrennen; das macht dieses Rezept viel einfacher. Andernfalls müssen Sie die Wachteln mit einer Geflügelschere halbieren und den Rest der Wirbelsäule selbst heraustrennen.

375 ml Sojasauce
125 ml Wasser
125 ml Hoisinsauce
6 Eßlöffel brauner Zucker
3 Eßlöffel Reisessig
4 Knoblauchzehen, fein gehackt
1 daumenlanges Stück Ingwerwurzel, hauchdünn geschnitten und fein gehackt
2 Schalotten, fein gehackt
6 Frühlingszwiebeln mit Halmen, fein geschnitten
1 Eßlöffel scharfes Sesamöl
24 kleine Wachteln, in der Mitte aufgeschnitten und auseinandergeklappt

Bis auf die Wachteln alle Zutaten vermengen. Dabei so lange umrühren, bis sich der braune

Zucker auflöst. Die Wachteln in eine weite Form aus Glas oder Ton (nicht aus Metall!) setzen und mit der Marinade bedecken. Die Form abdecken und kühl stellen. Wachteln mindestens drei Stunden lang (noch besser über Nacht) ziehen lassen; ab und zu wenden.

Wachteln aus der Marinade nehmen und sorgfältig trockentupfen. Auf dem Holzkohlengrill oder unter dem Grill im Backofen 3–4 Minuten auf jeder Seite grillen. Sofort servieren.

Für mindestens 12 Personen

Austern in Rucolacreme

Wenn Sie offene Austern kaufen – und das sollten Sie tun, wenn Sie nicht genau wissen, wie man sie öffnet – lassen Sie sich unter allen Umständen die unteren Schalen und den Saft mitgeben.

36 Austern, geöffnet, mit Saft und gesäuberten Schalen
250 g Rucola, geputzt (ersatzweise Blattspinat)
250 g Crème double oder Sahne
3 Eßlöffel Butter
3 Schalotten, fein gehackt
2 Knoblauchzehen, gehackt
12 Eßlöffel Austernsaft, Fischfond oder Muschelsaft
1 Eßlöffel Pernod oder Ricard oder 1 Prise Anissamen
Salz (nach Belieben)
Schwarzer Pfeffer aus der Mühle
Grobkörniges Salz
Geriebener Parmesan
Rucola zum Garnieren

Die geöffneten Austern auslegen, untere Schalen aufheben. Einzeln sorgfältig von allen Muskelteilen säubern. Die Flüssigkeit abseihen und die Austern kalt stellen.

Die unteren Schalen der Austern 10 Minuten in Wasser auskochen und dann abgießen.

Rucola eine halbe Minute in kochendem Wasser blanchieren. Abgießen, auswringen und klein schneiden. In einer kleinen Kasserolle die Sahne bei milder Hitze um die Hälfte einkochen (ca. 15 Minuten).

Butter in einer kleinen Pfanne erhitzen. Sobald sie Blasen bildet, die Schalotten zufügen. Bei mittlerer Hitze glasig dünsten (ca. 3 Minuten). Hitze herunterschalten, den Knoblauch in die Pfanne geben und ein paar Minuten mitdünsten. Den Austernsaft oder Fischfond angießen und die Flüssigkeit bei stärkerer Hitze auf ein paar Eßlöffel reduzieren (5–7 Minuten). Rucola und eingekochte Sahne einrühren und mit dem Pernod flambieren. Wenn nötig, mit Salz und Pfeffer vorsichtig abschmecken.

Zum Servieren grobkörniges Salz auf einer großen Platte mit etwas erhöhtem Rand ausstreuen und die Schalen darauf verteilen. In jede Schale eine Auster setzen und mit einem Löffel Rucolacreme bedecken. Mit Käse bestreuen und kurz im Grill überbacken, bis die Creme Blasen wirft. Mit ein paar Rucolablättchen garniert servieren.

Für mindestens 12 Personen

Anmerkung:
Zum Flambieren den Pernod in einen großen Meßbecher aus Metall oder eine Schöpfkelle

Gegrillte Wachteln Mandarinart

Leichte Käsekörbchen

28 BERINGER VINEYARDS

gießen; fast bis zum Siedepunkt erhitzen und dann mit einem Streichholz anzünden. In die Crememasse einrühren.

Eingelegte Garnelen

Garnelen eignen sich für dieses Rezept besser als Shrimps, denn sie sehen hübscher aus und lassen sich viel einfacher schälen und entdärmen. Zwei bis drei Tage im voraus zubereiten, dann kann sich der Geschmack am besten entfalten.

1/4 l Apfelessig
2 Teelöffel Senfmehl
125 ml Tomatensauce
375 ml Maisöl
2 Eßlöffel Tabascosauce
2 Eßlöffel Worcestershiresauce
1 Teelöffel Salz
1/2 Teelöffel schwarzer Pfeffer
3 Eßlöffel Kapern
250 g rote, gelbe und grüne Paprikaschoten, in feine Ringe geschnitten
500 g rote Zwiebeln, in feine Ringe geschnitten
1200–1500 g Garnelen mit Schwanz, gegart, geschält und entdärmt

Essig, Senfmehl, Tomatensauce, Maisöl, Tabasco- und Worcestershiresauce, Salz und Pfeffer in einer Schüssel (keine Metallschüssel!) verrühren. Kapern, Paprika- und Zwiebelringe zusammen mit den Garnelen in ein großes Aufbewahrungsgefäß schichten. Mit der Marinade übergießen. Gefäß dicht verschließen und kalt stellen.

Mit Baguette oder Crackers servieren.
Für mindestens 12 Personen

Erdbeerkuchen mit Amarettocreme

Himbeeren oder Heidelbeeren können Sie anstelle der Erdbeeren genausogut verwenden – oder kombinieren Sie doch einmal alle drei!

Eine gemütliche Ecke im Freien ist für das Fest dekoriert

Teig:
200 g Mehl
2 Eßlöffel Zucker
1/4 Teelöffel Salz
6 Eßlöffel eiskalte Butter
3 Eßlöffel Eiswasser
Amarettocreme:
1/2 l Milch
180 g Zucker
125 g Mehl
1 Messerspitze Salz
2 Eigelbe, schaumig geschlagen
5 Eßlöffel Butterflöckchen
1 Eßlöffel Vanilleextrakt
4 Eßlöffel Amarettolikör
Nach Bedarf Crème double oder Sahne
Zum Anrichten:
300 g eingemachte Aprikosen
Nach Belieben Kirsch- oder einen anderen Likör
750 g Erdbeeren

Teigbereitung: Mehl, Zucker und Salz auf eine Arbeitsfläche streuen und vermengen. Die Butter mit den Fingerspitzen zerkrümeln und untermischen. In der Mitte eine Vertiefung formen und das Eiswasser hineingießen. Vom Rand her das Mehl darüberhäufen und vorsichtig vermengen. Teig mit den Händen oder mit der Küchenmaschine durchkneten und zu

Eingelegte Garnelen

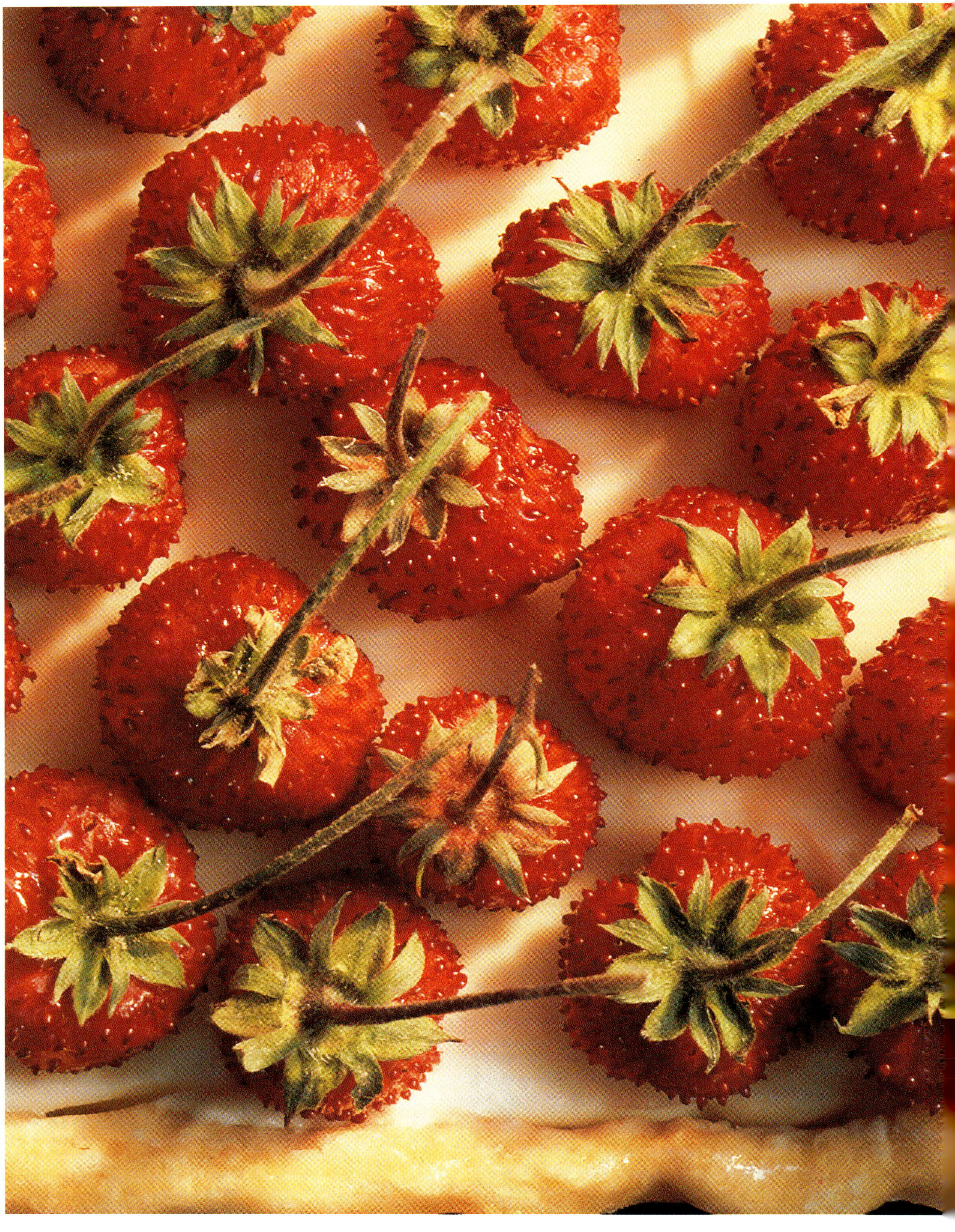

einer Kugel formen. In Wachspapier einschlagen und etwa 2 Stunden kalt stellen.

Eine Springform mit 26 cm Durchmesser mit dem Teig auslegen. (Sie können statt der Springform auch mehrere kleine Kuchenförmchen verwenden.) Teig mit einer Gabel einstechen und 1 Stunde kalt stellen.

Ofen auf 220° vorheizen.

Teigboden mit Alufolie auslegen und getrocknete Bohnen oder Reiskörner darüber streuen. 12–15 Minuten blindbacken. Folie und Bohnen entfernen und 10–12 Minuten weiterbacken, bis der Teig zart gebräunt aussieht.

Amarettocreme: Milch aufkochen lassen. Zucker, Mehl und Salz in einer Schüssel vermengen. Diese Mischung zur heißen Milch geben und bei sehr schwacher Hitze 4–5 Minuten lang unter ständigem Rühren eindikken lassen. Die Eigelbe einrühren und 3 Minuten lang weiter einkochen. Nun Butter, Vanilleextrakt und Amarettolikör einrühren. Wenn die Creme zu dick werden sollte, mit einem Schuß Sahne verdünnen. Creme abkühlen lassen und dabei ab und zu umrühren. (Bis zum Anrichten nach Belieben kalt stellen.)

Anrichten: Aprikosen in einer Stielpfanne erwärmen und durch ein feines Sieb passieren. Nach Belieben mit ein paar Eßlöffeln Wasser, Kirschlikör oder einem anderen Likör verdünnen.

Amarettocreme gleichmäßig auf dem Teigboden verstreichen. Mit ganzen oder halbierten Erdbeeren belegen. Mit dem Aprikosenmus bestreichen.

Vor dem Servieren unbedingt etwas kühl stellen.

Für mindestens 12 Personen

Apfelkuchen Napa Valley

Hier ist ordentliches Arbeiten gefragt.

Teig:
500 g ungebleichtes Mehl
1/2 Teelöffel Salz
2 Teelöffel Zucker
180 g eiskalte Butter
5–6 Eßlöffel kaltes Wasser

Erdbeerkuchen mit Amarettocreme

Apfelkuchen Napa Valley

Belag:
6–8 Golden-Delicious-Äpfel, geschält, geviertelt und in feine Scheiben geschnitten
125 g Zucker
4 Eßlöffel Butter
125 ml Aprikosenmus
1–2 Eßlöffel Calvados

Teigbereitung: Mehl, Salz und Zucker auf eine Arbeitsfläche streuen und vermengen. Die Butter mit den Händen in Flöckchen zerteilen und dazugeben. In der Mitte der Teigmasse eine Mulde formen und das Wasser hineingießen. Vom Rand her Mehl darüberhäufen und mit den Händen oder mit der Küchenmaschine vorsichtig alles zu einem gleichmäßigen Teig verarbeiten.

Den Teig kurz durchkneten und anschließend zu einem Haufen formen. In Wachspapier einschlagen und etwa 2 Stunden kalt stellen.

Den Ofen auf 200° vorheizen.

Belag: Teig auf einem großen Backblech hauchdünn ausrollen. Apfelscheiben schindelartig darauf anordnen. Dabei einen etwa 5 cm breiten Teigrand frei lassen. Diesen Rand über die Äpfel klappen. Den Kuchen mit Zucker bestreuen und Butterflöckchen darauf setzen. Im Ofen goldbraun backen. Wenn der Kuchen abgekühlt ist, Aprikosenmus und Calvados in einer kleinen Schüssel verrühren und den Apfelkuchen damit einpinseln.

Für mindestens 12 Personen

Walnußsorbet

Dieses Rezept ist für schwarze Walnüsse gedacht, die einen ganz besonderen Geschmack haben. Wenn Sie das schwarze Walnußextrakt oder den schwarzen Walnußlikör ersetzen müssen, erwartet Sie ein völlig anderes Geschmackserlebnis.

3/4 l Wasser
250 g Zucker
200 g geschälte schwarze Walnüsse, geröstet und fein gehackt
1 Eßlöffel schwarzes Walnußextrakt oder 125 ml schwarzer Walnußlikör
2 Eßlöffel frisch gepreßter Zitronensaft

Wasser und Zucker aufkochen lassen. Vom Herd nehmen und die Walnüsse dazugeben. Über Nacht ziehen lassen.

Extrakt oder Likör und Zitronensaft dazugeben. Walnußmischung absehen und in der Eismaschine gefrieren lassen.

Ergibt etwa 1 Liter oder 20 Kugeln

Walnußsorbet und Zitronen-Walnuß-Stangen

Zitronen-Walnuß-Stangen

Zitronenstangen schmecken wohl jedem.

Teig:
250 g Mehl
5–6 Eßlöffel Puderzucker, gesiebt
125 g Walnüsse, fein gemahlen
1/2 Teelöffel abgeriebene Zitronenschale
160 g Butterflöckchen
Füllung:
2 Eier

250 g Kristallzucker

7 Eßlöffel frisch gepreßter Zitronensaft

2 Eßlöffel Mehl

1/2 Teelöffel Backpulver

Puderzucker zum Bestäuben

Ofen auf 190° vorheizen.

Teigbereitung: Mehl, Puderzucker, Walnüsse und abgeriebene Zitronenschale (Zitrone vorher waschen) in eine Schüssel geben und sorgfältig vermengen. Butterflöckchen zufügen. Mit den Fingern verkneten, bis der Teig eine grießähnliche Konsistenz bekommt. In eine Kuchenform (ca. 20x20 cm) geben und 20 Minuten backen, bis sich der Teig gesetzt hat.

Füllung: Eier und Kristallzucker hell und schaumig schlagen. Zitronensaft dazugeben und 5 Minuten weiterschlagen. In einer zweiten Schüssel das Mehl und das Backpulver verrühren. Mehlmischung langsam in die Eiermasse rühren, bis eine gleichmäßige Creme entsteht.

Die Füllung über den vorgebackenen Teig gießen und 25 Minuten im Ofen weiterbakken. Aus dem Rohr nehmen und abkühlen lassen. Mit Puderzucker bestäuben und in Streifen oder Rechtecke schneiden.

Ergibt 12 bis 16 Stangen

Die Weine

Beringers Küchenchefin Pat Windisch hat die Auswahl an verführerischen Hors d'œuvres und Desserts für unser Fest zusammengestellt. Hier legt sie ihre Ansichten über die Kombination von Wein und Speisen dar. Pat war übrigens eine Schülerin von Madeleine Kamman, die jetzt der Beringerschen Fachschule für Gastronomie vorsteht.

»Die richtige Zusammenstellung von Speisen und Wein beruht letztlich auf einem ausgewogenen Verhältnis zwischen Süße und Säure. Die Säure in den eingelegten Garnelen, im Ziegenkäse und in den getrockneten Tomaten kommt der schönen Säure in unserem 87er Sauvignon Blanc sehr entgegen. Sein Aroma von frischen Kräutern paßt gut zum Dill und zu den anderen Kräutern in unseren Rezepten. Wegen der Sahne paßt zu den Austern in Rucolacreme ein Chardonnay vielleicht noch besser; Sie können die Austern aber auch mit etwas Zitronensaft verfeinern, um sie wieder in die Nähe des Sauvignon Blanc zu rücken.

Die gegrillten Wachteln Mandarinart werden mit unserem 87er Knights Valley Gamay Beaujolais serviert, weil er leicht und fruchtig ausfällt. Der geringe Fettgehalt und die zarte Konsistenz der Wachteln werden von dem eher schlanken Rotwein schön ergänzt.«

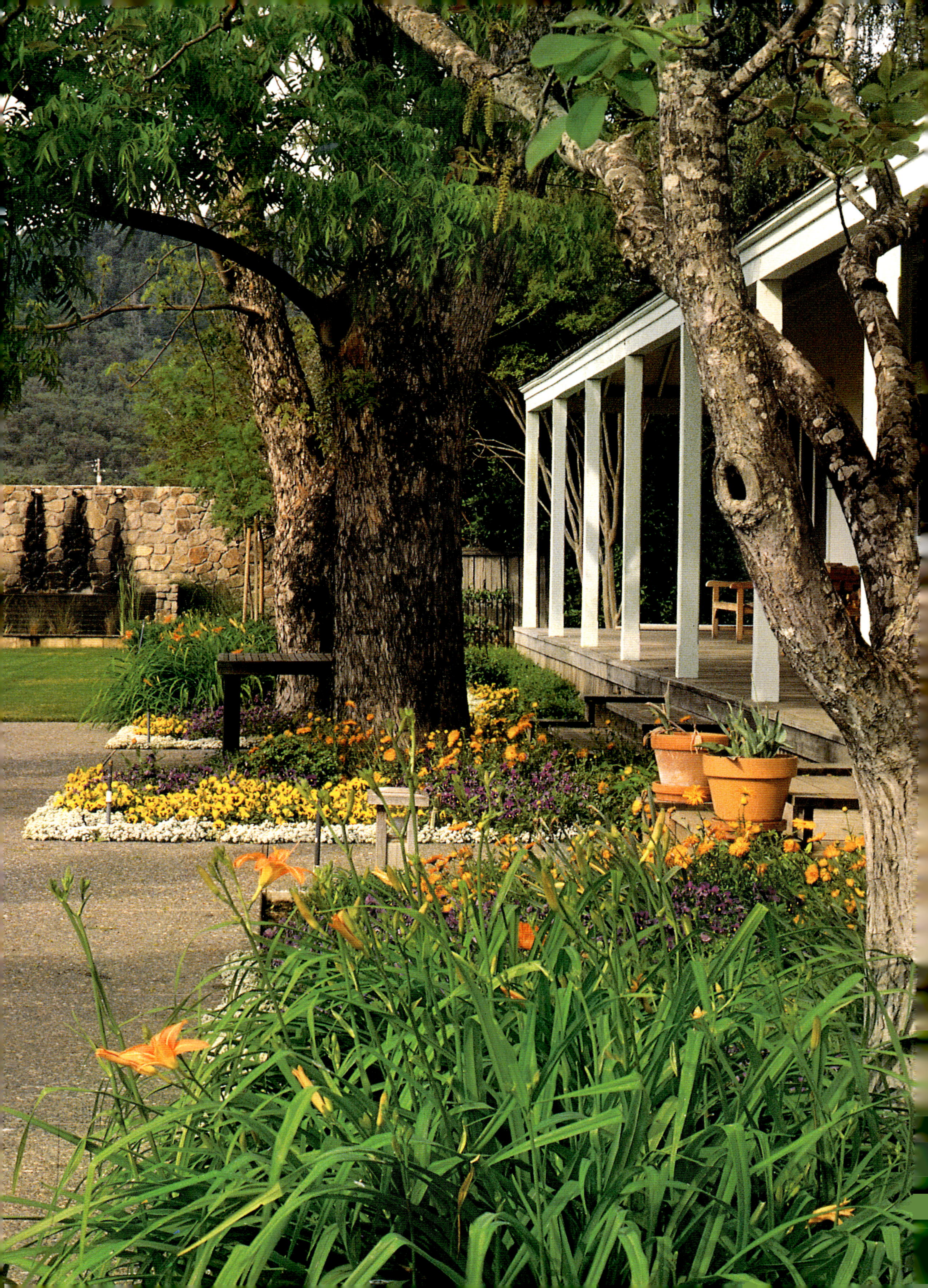

Ein leichtes Festmenü

Die Gründung von Cakebread Cellars geht auf eine solide und ehrliche Abmachung zurück. Jack und Dolores Cakebread wollten ins Weingeschäft einsteigen und hatten ein Stück Land an der Rutherford Bench im Napa Valley entdeckt. Es gehörte einem älteren Ehepaar mit Namen Sturdivent, das mit der Familie befreundet war. Die Sturdivents wollten sich aufs Altenteil zurückziehen, und die Cakebreads wollten kaufen. Der Übergabevertrag sah vor, daß die Cakebreads die Ranch erwerben, die Sturdivents dort aber ein lebenslängliches Wohnrecht bekommen. Das war 1972, und jeder war's zufrieden. Aber das war erst der Anfang.

Land mußte gerodet werden, und Reben wurden gepflanzt, denn das Gut war über ein halbes Jahrhundert lang als Bauernhof bewirtschaftet worden. Jacks Begabung als Mechaniker war bei der Einrichtung der supermodernen Anlagen mehr als hilfreich. Schließlich war er früher Besitzer und Betreiber einer gutgehenden Autowerkstatt, die er einst von seinem Vater übernommen hatte. Aber moderne Technologie war nicht alles. Neben seinem technischen Geschick besaß Jack auch ein geschultes photographisches Auge, denn er hatte bei Ansel Adams gelernt. Das Weingut sollte also auch ästhetisch ansprechend wirken. So entwarf und baute er mit Hilfe von William Turnbull, einem Architekten aus San Francisco, Kellereigebäude, die sich vollkommen in die Landschaft einfügen. Das Hauptgebäude läßt kaum erahnen, welche High-Tech-Anlagen sich hinter seinen Mauern verbergen: beispielsweise

Die Gärten der Kellerei

ermöglicht ein neuartiges Entwässerungssystem, daß eine einzige Person die Keller zum Saubermachen einfach nur auszuspritzen braucht (Maschinen, Fässer, Wände und Boden, Faßwaschanlagen); des weiteren hilft ein geschickt gelenkter Luftstrom, Strom zu sparen. Und so ganz nebenbei studierte Jack auch noch Weinbau und Önologie an der Universität Davis.

Aber das Ganze ist ein Familienunternehmen. Zur Truppe gehören daher noch zwei der drei Söhne. Bruce zeichnet für die Weine verantwortlich, Dennis ist für die Finanzen zuständig. Dolores sagt von sich, sie sei der »Feldkoch« – inzwischen allerdings ein äußerst talentierter, weiß sie doch interessante und nahrhafte Speisen zu kreieren. Ihr Interesse geht allerdings über den puren Geschmack hinaus. Sie möchte leichte und bekömmliche Gerichte präsentieren, was ihr auch besonders gut gelingt. So enthält beispielsweise das Reh mit Rotweinsauce aus dem nachfolgenden Menü weniger Kalorien und Fett als ein Huhn. Auch das Schokoladendessert zum krönenden Abschluß ist nur dem äußeren Anschein nach eine Sünde, denn es hält Dolores' strengen Richtlinien stand. Zudem haben sie und ihr Mann Jack wirklich ein wunderbares Gespür, zu diesen Speisen die richtigen Weine aus ihrer eigenen, herrlichen Produktion auszuwählen.

Das Weingut soll auch weiter expandieren. Ende der achtziger Jahre wurde die Cakebread Hill Ranch dazugekauft. Es sieht also ganz so aus, als würde dieses hervorragend eingespielte Team auch im nächsten Jahrhundert noch ganz schön beschäftigt sein. Wer könnte sich auch etwas anderes vorstellen?

Menü

Tortellini und Pilze in
Buttermilchdressing
Rehrücken in Pfefferkruste
Püree von Karotten und
weißen Rübchen
auf Artischockenböden
Schokoladen-Kirsch-Trifle

Sauvignon Blanc
Chardonnay Reserve
Rutherford Reserve Cabernet

Jack und Dolores Cakebread

Tortellini und Pilze in Buttermilchdressing

Ersatzweise können Sie auch Champignons oder verschiedene Zuchtpilze verwenden.

2 Eßlöffel leichtes Pflanzenöl
2 Knoblauchzehen
2 Schalotten, fein gehackt
250 g frische Shiitake oder Pfifferlinge, fein geschnitten
1/4 l trockener Weißwein
4 Eßlöffel Petersilie, fein gehackt
1 Eßlöffel frisch gepreßter Zitronensaft
500 g Tortellini mit Käsefüllung, nach Herstellerangaben zubereitet
Buttermilchdressing (s. folgendes Rezept)
Nach Belieben Kapuzinerkresse zum Garnieren

Öl in einer weiten Pfanne erhitzen. Die Hälfte des Knoblauchs und der Schalotten dazugeben und bei mittlerer Hitze glasig dünsten. Pilze zufügen und bei schwacher Hitze etwa 8–10 Minuten mitdünsten, bis die Flüssigkeit austritt und die Pilze anfangen, weich zu werden. Wein angießen, restlichen Knoblauch und Schalotten zusammen mit der Hälfte der Petersilie beigeben. Gut vermischen und noch 2–3 Minuten weiterdünsten, bis die Pilze weich sind.

Die gekochten Tortellini mit dem Dressing (siehe unten) anrichten. Mit der restlichen Petersilie bestreuen und mit den Pilzen umlegen. Mit etwas Kapuzinerkresse garnieren.
Für 6 bis 8 Personen

Buttermilchdressing

1/2 l Buttermilch
250 g Frischkäse der Magerstufe oder Magerquark
2 Knoblauchzehen, fein gehackt
1 Teelöffel Tabascosauce
Schwarzer Pfeffer aus der Mühle

Alle Zutaten bis auf den Pfeffer in der Küchenmaschine zu einer gleichmäßigen Sauce verquirlen. Mit dem Pfeffer würzen und bis zum Servieren kalt stellen. Dieses Dressing kann man gut einen Tag im voraus vorbereiten.
Ergibt etwa 3/4 Liter

Rehrücken in Pfefferkruste

Absolut köstlich und sehr einfach in der Zubereitung!

1 1/2 l Rinderbrühe, ungesalzen
1 kg Rehrücken (s. Anmerkung)
Salz
Schwarze Pfefferkörner
Olivenöl
16–24 Silberzwiebeln, Perlzwiebeln oder Schalotten
300 ml Cabernet
1 Eßlöffel Speisestärke
3 Eßlöffel kaltes Wasser
Nach Belieben 2 Eßlöffel Butterflöckchen

Brühe aufkochen und dann bei milder Hitze auf die Hälfte einkochen lassen. Das dauert etwa 45 Minuten. Inzwischen das Reh leicht salzen und beiseite stellen. Die Pfefferkörner im Mörser grob zerstoßen und das Fleisch rundherum damit einreiben. Einen großen Bräter kräftig aufheizen. Den Boden mit Olivenöl benetzen. Das Rehfleisch rasch von allen Seiten anbraten, bis es schön gebräunt ist. Dann das Fleisch auf den Rost über der Saftpfanne des Ofens legen und beiseite stellen. Inzwischen den Ofen auf 230° vorheizen.

Den Bräter erneut erhitzen und die Zwiebeln darin bräunen. Die Hitze herunterschalten und Wein und Brühe zugießen. Topf gut verschließen und leise köcheln lassen, bis die Zwiebeln weich sind. Dann die Zwiebeln mit einer Schöpfkelle herausheben, abdecken und beiseite stellen. Die Flüssigkeit im Bräter auf etwa 350–400 ml reduzieren (ca. 10 Minuten). In einer kleinen Schüssel die Speisestärke mit dem kalten Wasser verrühren und mit einem Schneebesen unter die Sauce rühren. Sauce bei mittlerer Hitze etwas eindicken lassen und nach Belieben mit etwas Butter verfeinern. Jetzt die Zwiebeln wieder in den Bräter geben.

Das Reh in den Ofen schieben und 7–10 Minuten braten, je nachdem, wie roh oder durchgebraten das Fleisch sein soll. 5 Minuten ruhen lassen und dann in Scheiben schneiden. Jede Portion mit etwa 3 Eßlöffel Sauce übergießen und mit Zwiebeln garnieren.
Für 8 Personen

Tortellini und Pilze in Buttermilchdressing

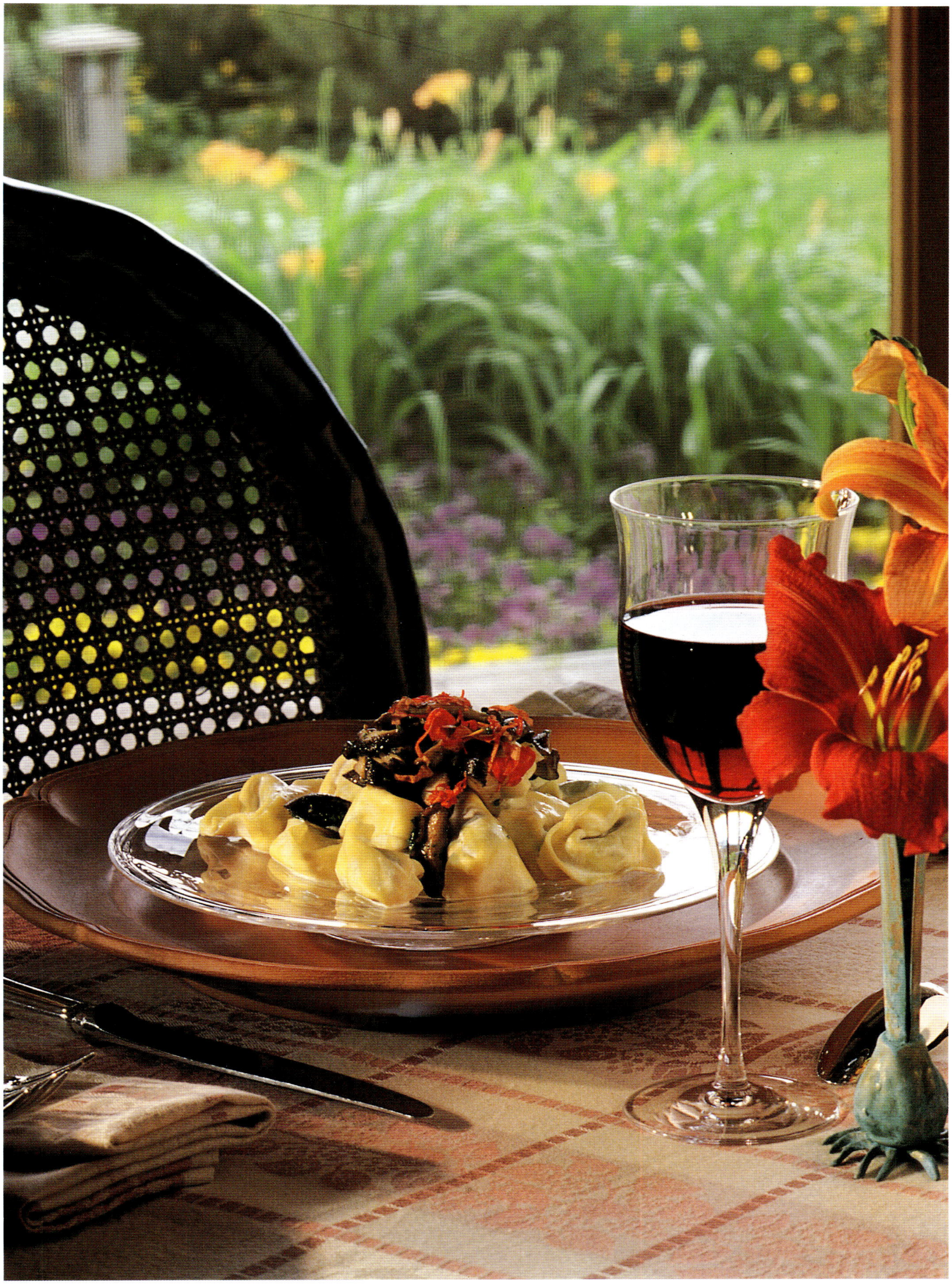

Anmerkung:
Wenn Sie keinen Rehrücken bekommen, können Sie auch ein anderes schönes Teil vom Reh auf dieselbe Art zubereiten.

Püree von Karotten und weißen Rübchen auf Artischockenböden

Sie können dieses Püree durch jedes andere Püree ersetzen. Dieses schmeckt allerdings besonders gut.

8 mittlere bis große Artischocken

1 große Zitrone

8 Karotten, geputzt und in grobe Stücke geschnitten

4 kleine weiße Rübchen, geschält und geviertelt

Salz, Pfeffer, Zucker und Muskat

Sämtliche Blätter und Haare von den Artischocken entfernen und das Grün am Boden abschälen. In einer Pfanne Wasser erhitzen. Die Zitrone vierteln und in das Wasser legen. Sobald das Wasser kocht, Artischockenböden hineinlegen und etwa 15 Minuten lang weich köcheln. Mit kaltem Wasser abschrecken, mit einem Küchentuch abdecken und beiseite stellen.

Karotten und weiße Rübchen getrennt weich kochen (etwa 8–10 Minuten). Karotten und anschließend die weißen Rübchen pürieren. Das Rübenpüree löffelweise in das Karottenpüree einrühren, bis Sie die richtige Geschmacksmischung erreicht haben. Salzen, pfeffern und gut verrühren. Mit einer Prise Zucker und Muskat abschmecken.

Püree auf die Artischockenböden setzen und zimmerwarm servieren.
Für 8 Personen

Schokoladen-Kirsch-Trifle

---

1 Eßlöffel Zucker

1 Eßlöffel Speisestärke

1 Ei, leicht schaumig geschlagen

1/4 l Magermilch

Schokoladen-Kirsch-Trifle

1 Teelöffel Vanilleextrakt
3 Eßlöffel trockener Sherry
125 g Biskuitteig, in 2 1/2 cm große Würfel geschnitten
180 g getrocknete Kirschen, in Cabernet eingeweicht und fein geschnitten (ersatzweise Kirschen aus dem Glas, in Cabernet getränkt)
120 g Zartbitterschokolade
1/2 Flasche trockener Rotwein

Zucker und Speisestärke in einen kleinen Topf geben und vermengen. Ei und Milch hinzugeben und alles gut verrühren. Unter ständigem Rühren zum Kochen bringen und ein paar Minuten eindicken lassen. Vom Herd nehmen und Vanilleextrakt einrühren. Mit Wachspapier abdecken und langsam abkühlen lassen.

Nun den Sherry über die Biskuitteilchen träufeln. Dann ein Drittel der Stücke auf Dessertschalen oder Weingläser verteilen. Ein Drittel der Creme darauf verteilen und darüber ein Drittel der Kirschen setzen. Diesen Vorgang zweimal wiederholen, bis alle Zutaten aufgebraucht sind. Abdecken und kalt stellen.

Vor dem Servieren die Schokolade zusammen mit dem Wein erhitzen. Dabei so lange umrühren, bis die Schokolade schmilzt. Trifle damit überziehen.
Für 4 Personen

Rehrücken mit Pfefferkruste, Püree von Karotten und weißen Rübchen auf Artischockenböden

Die Weine

Dolores' Gewissenhaftigkeit zeigt sich nicht nur beim Essen, sondern auch beim Wein, den sie genauso wie gutes Essen zu schätzen weiß. Ihre Zusammenstellung überzeugt in ihrer Ausgewogenheit:
»Ich versuche, unser Essen leicht, gesund und schmackhaft zu gestalten, damit Sie noch genügend Platz für ein Glas guten Wein haben! Wir sehen unser Essen als eine Ergänzung zu unseren Weinen und umgekehrt. Wenn wir dann auch noch unsere guten Freunde einladen, dann ist ein vergnügliches Mahl garantiert.
Die cremige Fülle des Buttermilchdressings und der erdige Geschmack der Pilze verstärken und ergänzen das weiche, erdige Aroma unseres Chardonnay Reserve. Die zarte Knoblauchnote in der Sauce verleiht dem Ganzen die spannende Würze.
Das Rehfleisch ist mild und zart und dennoch so kräftig, daß es neben dem Tannin in unserem Rutherford Reserve Cabernet bestehen kann.
Cabernet eignet sich auch deshalb zum Dessert, weil die Kirschen bereits darin eingeweicht oder getränkt wurden. Auf diese Weise kommt außerdem der Kirsch- und Beerenton des Weins schön zur Geltung.«

CAKEBREAD CELLARS

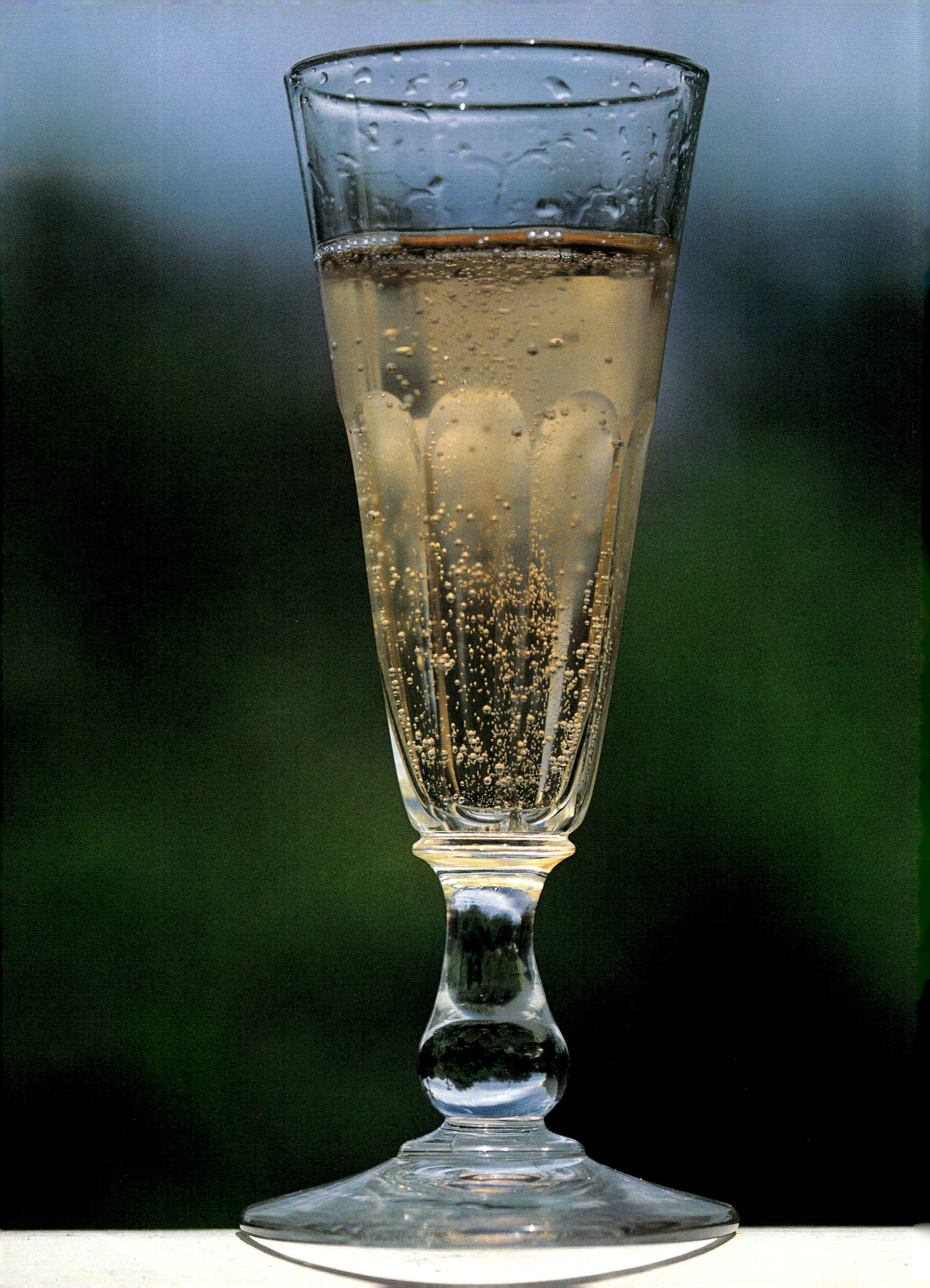

Ein Champagner-Dinner

Will man den Worten Jack Davies' Glauben schenken, so war absoluter Weinfanatismus das einzige, was er und seine Frau Jamie an Erfahrung zu bieten hatten, als sie ihr gesamtes Vermögen in ein überwuchertes und verfallenes Weingut hoch oben auf einem Hügel im Napa Valley investierten. Das Land, das sie dazukauften, galt als der älteste Weinberg im ganzen Tal, was zwar interessant, aber wirtschaftlich nicht weiter von Bedeutung war. Oder vielleicht doch? Konnte man das, was dort schlummerte, vielleicht wieder erwecken?

Wenn man sieht, was die beiden seit dem Kauf des Weinguts Schram Estate im Jahre 1965 alles erreicht haben, dann hat ihr Fanatismus wirklich viel in Gang gebracht. Dabei war es nicht gerade ein Nachteil, daß Jack seinen Abschluß in Harvard gemacht und eine solide Karriere als Manager aufgebaut hatte. Jamie ihrerseits war Mitbegründerin einer renommierten und erfolgreichen Kunstgalerie in San Francisco. Mit dem Weingut nutzten sie die Chance, das zu machen, was sie beide wirklich wollten. Sie sagen heute: »Damals führten wir ein schönes Leben, heute führen wir ein großartiges Leben.«

1965 konnte man ihr Leben allerdings noch nicht großartig nennen – vielversprechend vielleicht. Die Kellerei Schram Estate, von der der Schramsbergwein zunächst kam, war in einem völlig verwahrlosten Zustand und hatte seit 1911 keinen Wein mehr hervorgebracht. Seither hatten verschiedene Winzerfamilien vergeblich versucht, die Kellerei wieder in Gang zu bringen. Nicht gerade sehr ermutigend, aber Jack und Jamie Davies ließen sich nicht abschrecken.

Ein Glas Cuvée de Pinot

Zunächst beschlossen sie, sich ganz ausschließlich auf Schaumwein zu spezialisieren. Das war ein gewagter Entschluß, nahmen sie damit doch eine Außenseiterposition unter den Kellereien ein. Diese Position halten sie auch heute noch, obwohl die Zahl der Weinbaubetriebe im Napa Valley auf über 150 gestiegen ist. Danach beschlossen sie, ihre Schaumweine ausschließlich nach der kostenintensiven Champagnermethode herzustellen. Das bedeutet Flaschenreife und Rütteln von Hand. Beim Rütteln werden die Flaschen einzeln gedreht und leicht geschüttelt; durch die Bewegung gelangen Hefepartikel in den Flaschenhals. Der letzte Schritt ist das Degorgieren. Dabei wird die Hefe auf der Stelle festgefroren und abgezogen. Der Schaumwein wird dann geöffnet, wieder verkorkt und reift weitere drei bis sechs Monate. Das ist ziemlich aufwendig, Jack und Jamie scheint es jedoch nichts auszumachen.

Als die beiden ihr Unternehmen gründeten, lag die gesamte Produktion von Schaumwein nach der klassischen Methode in den USA bei knapp 600 000 Flaschen. Heute gibt es viele Kellereien, die ihrem Beispiel gefolgt sind, so daß der Umsatz bei über 30 Millionen Flaschen angelangt ist.

Neben der Kellerei galt es auch, das viktorianische Haus und die Gärten, das Herzstück der gesamten Anlage, wiederherzustellen. Das Haus gehört zu den denkmalgeschützten Bauten Kaliforniens.

Aber das gehört der Vergangenheit an. Inzwischen haben Jack und Jamie drei Söhne großgezogen, zahlreiche Preise gewonnen und sind begeisterte Förderer des Napa Valley. Außerdem ist Jamie eine wunderbare Köchin geworden, wie das folgende Menü beweist.

Menü

Radieschen-Kanapees
Gebackene Schinkenbällchen
Brioche mit Pilzragout
Champagnerkaninchen mit
Apfel-Birnen-Chutney
Salat von der Brunnenkresse
Kohl und Karotten mit Ingwer
Reispudding mit Heidelbeeren

Schramsberg Blanc de Blanc
Schramsberg Blanc de Noirs
Schramsberg Cuvée de Pinot Brut Rosé
Schramsberg Cremant Demi-Sec
Champagne

Radieschen-Kanapees

Ich hatte schon ganz vergessen, wie köstlich diese einfachen Kanapees schmecken.

1 Laib weißes Bauernbrot
2–3 Bund Radieschen
125 g streichfähige Butter
Schnittlauch, fein gehackt

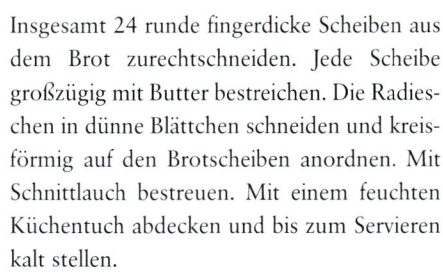

Insgesamt 24 runde fingerdicke Scheiben aus dem Brot zurechtschneiden. Jede Scheibe großzügig mit Butter bestreichen. Die Radieschen in dünne Blättchen schneiden und kreisförmig auf den Brotscheiben anordnen. Mit Schnittlauch bestreuen. Mit einem feuchten Küchentuch abdecken und bis zum Servieren kalt stellen.

Brotreste können Sie zu Semmelbröseln verarbeiten.
Ergibt 24 Kanapees

Gebackene Schinkenbällchen

Dieses ebenfalls einfache und schmackhafte Gericht hat Küchenchef Robert Kaspar beigesteuert.

1/4 l Milch
125 g Butter
125 g Roggenmehl
125 g Weizenmehl
3 Eier
30 g Monterey-Jack (ersatzweise Gouda), fein gewürfelt
60 g Schinkenwürfel
1 Teelöffel Kümmelkörner

Ofen auf 220° vorheizen.

Milch und Butter in einem Topf aufkochen. Hitze zurücknehmen und das gesiebte Mehl einrühren. Den Teig unter ständigem Rühren weiterkochen, bis er sich vom Topfrand löst

Brunnenkressesalat und dem Pudding eine schöne kleine Mahlzeit.

2 Eßlöffel Butter und etwas für die Brioches
750 g Champignons, geputzt und in feine Scheiben geschnitten
1 Eßlöffel fein gehackte Zwiebeln
1/2 Teelöffel getrockneter Estragon
125 ml Champagner oder trockener Weißwein
1 1/2 Teelöffel frisch gepreßter Zitronensaft
250 g Crème double oder Sahne
Salz und Pfeffer
1 Eßlöffel Speisestärke, mit 1 Eßlöffel kaltem Wasser verrührt
6 Brioches, etwa 10 cm groß

Butter in einer großen Pfanne bei mittlerer Hitze zerlassen; dann die Pilze, die Zwiebeln sowie den Estragon hineingeben und 3–4 Minuten dünsten. Den Wein, den Zitronensaft und die Hälfte der Sahne angießen. Etwa 5 Minuten bei mittlerer Hitze einkochen lassen. Die restliche Sahne zugießen und mit Salz und Pfeffer würzen. Stärkebrei einrühren und 2–3 Minuten weiterköcheln, bis die Sauce eindickt.

Vor dem Servieren den oberen Teil der Brioches abtrennen und das Innere aushöhlen. Innen mit Butter ausstreichen. Die Deckel wieder aufsetzen und 8 Minuten im 180° heißen Ofen erwärmen.

Die Brioches auf Teller setzen und mit dem Pilzragout füllen. Mit etwas Pilzragout umkränzen.

Champagnerkaninchen mit Apfel-Birnen-Chutney

Nicht jeder ist ehrgeizig genug, sein eigenes Chutney herzustellen, aber für den Fall, daß Sie wirklich einmal Lust darauf haben, gebe ich Ihnen das Rezept von Schramsberg und

Schinkenbällchen mit Radieschen-Kanapees

Brioche mit Pilzragout

(1–2 Minuten). Vom Herd nehmen und die Eier hineinschlagen. Käse- und Schinkenwürfel sowie die Kümmelkörner einarbeiten.

Aus dem Teig 24 Kugeln von der Größe eines Tischtennisballs formen und im Abstand von 5 cm auf ein gefettetes Backblech setzen. (Wenn der Teig nicht fest genug sein sollte, 30 Minuten kalt stellen). Eine Viertelstunde backen. Dann den Ofen auf 160° herunterschalten und 10–15 Minuten weiterbacken, bis die Bällchen goldbraun sind.
Ergibt 24 Bällchen

Brioche mit Pilzragout

Obwohl die Pilzbrioche hier als Vorspeise serviert wird, ergibt sie zusammen mit dem

Champagnerkaninchen mit Apfel-Birnen-Chutney, gedünstetem Kohl und Karotten mit Ingwer

das herrliche Kaninchenrezept. Wenn Sie kein Kaninchen mögen, können Sie auch Hühnerfleisch verwenden. Das schmeckt dann vielleicht nicht so raffiniert, aber immer noch gut.

Dieses Rezept ist außerdem für sehr kleine Portionen berechnet, da es bei diesem Menü so viele andere Sachen zu probieren gibt. Wenn Sie dieses Kaninchen nach einer normalen Vorspeise servieren wollen, sollten Sie die Hälfte mehr veranschlagen.

1 Kaninchen (1–1 1/2 kg), in 6 Teile zerlegt
Mehl zum Wenden
2 Eßlöffel Pflanzenöl
3 Eßlöffel Butter
2 Eßlöffel fein gehackte Schalotten
375 ml Champagner
1 Eßlöffel brauner Zucker
Saft und abgeriebene Schale einer Zitrone
1 Eßlöffel Mehl
6 fingerdicke Scheiben Baguette, diagonal geschnitten, damit die Kaninchenportion darauf Platz hat (s. Abbildung)
Zerlassene Butter oder Olivenöl
4 Eßlöffel Pinienkerne, in 1 Eßlöffel Butter gebräunt
Nach Belieben gehackte Petersilie zum Garnieren
Apfel-Birnen-Chutney (s. folgendes Rezept)

Kaninchen parieren und zurechtschneiden. Die Portionen in Mehl wenden, überschüssiges Mehl abklopfen und Fleisch beiseite stellen.

Öl und 2 Eßlöffel Butter in einer weiten Pfanne erwärmen. Die Kaninchenstücke darin bräunen (8–10 Minuten). Schalotten zugeben und 1 Minute mitdünsten. Champagner angießen, braunen Zucker, Zitronensaft und -schale zugeben. Pfanne zudecken und bei milder Hitze etwa 45 Minuten köcheln lassen, bis das Kaninchen zart ist.

In der Zwischenzeit den Eßlöffel Mehl mit dem dritten Eßlöffel Butter verkneten. Wenn das Kaninchen gar ist, die Fleischteile auf einer Platte anrichten und warm stellen. Buttermasse in die Sauce einrühren und 2–3 Minuten einkochen lassen, bis die Sauce die Konsistenz von dickflüssiger Sahne hat.

Die Baguettescheiben mit zerlassener Butter oder Olivenöl einpinseln und goldbraun rösten.

Zum Servieren die Kaninchenstücke auf das geröstete Brot setzen und mit der Sauce bedecken. Mit Pinienkernen und Petersilie bestreuen. Nach Belieben einen Eßlöffel Chutney dazu reichen.

Für 6 Personen

Das dreigeschossige Kellereigebäude

44 SCHRAMSBERG VINEYARDS & CELLARS

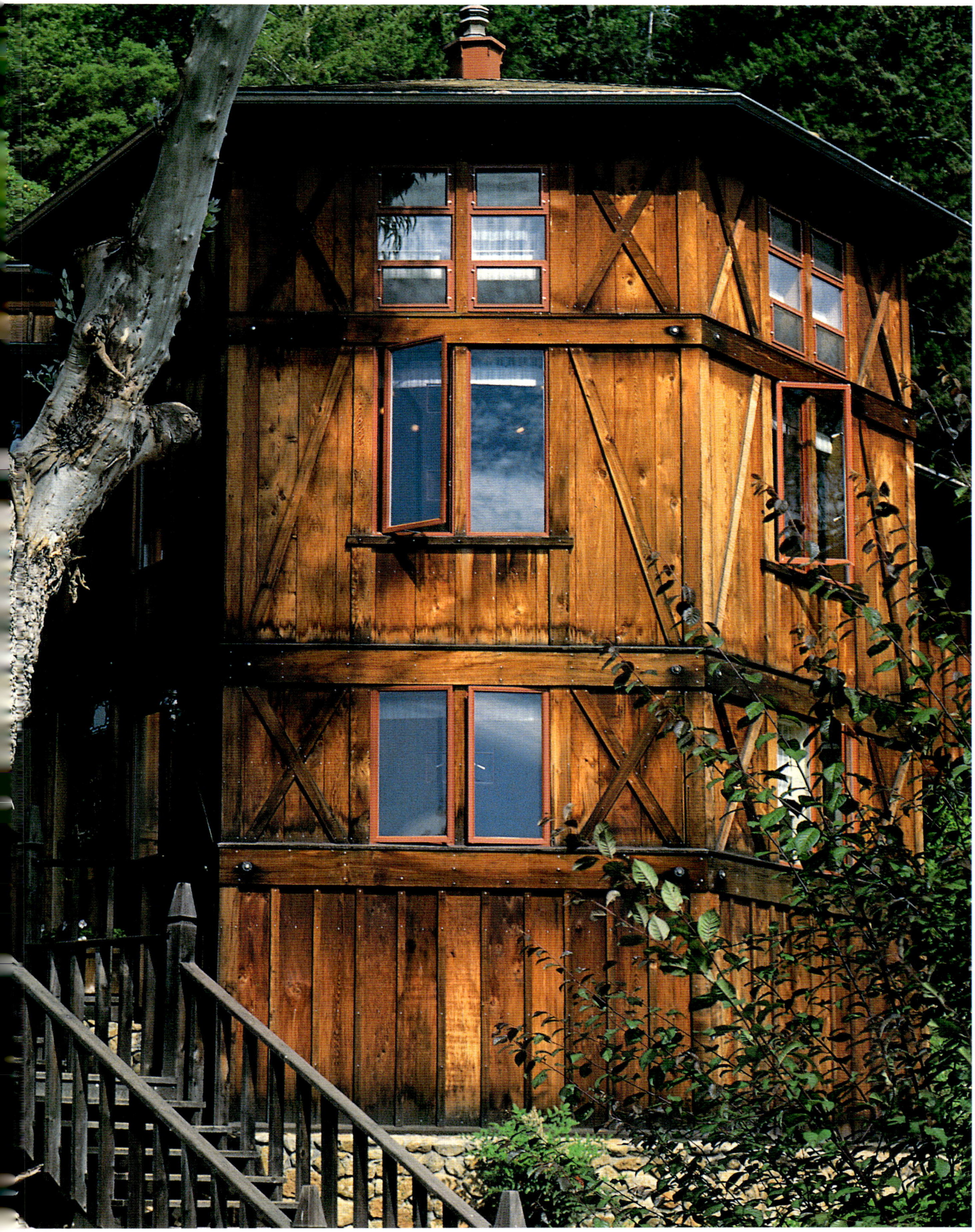

Apfel-Birnen-Chutney

1/2 l Apfelessig
750 g brauner Zucker
10 große Kochäpfel (knapp 2 kg), geschält, entkernt und grob gewürfelt
5 feste grüne Birnen (gut 1 kg), geschält, entkernt und grob gewürfelt
2 große rote Paprikaschoten (ca. 400 g), geputzt und grob gewürfelt
200 g getrocknete Johannisbeeren
200 g Zwiebeln, grob gehackt
125 g Ingwer, geschält und fein gehackt
2 große Zitronen, entkernt und mit der Schale fein gehackt
2 Teelöffel Senfkörner, 1 Eßlöffel Salz
1 Eßlöffel Minzeblätter, grob gehackt

Essig und Zucker zum Kochen bringen. Kurz aufwallen lassen, dann alle übrigen Zutaten dazugeben und nur noch leise köcheln. Etwa 45 Minuten unter gelegentlichem Umrühren eindicken. In sterilisierte Marmeladengläser füllen und luftdicht verschließen.
Ergibt 3 1/2 bis 4 Liter

Salat von der Brunnenkresse

Eine Variante dieses Salats, die ich besonders mag, sieht anstelle der Bohnensprossen ein paar Chicoréeblätter vor.

250 g Zuckerschoten
250 g Bohnensprossen
2 Bund Brunnenkresse, küchenfertig vorbereitet
4 Bund Frühlingszwiebeln, in feine Ringe geschnitten
ein paar Frühlingszwiebelhalme, in feine Ringe geschnitten
5-6 Eßlöffel Olivenöl
1 Teelöffel Sesamöl
2 Eßlöffel gewürzter Reisessig

Schoten putzen und blanchieren. In schräge Streifen schneiden. Sprossen blanchieren. Zusammen mit der Brunnenkresse und den Frühlingszwiebeln in eine große Schüssel geben und vermischen.

Öl und Essig verrühren. Über den Salat geben und vermengen.
Für mindestens 8 Personen

Kohl und Karotten mit Ingwer

Ein schnelles, einfaches und sehr schmackhaftes Rezept.

4 Eßlöffel Pflanzenöl
200 g Frühlingszwiebeln, in feine Ringe geschnitten
1 große Knoblauchzehe, fein gehackt
3 Eßlöffel Ingwer, geschält und fein gehackt
1/2 Teelöffel zerstoßene Chilischoten
1 1/2 Eßlöffel Sesamöl
1 großer Kopf Weißkohl, fein geschnitten
2 große Karotten, geschält und gerieben

Öl in einer großen Pfanne oder im Wok langsam erhitzen. Frühlingszwiebeln, Knoblauch, Ingwer und Chili hineingeben und 3 Minuten dünsten, bis die Zwiebeln glasig werden. Sesamöl, Kohl und Karotten dazugeben. 5 Minuten rührbraten und Gemüse dabei gut vermengen.
Zudecken und 3-4 Minuten bei milder Hitze weich garen.
Für 6 Personen

Die eindrucksvolle Allee auf dem Gut der Schramsbergs

Reispudding mit Heidelbeeren

Reispudding mit Heidelbeeren

Eine alte Leibspeise – mit oder ohne Heidelbeeren

180 g Rundkornreis
1 l Milch
125 g Zucker
Frisch geriebener Muskat
200 g frischer Heidelbeeren
125 ml Sahne
1 Teelöffel Vanillezucker

Reis und Milch in einen Topf geben und den Reis darin sehr weich kochen (etwa 45 Minuten). Zucker und Muskat einrühren. Leicht abkühlen lassen und die Heidelbeeren unterziehen. Sahne mit dem Vanillezucker steif schlagen. Puddingteig in eine ofenfeste Form streichen und mit der geschlagenen Sahne bedecken. Unter dem Grill leicht bräunen. Nach Belieben ein paar Heidelbeeren obenauf setzen. Sofort servieren.
Für 6 bis 8 Personen

Die Weine

Jamie Davies' Begabung für Essen und Wein hat sich gemeinsam mit dem Weingut, das heute eine Spitzenposition innehält, entwickelt. Und sowohl auf der kulinarischen als auch auf der wirtschaftlichen Seite hat sie jede Menge gute Ideen. Jamie ist beispielsweie der Ansicht, daß man zum Wein immer etwas zu essen anbieten sollte, denn Wein und Essen gehören einfach zusammen:

»Unser Blanc de Blanc ist ein wunderbarer Aperitif im Champagnerstil; er besitzt dieses knackige und zugleich zarte Aroma von frischen Äpfeln und Birnen, das ihm die Chardonnayrebe – die wichtigste für diesen Mischsatz – verleiht. Sein Abgang ist trocken und erinnert an Zitronenschale.

Wein und Vorspeisenhäppchen harmonieren, ohne einander zu übertönen. Der leicht salzige Schinken spielt schön gegen den Fruchtton im Wein an. Die Kohlensäure schließlich belebt den Gaumen. Der fette Käse vermittelt einen abgerundeten Geschmack, während die Kümmelkörner Knackigkeit verleihen. Das Brot der Kanapees ist relativ neutral, aber die Butter verweist wieder auf den Chardonnay mit seiner Nuance von Karamelbonbons, und die milden Radieschen tragen mit Frische, Knackigkeit und Farbe zum gelungenen Gesamteindruck bei. Der Mund bleibt frisch und sauber für den ersten Gang.

Die Pilze besitzen den typischen Geschmack von Unterholz, der sich zusammen mit der Sahne und dem Champagner zu Fülle und Komplexität ergänzt. Der Zitronensaft steuert die Säure bei und verweist auf den spritzigen Hintergrundton im Wein. Unser Blanc de Noirs ist ein lebendiger, weicher und voller Schaumwein, der gut zu dem Pilzragout in der Butterbrioche paßt.

Bei unserer Cuvée de Pinot Brut Rosé legen wir den Akzent auf die frische und elegante Frucht der Pinot-Noir-Trauben, die mit ein wenig Pinot Meunier und Napa Gamay verschnitten werden. Die ansprechend würzige Fruchtigkeit ergänzt das einfache Kaninchen, das in diesem Wein geschmort wurde. Beide sind rein, schmackhaft und frisch. Die Pinienkerne schließlich verleihen mehr Konsistenz und einen leichten Röstton, der an die Rösttöne im Wein anklingt.

Der Reispudding ist mit Vanille und Muskat gewürzt, die mit der Würzigkeit des Champagners einhergehen. Der sahnige, leicht süße Geschmack entspricht der sahnigen Konsistenz und dem zart süßen Aroma im Wein bei guter Säure. Die Heidelbeeren verleihen einen herrlichen Fruchtgeschmack, der wieder mit der Frucht des Weins korrespondiert und alles auf sich vereint. Das leichte Perlen verwöhnt Nase und Gaumen am Ende eines Festmahls.«

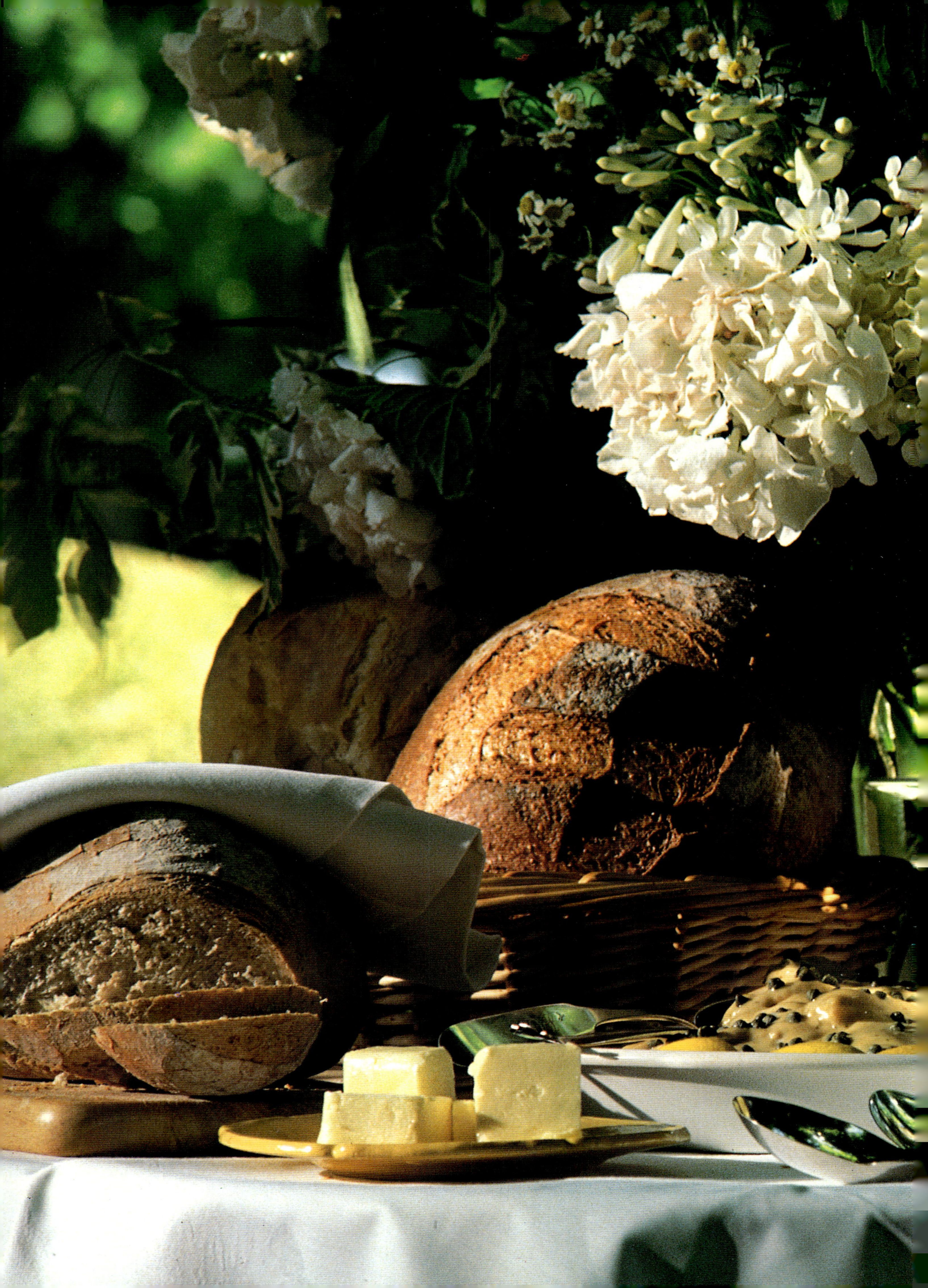

Lunch unter Großmutters Laube

Die Großmutter hieß Fernande de Latour und war mit dem berühmten Winzer Georges de Latour verheiratet. Sie ließ ihre Gärtner aus Alleebäumen eine Laube anlegen, die sechzig Meter lang und etwa doppelt so breit ist. Dafür wurden rund dreißig Bäume in Abständen von sechs Metern gepflanzt. Jahrelang mußte man diese Bäume so beschneiden, daß ihre Zweige ein Dach formen konnten, das die ganze Fläche überspannt. Die Familienchronik überliefert, daß Fernande genau in dem Jahr gestorben sein soll, als die Baumkronen sich erstmals über der Laube berührten. Ihr Wunsch ist in Erfüllung gegangen, sie hat lange genug gelebt, um ihr Lieblingsprojekt vollendet zu sehen, und seit über einem halben Jahrhundert dient diese Laube als Schauplatz großer und kleiner Feste.

Aber Beaulieu selbst war schon vor der Laube da. Das Weingut Beaulieu Vineyard wurde 1900 gegründet. Georges de Latour, dessen Familie in Frankreich seit langem ein Begriff für ausgezeichnete Weine ist, kam nach Kalifornien auf der Suche nach geeignetem Rebland. In Rutherford, im Herzen des Napa Valley, fand er schließlich das passende Klima und nährstoffhaltigen Boden. Georges und Fernande de Latour beschlossen, in Rutherford auch ihr großzügiges Haus zu errichten. Sie nannten es Beaulieu, »schöner Ort« – und diesen Namen verdient es.

Für den Weinbau importierten sie Triebe der besten europäischen Rebsorten und zogen sie in ihren Weingärten heran. Aus diesen Rebstöcken sollten lange nach dem Tod des Gründerehepaars Weine kommen, die zu den besten der Welt gehören.

Im Lauf der Jahre wuchs das Weingut auf über dreihundert Hektar Rebflächen an, die sich bis Carneros erstrecken. In Rutherford gab es jedoch nur zwei ganz bestimmte Lagen, die den Weltklasse-Cabernet hervorbringen konnten, den Latour sich in den Kopf gesetzt hatte. Latour zeigte sich geduldig, und 1939 schließlich gewann sein 36er BV Private Reserve die Goldmedaille auf der Golden Gate International Exposition. Und der Rest ist, wie man so schön sagt, Geschichte.

Das Weingut nimmt in Kalifornien eine Sonderstellung ein, denn es wird nun schon seit über neunzig Jahren ununterbrochen bewirtschaftet. Selbst während der Prohibition gelang es, Wein herzustellen: Man kelterte Meßweine, um die mageren Jahre zu überstehen.

Eine Sonderstellung nimmt es auch hinsichtlich der Trauben ein, die ausnahmslos aus dem Napa Valley kommen. Außerdem werden bis auf einen Cabernetmischsatz nur reinsortige Weine gekeltert.

Georges de Latour war stets ein Perfektionist und sah seine Hauptaufgabe in der Wahrung eines bestimmten Qualitätsniveaus. Sein Erbe wird von seinen insgesamt vier Nachfolgern bis heute geachtet.

Auch die zweiten hundert Jahre seines Bestehens wird Beaulieu demnach eine Spitzenposition innehaben.

Das Buffet unter der Laube

Menü

Huhn in Thunfischsauce
Artischockensalat
Salat aus rote Bete
Salat aus grünen Babyböhnchen
Orzo-Nudeln mit Balsamessig-Vinaigrette
Bunte Fruchtschale mit Himbeersauce

87er Reserve Chardonnay
87er Carneros Reserve Pinot Noir
82er Brut Champagne

Der Salat ist angerichtet

Paula Escher,
Urenkelin des Firmengründers
Georges de Latour

Huhn in Thunfischsauce

Einfach und köstlich.

3 ganze Hühnerbrüste (etwa 1500 g)
1 Stange Sellerie
1 Zwiebel, in feine Ringe geschnitten
1 Lorbeerblatt
1 Teelöffel getrockneter Thymian
1 Eßlöffel Salz
1 Prise schwarzer Pfeffer
1 Dose Thunfisch in Öl, abgetropft
3 Sardellenfilets, abgetropft
1 gehäufter Eßlöffel Kapern
2 Eigelbe
2 Eßlöffel frisch gepreßter Zitronensaft
125 ml Olivenöl
375 ml Pflanzenöl
Nach Belieben Zitronenspalten und Kapern zum Garnieren

Hühnerbrüste in einen Topf legen und mit kaltem Wasser bedecken. Selleriestange, Zwiebel, Lorbeerblatt, Thymian, Salz und Pfeffer dazugeben. Rasch aufkochen, dann die Hitze sofort herunterschalten und 10 Minuten leise köcheln. Fleisch in der Brühe abkühlen lassen. Dann die Hühnerbrüste häuten, vom Knochen lösen und in Scheiben schneiden.

Thunfisch, Sardellen, Eigelbe und Zitronensaft mit einem Mixer kurz verrühren. Dann das Öl in einem dünnen Strahl unterschlagen.

Den Boden einer Servierplatte mit etwas Sauce bedecken. Darauf die Fleischscheiben anrichten und mit etwas Sauce übergießen. Diesen Vorgang wiederholen, bis Fleisch und Sauce aufgebraucht sind.

Mit Zitronen und Kapern garnieren.
Für 6 Personen

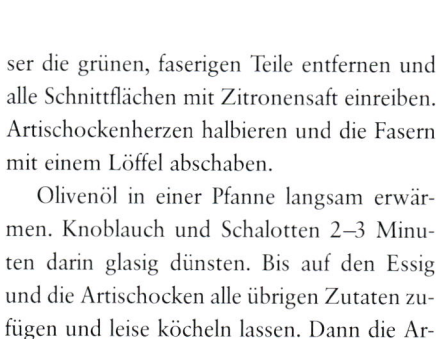

ser die grünen, faserigen Teile entfernen und alle Schnittflächen mit Zitronensaft einreiben. Artischockenherzen halbieren und die Fasern mit einem Löffel abschaben.

Olivenöl in einer Pfanne langsam erwärmen. Knoblauch und Schalotten 2–3 Minuten darin glasig dünsten. Bis auf den Essig und die Artischocken alle übrigen Zutaten zufügen und leise köcheln lassen. Dann die Artischocken hineinsetzen und die Pfanne zudecken. Bei mittlerer Hitze etwa 10 Minuten schmoren, bis die Artischocken gar sind. Artischocken mit einer Schaumkelle herausheben.
Falls noch Flüssigkeit in der Pfanne ist, bei starker Hitze einkochen. Dann den Fond mit dem Essig loskochen. Über die Artischocken gießen und durchmischen.
Für 6–8 Personen

Salat aus rote Bete

6 rote Bete
1 Eßlöffel fein gehackte Schalotten
2 Eßlöffel Olivenöl
2 Eßlöffel Balsamessig

Ofen auf 200° vorheizen.

Rote Bete waschen und die Stengel etwa 5 cm über der Knolle abtrennen. Die Wurzelenden nicht abschneiden. Eine kleine Auflaufform mit Alufolie auskleiden, die rote Bete hineinsetzen und etwa 1 Stunde im Ofen garen, bis sie auf Fingerdruck nachgeben. Abkühlen lassen, dann Haut, Wurzeln und Stengel entfernen. Knollen zentimetergroß würfeln und mit den Schalotten vermengen.

Salat aus grünen Babyböhnchen, Artischockensalat und Salat aus rote Bete

Artischockensalat

Alle Salate aus diesem Menü werden am besten zimmerwarm serviert. Wenn Sie sie schon im voraus zubereitet haben, rechtzeitig aus dem Kühlschrank holen!

6–8 große Artischocken
5–6 Eßlöffel Olivenöl
2 große Knoblauchzehen, fein gehackt
4 Eßlöffel Schalotten, fein gehackt
1 Eßlöffel Petersilie, fein gehackt
2 Eßlöffel frische Minze, fein gehackt
125 ml Wasser
1 Teelöffel Salz
Schwarzer Pfeffer aus der Mühle
2 Eßlöffel Rotweinessig, Zitronensaft

Die groben äußeren Blätter der Artischocken abtrennen. Mit einem kleinen scharfen Mes-

Öl und Essig verrühren und über das Gemüse geben. Gut durchmischen. *Für 6 Personen*

Salat aus grünen Babyböhnchen

500 g feine grüne Babyböhnchen, geputzt
2 Eßlöffel Salz
1 Eßlöffel Rotweinessig
6 Eßlöffel Olivenöl
2 Knoblauchzehen, gehackt

Bohnen in sprudelndem Salzwasser ein paar Minuten kochen, bis sie gerade weich werden, aber noch »Biß« haben. Abgießen und mit kaltem Wasser abschrecken, damit sie knackig grün bleiben und nicht verkochen.

Essig, Öl und Knoblauch verrühren und über die Bohnen gießen. Anschließend gut durchmischen. *Für 6 Personen*

Orzo-Nudeln mit Balsamessig-Vinaigrette

Dieses Nudelgericht (statt Orzo-Nudeln können Sie jede andere kleinformatige Nudelsorte aus Hartweizengrieß verwenden) läßt sich gut im voraus zubereiten. Mir schmeckt es jedoch besser, wenn es nicht im Kühlschrank stehen mußte.

250 g Orzo-Nudeln (Nudeln in Form eines Getreidekorns)

2 1/2 Eßlöffel Balsamessig

1 Teelöffel Salz

Schwarzer Pfeffer aus der Mühle

1 Eßlöffel Dijonsenf

4 Eßlöffel Schalotten, fein gehackt

125 ml Olivenöl

In einem großen Topf leicht gesalzenes Wasser zum Kochen bringen. Nudeln hineingeben und wieder aufkochen lassen. In etwa 8 Minuten gar kochen. Abgießen, aber nicht abspülen.

Die übrigen Zutaten gut miteinander verrühren. Die Vinaigrette über die abgegossenen, aber noch warmen Nudeln geben. Jetzt abkühlen lassen und von Zeit zu Zeit neu durchmischen.

Bunte Fruchtschale mit Himbeersauce

Charlotte Combe hat für diese Fruchtschale eigentlich kein Rezept, sondern verwendet das Obst, das sie gerade zur Hand hat. Dieses Rezept ist demnach nur als Leitfaden gedacht.

Saft von 2 Orangen

1/2 frische Ananas, geschält und in mundgerechte Würfel geschnitten

1 Banane in Scheiben

2–3 blaue Pflaumen, entsteint und aufgeschnitten

500 g Erdbeeren, geputzt und in grobe Scheiben geschnitten

1 große Nektarine, in dicke Spalten geschnitten

1 großer Pfirsich, geschält, entsteint und in dicke Spalten geschnitten

150 g blaue oder grüne kernlose Trauben

1 Schälchen Himbeeren (ersatzweise 1 Packung Tiefkühl-Himbeeren)

Nach Belieben Zucker und Kirschwasser

Orangensaft in eine Schüssel gießen.

Für das Obst eine große Glasschale mit weiter Öffnung verwenden. Das Obst der Reihe nach kurz in den Orangensaft tauchen und nach Farben sortiert in die Schale schichten. Wenn alle Früchte verbraucht sind, den restlichen Orangensaft über das Obst gießen. Abdecken und kalt stellen.

Für die Himbeersauce die Beeren pürieren und durch ein Sieb streichen. Nach Belieben mit etwas Zucker und 1–2 Eßlöffel Kirschwasser aromatisieren.

Für 6–8 Personen

Es ist angerichtet

Die Weine

Charlotte Combe, eine bekannte Kochlehrerin und Freundin des Hauses, bereitete dieses Menü für uns zu. Hier erklärt sie kurz ihre Zusammenstellung von Speisen und Wein:

»Der 87er Reserve Chardonnay ist weder zu buttrig und fett noch zu sauer und streng und daher ein idealer Begleiter zu Huhn in Thunfischsauce. In dieser Kombination können Wein und Essen sowohl einzeln glänzen als auch sich gegenseitig unterstützen und die jeweiligen Stärken zur Geltung bringen.«

Über den 87er Carneros Reserve Pinot Noir sagt sie: »Er wurde zehn Monate in französischen Eichenfässern gelagert und ist besonders sortentypisch: würzig, frisch und erinnert an Minze. Dieser Wein zeigt einmal mehr die Vielseitigkeit der Pinot-Noir-Rebe, die zu so vielen Gerichten paßt und hier als Puffer für die Salate eingesetzt wird. Denn er schafft einen weichen und angenehmen Übergang von den Artischocken zu der frischen roten Bete und den grünen Böhnchen.

Der 82er Brut Champagne paßt einfach hervorragend zu dem bunten Obstdessert, indem er der natürlichen Süße des Fruchtgeschmacks eine ganz neue Dimension verleiht.«

1857
Buena Vista
Winery

Ein Menü für Ballonfahrer

Als A. Racke 1979 die Kellerei Buena Vista Winery & Vineyards kaufte, hatte sie den Preis einer alteingesessenen Spitzenkellerei Kaliforniens. Der Ruf der Kellerei innerhalb der Weinszene und unter den Weinliebhabern war allerdings genauso angegriffen wie die altehrwürdigen Weinkeller.

Demnach war es ein großes Glück, daß die deutsche Winzerfamilie Racke, die auf mehr als sechs Generationen im Weingeschäft zurückblicken kann, ihren jüngsten Sproß Moller-Racke im Herbst 1981 als Direktor von Buena Vista einsetzte. Er war es denn auch, der zusammen mit seiner hübschen und energischen Frau Anna (die ebenfalls einer bekannten deutschen Winzerfamilie entstammt) die Spinnweben aus den Kellern fegte und Buena Vista zu einem Spitzenweingut im Sonoma Valley machte.

Der erste Schritt dazu war die Reduzierung des Angebots. Marcus nahm einige Weine aus der Produktion und konzentrierte sich auf die Stärken des Weinguts: Premium Carneros Chardonnay, Pinot Noir, Merlot und Cabernetsorten. Gleichzeitig erweiterte er die Serie Domaine Buena Vista, für die David Rosenthal als Kellermeister verantwortlich zeichnet, und führte neue Weißweine ein. Um die ständige Versorgung mit qualitativ hochwertigem Rebgut sicherzustellen, betrieb er den Kauf von Buena Vista Carneros II. Damit soll es eines Tages möglich sein, nur noch Erzeugerabfüllungen auf den Markt zu bringen.

Als Marcus im Mai 1983 Präsident von Buena Vista wurde, wollte er eine Kellerei schaffen, die Maßstäbe setzt. Er wußte allerdings nur zu genau, daß neues Rebland und sämtliche Maschinen und Anlagen der Welt allein nicht die Weine hervorbringen konnten, die die Kellerei zu einem erfolgreichen Unternehmen machen. Deshalb machte er Jill Davis, den er als Assistenten eingestellt hatte, zum Kellermeister. Anna wurde für die Weingärten verantwortlich. Somit war sein fähiges Team komplett. Marcus ist heute sehr stolz darauf, sagen zu können, »daß Buena Vista zu den besten Weingütern Kaliforniens gehört und bei den Spitzenweinen der Welt maßgebend ist«.

Und das, so möchte ich hinzufügen, nach einer nur sehr kurzen Zeit!

Aber wenn Sie nun glauben, all dieser Ehrgeiz und Arbeitseifer hätten Marcus' und Annas Sinn fürs Feiern getrübt, dann täuschen Sie sich. Die beiden können ihre Freunde zu einer legeren Party am Swimmingpool mit Blick über die Weingärten genauso empfangen wie mit einer der Überraschungen, die sie für uns bereithielten: eine morgendliche Ballonfahrt, gefolgt von einem herzhaften Imbiß, den der bekannte Küchenchef des »Sonoma Mission Inn« Charles Saunders (s. dazu auch Seite 175) zusammengestellt hatte.

Das ist kalifornische Gastfreundschaft und Lebensfreude par excellence.

Eingang zur Kellerei

Menü

Austernsuppe mit Chilicreme
Hähnchenwurst vom Grill
Lauch-Kräuter-Auflauf
Regenbogenforelle im Weinblatt
Bunte Salatmischung mit Birnen, Blauschimmelkäse und Portweinvinaigrette
Pie mit dreierlei Pfirsichsorten

Bricout Carte oder Champagne
Sauvignon Blanc – Lake County
Private Reserve Chardonnay
Private Reserve Pinot Noir
Late Harvest Johannisberg Riesling

Austernsuppe mit Chilicreme

Mit geröstetem Weißbrot und Chilicreme serviert, ergibt diese Suppe fast schon eine ganze Mahlzeit.

375 ml trockener Weißwein
18 Austern, geöffnet und im eigenen Saft
2 Eßlöffel Butter
100 g Zwiebeln, grob gehackt
100 g Sellerie, grob gehackt
Körner, Herzen und Milch von 6 Maiskolben (ersatzweise eine große Dose Maiskörner)
2 l Fischfond oder -brühe
250 g Crème double oder Sahne
1 Knoblauchknolle, geröstet (s. Seite 71)
1 Eßlöffel Salbei, grob gehackt
6 Eßlöffel trockener Sherry
Salz und Pfeffer
6–8 geröstete Baguettescheiben
Chilicreme (s. folgendes Rezept)

Wein in einem Topf kurz aufwallen lassen und Austern hineingeben. Vom Herd nehmen und Austern im Wein abkühlen lassen. Dann die Austern herausnehmen, abdecken und beiseite stellen. Wein in gut 5 Minuten bei starker Hitze auf die Hälfte reduzieren und beiseite stellen.

In einem Suppentopf die Butter bei mittlerer Hitze schmelzen. Zwiebeln und Sellerie etwa 5 Minuten darin dünsten. Die nackten Maiskolben dazugeben, Fischfond, Austernsaft und eingekochten Wein aufgießen. Langsam zum Kochen bringen und 30 Minuten simmern lassen.

Drei Viertel des Mais (den Rest zum Garnieren aufheben), die Sahne, das Knoblauchmark und den Salbei zufügen. Die Maiskolben aus der Suppe fischen und wegwerfen. Suppe mit dem Mixer pürieren und durch ein Sieb streichen. Mit Sherry verfeinern und mit Salz und Pfeffer würzen.

Zum Servieren die Suppe auf vorgewärmte Suppenschalen verteilen. In jede Schale eine Scheibe geröstete Baguette legen und eine Auster darauf setzen. Mit Chilicreme und Maiskörnern garnieren.
Für 6–8 Personen

Chilicreme

60 g Chilischoten (vorzugsweise Ancho-Chiles)
4 getrocknete Tomaten
1/4 l trockener Weißwein oder Wasser, lauwarm
250 g Crème double oder Sahne, auf die Hälfte eingekocht
2 Eßlöffel trockener Sherry
je 1 Prise Chilipulver, gemahlener Kreuzkümmel und getrockneter Oregano
Salz, schwarzer Pfeffer und Cayennepfeffer

Chilischoten und Tomaten getrennt in zwei Schalen geben und mit dem lauwarmen Wein oder Wasser übergießen. 10 Minuten einweichen lassen und dann abgießen. Stengel und Kerne der Chilischoten entfernen. Fruchtmark aus den Chilischoten und Tomaten herauskratzen, die Haut wegwerfen. Das Mark mit allen übrigen Zutaten im Mixer zu einer gleichmäßigen Creme pürieren.
Ergibt knapp 400 Milliliter Creme

Hähnchenwurst vom Grill

Machen Sie das Brät für diese Wurst mindestens einen Tag im voraus, damit es im Kühlschrank ziehen kann.

500 g schieres Fleisch von Hühnerkeulen, gut gekühlt und grob gewürfelt
120 g Schweinefett, gut gekühlt und grob gewürfelt
120 g Schweinefleisch (vom Schlegel), gut gekühlt und grob gewürfelt
1 1/2 Kochäpfel (z. B. Boskop oder Granny Smith), geschält, entkernt und grob gewürfelt
1 kleine Zwiebel, gewürfelt
1 Eßlöffel grobkörniges Salz
1 Messerspitze weißer Pfeffer
1 Teelöffel getrockneter Salbei
2 Eßlöffel Calvados

Alle Zutaten vermengen und durch den Fleischwolf drehen. Wurstmasse in acht Portionen teilen und über Nacht im Kühlschrank ziehen lassen.

Knapp 5 Minuten auf jeder Seite grillen, bis die Wurstmasse durchgebraten ist, ohne

Austernsuppe mit Chilicreme

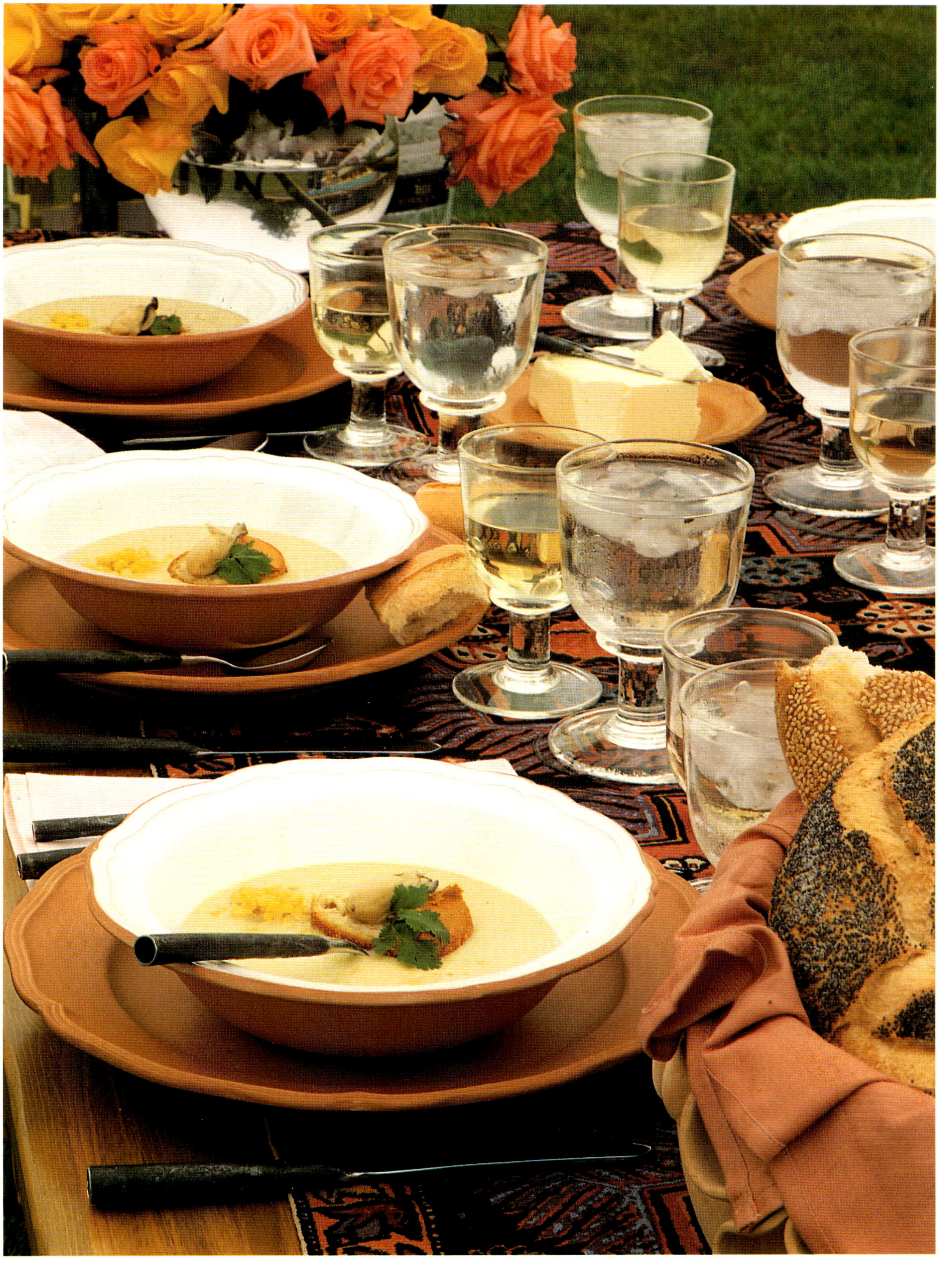

*Lauch-Kräuter-Auflauf und
Hähnchenwurst vom Grill*

Imbiß auf dem Felde

auszutrocknen. Mit dem Lauchauflauf (s. folgendes Rezept) und Weißbrot servieren. Dazu die Brotscheiben leicht mit Olivenöl einpinseln und mit den Würsten grillen.
Für 6–8 Personen

Nach der Fahrt wird mit Champagner gefeiert

Lauch-Kräuter-Auflauf

Dieser leckere Auflauf schmeckt wie eine Quiche ohne Teig.

gut 2 Eßlöffel Butter (etwas für die Förmchen aufheben)
200 g Lauch, geputzt und gehackt (hauptsächlich die weißen Teile)
100 g Zwiebeln, fein gewürfelt
4 Eier
125 ml Milch
125 ml Sahne
2 Eßlöffel geriebener Parmesan
1 Teelöffel Petersilie und Rosmarin, fein gehackt
Salz und Pfeffer

Ofen auf 160° vorheizen und 6 kleine Souffléförmchen buttern.

Die restliche Butter in einer Kasserolle erhitzen und den Lauch und die Zwiebeln 3–5 Minuten darin dünsten. Eier, Milch, Sahne, Käse, Kräuter und Gewürze in einer Schüssel vermengen. Gedünsteten Lauch und Zwiebeln einrühren. Mischung in die Förmchen gießen. Im Wasserbad im heißen Ofen 15–20 Minuten garen, bis der Auflauf fest ist.

Regenbogenforelle im Weinblatt

Wenn Sie keine Weinblätter bekommen können, nehmen Sie statt dessen Romanasalat oder Kohlblätter.

6 Regenbogenforellen à 350 g, küchenfertig vorbereitet
6 Eßlöffel Olivenöl
Salz und Pfeffer
24 Zitronenscheiben, etwa 3 mm dünn

1 Bund frischer Thymian

24 Weinblätter, blanchiert

Holzkohlenglut so vorbereiten, daß die Kohlen mit Asche bedeckt sind (s. Anmerkung).

Forellen auf ein Brett legen und innen mit Olivenöl bepinseln. Mit Salz und Pfeffer würzen und mit je 4 Zitronenscheiben sowie einigen Thymianzweiglein füllen. Fische verschließen und einzeln in die Weinblätter einwickeln. Mit Schaschlikspießchen feststecken.

Forellen auf den warmen Grillrost legen und auf jeder Seite 3 Minuten garen. Dann an den Rand schieben und langsam fertiggrillen, bis das Fleisch schön locker wirkt (je nach Hitze des Feuers mehrere Minuten). Vor dem Servieren Spieße entfernen.

Für 6 Personen

Anmerkung: Wenn Sie keinen Grill haben oder die Forellen lieber braten, Ofen auf 180° vorheizen. 2 große Auflaufformen mit Olivenöl auspinseln und erhitzen. Fische auf beiden Seiten anbraten und dann 6–8 Minuten ins heiße Backrohr schieben.

Bunte Salatmischung mit Birnen, Blauschimmelkäse und Portweinvinaigrette

Portweinvinaigrette paßt gut zu allen Salaten mit Obst und Käse.

125 g Mayonnaise

125 g Naturjoghurt

1 Teelöffel Estragon, fein gehackt

1 Eßlöffel Schnittlauch, fein gehackt

Die Forellen neben der bunten Salatmischung mit Birnen, Blauschimmelkäse und Portweinvinaigrette

1 Eßlöffel rote Zwiebeln, fein gehackt
2 Eßlöffel Tawny-Portwein
1 Eßlöffel frisch gepreßter Zitronensaft
Salz und Pfeffer
400 g bunte Salatmischung (s. Anmerkung)
3 reife Birnen, geschält, entkernt, in dicke Scheiben geschnitten und mit Zitronensaft eingerieben
180 g Blauschimmelkäse

Teig:
500 g Mehl
1/2 Teelöffel Salz
1/2 Teelöffel Zucker
1/2 Teelöffel abgeriebene Zitronenschale
200 g gut gekühlte Butterflöckchen
4 Eßlöffel Eiswasser
Füllung:
5–6 Eßlöffel ungesalzene Pistazien oder Mandeln, geröstet und grob gehackt
1500 g verschiedene Pfirsiche, geschält, entsteint und in Scheiben geschnitten
125 g getrocknete Kirschen (s. Anmerkung), in Brandy eingeweicht und abgetropft
250 g brauner Zucker
1 Teelöffel Zimtpulver
knapp 3 Eßlöffel Tapioka
2 Eßlöffel frisch gepreßter Zitronensaft
3 Eßlöffel Butter
2 Eßlöffel Milch
2 Eßlöffel Kristallzucker und 1 Teelöffel Zimt zum Bestreuen
Schlagsahne oder Eis

Mayonnaise und Joghurt verrühren, Estragon, Schnittlauch und Zwiebel einstreuen, Portwein und Zitronensaft dazugießen. Sorgfältig vermengen. Salzen, pfeffern und beiseite stellen.

Salatmischung mit Vinaigrette benetzen und auf einzelnen Tellern anrichten. Mit Birnenscheiben und Käsestückchen garnieren.
Für mindestens 6 Personen

Anmerkung: Die Mischung aus Salaten mit unterschiedlicher Konsistenz und verschiedenen Geschmacksrichtungen kann man oft bereits fertig kaufen.

Pie mit dreierlei Pfirsichsorten

Als ob eine Pfirsichsorte nicht genug wäre, wird dieser Pie gleich mit dreien zubereitet. So wundervoll das schmeckt, Sie dürfen es auch bei einer Sorte bewenden lassen.

Teigbereitung: Mehl, Salz und Zucker durchsieben und vermengen. Die abgeriebene Zitronenschale unterrühren. Butter mit zwei Messern oder einem Schneidgerät schnell in

BUENA VISTA WINERY & VINEYARDS

Pie mit dreierlei Pfirsichsorten

erbsengroße Flocken teilen. Mit Eiswasser benetzen und mit möglichst wenigen Handgriffen in das Mehl einarbeiten. Teig zu einer langen, flachen Scheibe formen, in Haushaltsfolie einwickeln und mindestens 1 Stunde kalt stellen.

Ofen auf 200° vorheizen und eine Pieform von 22 oder 24 cm Durchmesser einfetten.

Füllung: Teig in zwei Hälften teilen. Eine Hälfte auf einer bemehlten Arbeitsfläche hauchdünn ausrollen und die gebutterte Form damit auslegen. Pistazien oder Mandeln auf den Teigboden streuen. Pfirsiche, Kirschen, braunen Zucker, Zimt, Tapioka und Zitronensaft in einer Schüssel vermischen. Dann auf dem Teig verteilen und Butterflöckchen obenauf setzen. Mit der zweiten Teighälfte abdecken, Ränder gut zusammendrücken und mit etwas Milch einpinseln. Nach Belieben restlichen Zucker und Zimt vermischen und auf den Teigdeckel streuen.

10 Minuten backen, dann Temperatur auf 180° herunterschalten und 35–40 Minuten weiterbacken, bis der Teig goldbraun ist. Abkühlen lassen und aus der Form auf eine Kuchenplatte heben. Wenn der Pie sich nicht aus der Form nehmen läßt, direkt aus der Form servieren. Auf jede Portion einen Klecks Schlagsahne oder eine Kugel Eis setzen.
Für mindestens 8 Personen

Anmerkung: Getrocknete Kirschen können Sie im gutsortierten Feinkostgeschäft kaufen. Verwenden Sie ersatzweise in Brandy getränkte Kirschen aus dem Glas.

Regenbogenforellen, in Weinblätter gewickelt und über Eichenholz gegrillt

Die Weine

Wenn die Moller-Rackes Gäste laden und Charles Saunders um Menüvorschläge bitten, dann diskutieren sie stets darüber, wie ihre Weine die einen oder anderen Speisen unterstreichen, und erarbeiten dann gemeinsam eine Auswahl. Marcus Moller-Racke erläutert nicht nur seine Wahl, sondern zeigt auch, welche Eigenschaften er in seinen Weinen sieht: »Unser Bricout Carte oder ein Champagner entspricht der festlichen Stimmung. Beide erfrischen gleichermaßen den Gaumen und wecken den Appetit. Mit seinem leicht grasigen Abgang und dem Aroma reifer Sommermelonen stellt unser Sauvignon Blanc – Lake County einen wunderbaren Auftakt zu Menüs mit Salaten oder Meeresfrüchten dar.

Mit einer herzhaften Wurst und einem Eiergericht aus dem Ofen kann nur ein Wein mit fester Struktur und kräftigem Körper mithalten. Unser Private Reserve Chardonnay mit seinem vollen Geschmack ergänzt dieses Gericht und bildet zugleich ein schönes Gegengewicht. Die gegrillte Regenbogenforelle wird durch den frischen Fruchtgeschmack unseres Private Reserve Pinot Noir ergänzt. Pinot Noir ist der vielseitigste Rotwein und paßt gut zu festfleischigem Fisch.

Eines der Geheimnisse für den richtigen Wein zum Dessert liegt darin, die Aromen und Geschmacksnoten ausfindig zu machen, die beiden gemeinsam sind. Riesling-Spätlesen werden am häufigsten mit Pfirsich verglichen. Was könnte demnach besser zusammenpassen als Late Harvest Johannisberg Riesling und die vollreifen Sommerpfirsiche von unserem Pie?«

BUENA VISTA WINERY & VINEYARDS 61

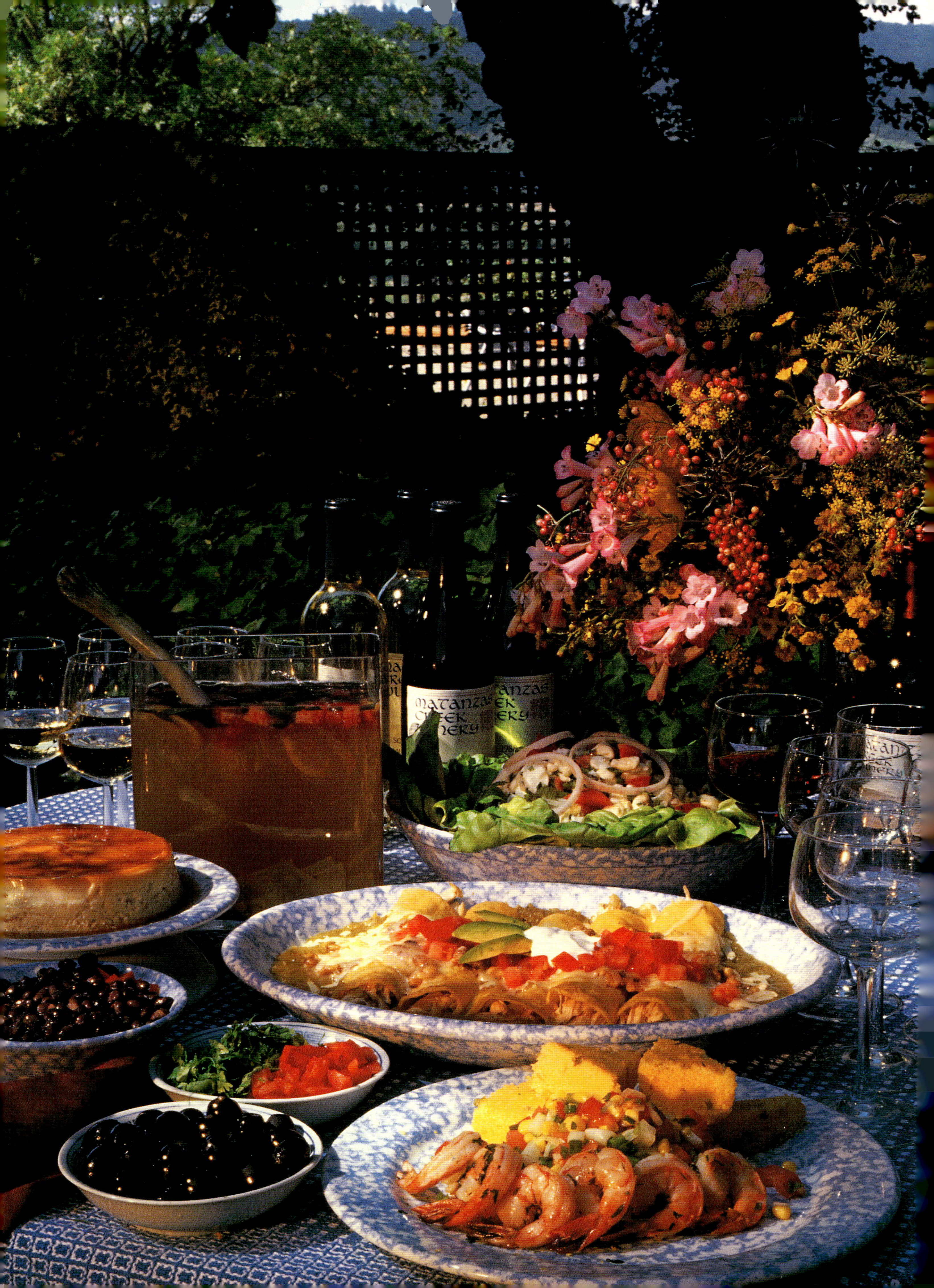
MATANZAS
CREEK

Ein kalifornisch-mexikanisches Fest

Die Südstaatenschönheit Sandra Stern erwarb 1971 die alte LaFranconi-Farm im Bennet Valley. Der Hof, auf dem früher Milchwirtschaft betrieben wurde, liegt wunderschön: Hinter ihm ragt der Bennet Peak auf, auf der anderen Seite blickt man auf den Mount Taylor in der Ferne. Ohne jegliche Erfahrung mit Weinbau oder Kellerei hatte sich Sandra wie viele andere in den Kopf gesetzt, »den besten Wein Kaliforniens« herzustellen. Bescheidene Ansprüche kann man ihr also kaum nachsagen. Und außerdem begab sie sich in eine überwiegend männliche Domäne. Aber sie war so von ihrer Idee besessen, daß sie gar keine Bedenken zuließ. 1974 schließlich war Sandra so weit, daß sie ihr Land bearbeiten konnte: Rund neun Hektar wurden mit Chardonnay- und Merlotreben bepflanzt.

Ihre Pläne nahmen rasch Gestalt an, und nur drei Jahre später konnte sie die alte Melkscheune in einen Weinkeller umbauen. Die Matanzas Creek Winery war geboren, und Sandra hatte ihren zukünftigen Ehemann Bill MacIver kennengelernt. Ein Jahr später brachten die beiden ihre ersten 36 000 Flaschen auf den Markt.

Eine Reihe von Erfolgen wurde mit den ersten Chardonnays der MacIvers eingeleitet. Sie gewannen Preise und wurden von der Kritik hoch gelobt. Die Anerkennung durch Weinliebhaber war so unerwartet groß, daß der 79er Jahrgang innerhalb nur weniger Monate ausverkauft war. Vor allem der Sauvignon Blanc mit seinem vollen, klassischen Stil konnte sich neben den verschiedenen anderen Weinen beim Weinpublikum durchsetzen.

So ist es nicht weiter überraschend, daß die alte Farm bereits 1984 dem eigenen Erfolg kaum mehr gewachsen war. Den MacIvers wurde bald klar, daß sie kein landesweites Vertriebsnetz aufbauen konnten, wenn ihre Weine schon nach ein paar Monaten ausverkauft waren. So planten sie den Ausbau ihres Weinguts, das ein geräumiges zweistöckiges Kellereigebäude und ein hochmodernes Labor bekommen sollte.

Wie durch ein Wunder war der Ausbau bereits im Herbst 1985 fertig. Nun konnten sie ihre Weine nach ganz neuen Methoden herstellen. Im Labor konnte man das Kelterverfahren im kleinen Maßstab simulieren, Weine verkosten und testen, bevor man an die eigentliche Weinherstellung ging.

Die Rotweinproduktion gewann an Boden. Hatte man sich zunächst auf Pinot Noir und Cabernet Sauvignon konzentriert, so verlegte man sich nun auf eine einzige Rotweinsorte: Merlot. Beeinflußt durch die Weine aus Pomerol, machte man nun »weichere und rundere Rotweine mit mehr geschmeidigem Tannin«. In wenigen Jahren wurde Matanzas für seinen Merlot berühmt.

Die MacIvers kredenzten uns mit den kalifornisch-mexikanischen Spezialitäten eines ihrer Lieblingsmenüs. Das war wirklich ein Fest!

Der Tisch im Garten ist gedeckt; das Festmahl beginnt mit Hühnersuppe und endet mit Karamelflan

Menü

Hühnersuppe mit Zitronenaroma
Marinierte Garnelen mit Chilipolenta und Maisgemüse
Fischsalat mit Orangen-Oregano-Vinaigrette
Huhn-Walnuß-Enchiladas mit grüner Chilisauce
Mandelkörbchen mit Zitronencreme
Karamelflan mit Kokosflocken

Matanzas Creek Chardonnay
Matanzas Creek Sauvignon Blanc

Hühnersuppe mit Zitronenaroma

Hühnersuppe mit Zitronenaroma

Diese Suppe vermittelt einen Hauch von Mexiko.

6 Hühnerkeulen (ca. 750 g), gehäutet
1 3/4 l Hühnerbrühe
Saft und abgeriebene Schale einer großen Zitrone (ca. 4 Eßlöffel Saft)
2 Eßlöffel Butter
1 große Zwiebel, grob gehackt
2 zerstoßene Knoblauchzehen
Körner und Milch von 5 Maiskolben oder 400 g Tiefkühl- bzw. Dosenmais
2 Fleischtomaten (ca. 500 g), grob gewürfelt
1 Bund Frühlingszwiebeln, grob gehackt
1 Bund Koriandergrün, gehackt (ein paar Blätter zum Garnieren aufheben)
Salz und Pfeffer
5 Maistortillas, in mundgerechte Stücke zerteilt
6–8 dünne Zitronenscheiben zum Garnieren

Hühnerkeulen in einen Suppentopf legen und mit reichlich kaltem Wasser bedecken. Aufkochen lassen und dann bei milder Hitze rund 45 Minuten leise köcheln, bis das Fleisch sehr weich ist. Hühnerkeulen herausnehmen (Brühe aufheben) und abkühlen lassen. Anschließend klein schneiden.

1 l von der Kochbrühe abmessen (notfalls mit Wasser ergänzen) und zusammen mit der Hühnerbrühe in einem großen Suppentopf erhitzen. Leise köcheln lassen, das klein geschnittene Hühnerfleisch, Zitronensaft und Zitronenschale hineingeben.

Butter in einer Pfanne langsam erhitzen, Zwiebeln und Knoblauch etwa 5 Minuten darin dünsten. Diese Zwiebelmischung und die Maiskörner in die köchelnde Suppe geben.

Ein paar Minuten weiterköcheln lassen. Tomaten, Frühlingszwiebeln, Koriandergrün hinzugeben und mit Salz und Pfeffer abschmecken. Weitere 15 Minuten köcheln lassen, dann das Fett abschöpfen.

Vor dem Servieren in jeden Suppenteller ein paar Tortillachips legen, dann die Suppe darüber gießen. 2–3 Minuten ziehen lassen, damit die Tortillachips aufweichen können. Mit Zitronenscheiben und Koriandergrün garnieren.

Für 6 bis 8 Personen

Marinierte Garnelen mit Chilipolenta und Maisgemüse

Welch verführerische Kombination!

18 Garnelen, geschält und entdärmt (Schwanzende dranlassen)
Abgeriebene Schale einer halben Zitrone
5 Knoblauchzehen, fein gehackt
1 Chilischote (vorzugsweise Serrano), entkernt und fein gehackt
1 Handvoll Koriandergrün
4 Eßlöffel Olivenöl
Salz und Pfeffer
Chilipolenta (s. folgendes Rezept)
Maisgemüse (s. übernächstes Rezept)

Garnelen, Zitronenschale, Chili, Koriandergrün, Öl und Gewürze in einer Glasschüssel vermengen. Mit Haushaltsfolie luftdicht verschließen und mindestens 1 Stunde ziehen lassen. Garnelen abtropfen lassen und auf jeder Seite etwa 3 Minuten lang grillen, bis ihr Fleisch weiß wird. Salzen und pfeffern.

Marinierte Garnelen mit Chillipolenta und Maisgemüse, Fischsalat mit Orangen-Oregano-Vinaigrette

125 ml Olivenöl
1 Schalotte, fein gehackt
1/2 Teelöffel getrockneter Oregano
375 ml frisch gepreßter Orangensaft
1 Handvoll Koriandergrün, grob gehackt
1 Fleischtomate, gewürfelt
2 kleine bis mittlere Jicama, geschält und in feine Scheiben geschnitten
2 Kopfsalat, geputzt und mundgerecht zerteilt
1 rote Zwiebel, in feine Ringe geschnitten, mit 3 Eßlöffeln Reisessig mehrere Stunden mariniert
2 nicht zu reife Avocados, geschält, entsteint, in Scheiben geschnitten und mit Zitronensaft beträufelt

Fischfilets in sehr dünne und kleine Scheiben schneiden. In eine Glasschüssel geben und mit dem Limettensaft beträufeln. Abdecken und 1 1/2 Stunden im Kühlschrank ziehen lassen.

In der Zwischenzeit Olivenöl, Schalotte, Oregano und Orangensaft verrühren und beiseite stellen.

Zum Servieren den Fisch abtropfen lassen und mit Koriandergrün und Tomatenwürfeln vermengen. Jicamas in die Vinaigrette einrühren. Kopfsalatblätter anrichten, die Vinaigrette darauf verteilen, dann den Fisch auf das Bett aus Salatblättern setzen. Zwiebelringe abtropfen lassen und darüber verteilen. Mit Avocadoscheiben garnieren.
Für 6 bis 8 Personen

Mit Chilipolenta und Maisgemüse servieren. *Für 6 bis 8 Personen*

Chilipolenta

125 g Butter
1 1/4 l Hühnerbrühe
500 g Instant-Polentamehl
1 Dose gebratene grüne Chilischoten, abgetropft und gewürfelt

Zwei Backbleche mit 30 g Butter einfetten und beiseite stellen.

60 g Butter in die Hühnerbrühe einrühren und in einem großen Topf zum Kochen bringen. Bei mittlerer Hitze das Polentamehl gleichmäßig hineinrieseln lassen. Dabei ständig umrühren, damit sich keine Klümpchen bilden. Die Chilischoten dazugeben und 5 Minuten weiterkochen, bis die Polenta schön dick geworden ist. Mit einem gebutterten Spatel etwa fingerdick auf die Backbleche streichen und mit der restlichen Butter einreiben. Polenta auskühlen und fest werden lassen. In Dreiecke schneiden.
Für 8–10 Personen

Maisgemüse

1 große weiße Zwiebel, gewürfelt
2 Fleischtomaten, gewürfelt
1 Handvoll Koriandergrün, grob gehackt
Körner von 1 Maiskolben (oder Mais aus der Dose)
1/2 Chilischote (vorzugsweise Serrano, ca. 6 cm lang), entkernt und fein gehackt
1 Eßlöffel frisch gepreßter Zitronensaft
Salz und Pfeffer

Alle Zutaten vermengen und vor dem Servieren 1 Stunde ziehen lassen.
Ergibt etwa 6 Beilagenportionen

Fischsalat mit Orangen-Oregano-Vinaigrette

Die Orangen-Oregano-Vinaigrette paßt auch sehr gut zu einem Blattsalat mit Früchten.

750 g frisches weißes Fischfilet (vorzugsweise Heilbutt oder Kabeljau)
250 ml frisch gepreßter Limettensaft

Huhn-Walnuß-Enchiladas mit grüner Chilisauce

Diese Sauce ist ziemlich mild. Wenn Sie gerne scharf essen, einfach mehr Jalapenoschoten dazugeben. Diese Enchiladas eignen sich bei jedem Abendessen vorzüglich als Hauptgericht.

Sauce:
20–25 Tomatillos (ca. 1 1/2 kg)
2 Eßlöffel Olivenöl
500 g Zwiebeln, grob gehackt
2 Dosen gebratene grüne Chilischoten, abgetropft und gewürfelt

3 Knoblauchzehen, fein gehackt
2 Teelöffel getrockneter Oregano
1/2 l Hühnerbrühe
2 Lorbeerblätter
1 Eßlöffel Zucker
Salz und Pfeffer
Füllung:
1 Poularde (1,5–2 kg)
200 g geriebener milder Cheddar
375 g geriebener Monterey Jack (oder Gouda)
200 g Walnußkerne, geröstet und gehackt
1 Eßlöffel getrockneter Oregano
Salz und Pfeffer
Tortillas:
1/4 l Pflanzenöl
12 Maistortillas
500 g geriebener Monterey Jack (oder Gouda)
2 Fleischtomaten, grob gewürfelt
2 Avocados, geschält, entsteint, in Scheiben geschnitten und mit Zitronensaft beträufelt
250 g saure Sahne
180 g schwarze Oliven in Salzlake, abgetropft
12 Korianderblättchen, gehackt
250 g Kürbiskerne, geschält und geröstet (s. Anmerkung)

Sauce: Tomatillos von Schale und Stiel befreien, in einen Topf setzen und mit Wasser bedecken. Rasch zum Kochen bringen und bei mittlerer Hitze etwa 5 Minuten weich kochen. Abgießen und abspülen, dann beiseite stellen. Olivenöl in einer Pfanne erhitzen und Zwiebeln darin unter ständigem Wenden glasig dünsten (ca. 3 Minuten). Zusammen mit Tomatillos, Chilischoten, Knoblauch, Oregano und 1/4 l Hühnerbrühe in der Küchenmaschine grob zerkleinern. Mischung in den Topf zurückgeben und die restliche Brühe aufgießen. Mit Lorbeer, Zucker, Salz und Pfeffer abschmecken. Aufkochen und 30 Minuten köcheln lassen. Lorbeerblätter herausfischen und wegwerfen. Sauce beiseite stellen.

Füllung: Poularde in einen großen Suppentopf legen und mit Wasser bedecken. Rasch zum Kochen bringen, abdecken und bei milder Hitze langsam weich kochen (1 1/2–2 Stunden). Poularde in der Brühe abkühlen lassen. Dann herausnehmen, häuten, entbeinen und das Fleisch kleinschneiden. Fleischstückchen mit geriebenem Käse, Walnüssen, Oregano, Salz und Pfeffer vermengen und beiseite stellen.

Ofen auf 180° vorheizen.

Für die Tortillas das Öl in einer weiten Pfanne erhitzen. Die Tortillas einzeln einige Sekunden lang ausbacken und gut abtropfen lassen. Jede Tortilla in die Chilisauce tauchen und in eine große Auflaufform legen. Jeweils etwa 125 g Füllung auf eine Tortilla geben und aufrollen. Mit der Naht nach unten in die Form setzen. Wenn alle Tortillas verarbeitet sind, die restliche Chilisauce auf den Tortillaröllchen verteilen. Mit Alufolie abdecken und 15–20 Minuten im heißen Rohr backen, bis sie durch und durch heiß sind. Alufolie abnehmen und mit Käseraspeln bestreuen. Form wieder in den Ofen schieben, bis der Käse geschmolzen ist (5–10 Minuten).

Pro Person 2 Enchiladas auf einen vorgewärmten Teller setzen und mit Tomatenwürfeln, Avocadoscheiben, Sauerrahm, Oliven und Koriandergrün garnieren. Mit gerösteten Kürbiskernen bestreuen.
Für 6 Personen

Anmerkung: Kürbiskerne zum Rösten auf ein Backblech streuen und im warmen Ofen 5–8 Minuten goldbraun werden lassen.

Mandelkörbchen mit Zitronencreme

Mandelkörbchen mit Zitronencreme

Hier ein Rezept für die klassischen Mandelplätzchen mit Zitronenfüllung:

Creme:
3 ganze Eier + 3 Eigelbe
4 Eßlöffel frisch gepreßter Limettensaft
4 Eßlöffel frisch gepreßter Zitronensaft
5 Eßlöffel Butter
4 Eßlöffel Zucker
1 Eßlöffel abgeriebene Zitronenschale

Huhn-Walnuß-Enchiladas mit grüner Chilisauce

nehmen, über einem Nudelholz oder einer Flasche zu Körbchen biegen und abkühlen lassen. (Wenn die Plätzchen vor dem Formen hart werden, wieder in den Ofen schieben und etwa 1 Minute weich werden lassen.)

Zum Servieren die Körbchen auf Teller setzen und mit einem Eßlöffel Creme füllen. Mit frischen Beeren garnieren und einen Teelöffel Crème fraîche oder Schlagsahne obenauf setzen. Mit Minze bestreuen.
Für 6 Personen

Karamelflan mit Kokosflocken

Flans sind immer ein willkommenes Dessert nach einem scharfen Essen. Dieser Flan ist sehr üppig, aber auch besonders gut.

500 g Zucker
2 Eßlöffel Wasser
1 Spritzer frisch gepreßter Zitronensaft
1 l Milch
1 Vanilleschote, längs halbiert
4 ganze Eier + 8 Eigelbe
200 g Kokosraspel, geröstet

Ofen auf 160° vorheizen.

In einem kleinen Topf 250 g Zucker mit Wasser und Zitronensaft verrühren. Langsam bei milder Hitze zum Kochen bringen. Hitzezufuhr erhöhen und ohne umzurühren in 8–10 Minuten goldgelb werden lassen. Rasch in eine ungefettete Puddingform gießen. Mit dem Karamel Wände und Boden der Form benetzen, bis er abkühlt.

Milch und Vanilleschote aufkochen. Schote herausfischen und Topf vom Herd nehmen. In einer großen Schüssel Eier, Eigelbe und den restlichen Zucker gut vermischen. Die heiße Milch und die Kokosraspel einrühren. In die mit Karamel ausgekleidete Form gießen und im Wasserbad etwa 1 Stunde garen. Der Pudding ist fertig, wenn Sie eine Messerklinge eintauchen können, ohne daß etwas daran haften bleibt. Aus dem Wasserbad heben und abkühlen lassen.

Zum Anrichten den Pudding auf eine Servierplatte stürzen. Dabei den Rand der Puddingform mit einem scharfen Messer lockern und auf die Karamelsauce aufpassen, damit sie nicht verspritzt. Kühl servieren.
Für 6 Personen

Körbchen:
250 g Mandelblättchen, geröstet
4 Eßlöffel Zucker
4 Eßlöffel Eiweiß, zimmerwarm
2 Eßlöffel Mehl
1 1/2 Eßlöffel Butter, zerlassen und leicht abgekühlt
Zum Garnieren:
Frische Beeren
Crème fraîche oder Schlagsahne
Minzeblättchen

Creme: Alle Zutaten im heißen Wasserbad aufschlagen, bis die Creme eindickt (3–5 Minuten). In eine Schüssel geben, mit Haushaltsfolie in Form pressen. Vollkommen abkühlen lassen und in den Kühlschrank stellen.

Ofen auf 180° vorheizen.

Mandelkörbchen: Mandeln, Zucker, Eiweiß und Mehl in einer kleinen Schüssel verrühren. Die zerlassene Butter einarbeiten. Zwei Backbleche großzügig buttern. Jeweils 2 Eßlöffel Teig im Abstand von gut 10 cm auf die Backbleche setzen. Mit dem Rücken einer Gabel die Teighäufchen zu Kreisen mit 10 cm Durchmesser flach streichen. Im Ofen bakken, bis das Kreisinnere goldbraun ist (7–8 Minuten). Jetzt rasch arbeiten: Kreise heraus-

Die Weine

Matthew Gipson ist für seine kalifornisch-mexikanische Küche, die wir in der Matanzas Winery genießen konnten, bestens bekannt und kocht oft für die MacIvers. Da bestimmte Geschmacksnoten in allen Gerichten wiederkehren, können Sie das ganze Menü hindurch auch nur einen einzigen Wein servieren.

»Der Matanzas Creek Chardonnay paßt recht gut zum gesamten Menü. Die Zitrusnoten des Weins kommen durch die Speisen besonders schön zur Geltung.

Der Sauvignon Blanc jedoch betont schön die Hühnersuppe mit Zitronenaroma und den Fischsalat. Und der berühmte Merlot des Hauses würde zu den Enchiladas hervorragend passen. Sie haben hier viele Möglichkeiten.«

Küchenchef Matthew D. Gipson

THEO.GIER
MCMIII

Dinner im Museum

Die Hess Collection Winery unterscheidet sich durch zwei Dinge von den übrigen Kellereien im Wine Country. Am offensichtlichsten ist natürlich das Museum, das einen Teil des Kellereigebäudes am Mt. Veeder einnimmt. Der Bau stammt aus den Jahren um die Jahrhundertwende und wurde erst kürzlich renoviert. Er beherbergt einen Teil der umfangreichen Privatsammlung amerikanischer und europäischer Kunst und ist auch der Öffentlichkeit zugänglich.

Der zweite Unterschied wird von manchen Leuten als »das bestgehütete Geheimnis im Napa Valley« bezeichnet. Damit meinen sie den langfristigen Plan von Donald Hess, der als ersten Schritt 1970 den Erwerb von Weinbergparzellen vorsah. Dieses Terrain ist schwierig zu bearbeiten, aber Hess glaubte an die besondere Qualität von Trauben, die an Hängen gedeihen, und nahm deshalb die Herausforderung, die solch schwieriger Boden stellt, an.

Hess lag mit seiner Überzeugung richtig, und seine Trauben wurden schon bald an die besten Kellereien der Gegend verkauft. Aber bei jeder Lese legte er ein paar Reben zur Seite, um damit zu experimentieren und die daraus gewonnenen Weine zu analysieren.

1983 waren die Rebflächen auf 113 Hektar angewachsen, während sein Gesamtbesitz noch weitere 64 Hektar für zukünftige Projekte umfaßte. Als die jahrelangen Voruntersuchungen abgeschlossen waren, wurde 1986 im renovierten Kellereigebäude mit dem Weinmachen begonnen. (Das Gebäude war übrigens Sitz der Christlichen Brüder und hieß Mt. La Salle.)

Die ersten Hess-Collection-Weine wurden 1987 auf den Markt gebracht, die nächsten folgten 1989 mit dem 87er Chardonnay und dem 86er Cabernet Sauvignon. Der 86er Cabernet Sauvignon Reserve kam 1990 in den Handel.

Donald Hess selbst hat einen interessanten Lebenslauf zu bieten. Er wurde als Kind eines Schweizer Vaters und einer amerikanischen Mutter in Bern (wo er immer noch einen Teil des Jahres verbringt) geboren. Er erlernte den angestammten Familienberuf und wurde Braumeister, arbeitete als Vertreter der neunten Generation in der Familienbrauerei und in der Gastronomie.

Doch schon bald strukturierte Donald Hess den Familienbesitz um. Er begann ein Mineralwasser aus der Petrusquelle, im Wallis abzufüllen und zu vertreiben. Die Mineralwasser-Vertriebsgesellschaft arbeitete von Anfang an erfolgreich, so daß Hess eine Dachorganisation, die Hess Holdings Ltd., gründete. Im Lauf der Jahre wuchs sie stark und ist inzwischen auch auf dem Agrar- und Immobiliensektor tätig, wozu das Weingut gehört.

Unser Dinner wurde zwischen Bildern und Plastiken in den Museumsräumen serviert und wurde dadurch zu einem dreifachen Genuß: das köstliche Essen aus der Hand von Renee Carisio, die wunderbaren Kunstwerke von Donald Hess und die großartigen Weine der Kellerei.

Eingang zur Kellerei

Menü

Gegrillte Garnelen mit Papayasauce
Knoblauchkartoffeln
Hauchdünne Zwiebelringe
Gegrilltes Schweinefilet mit
Cabernet-Senf-Sauce
Walnußbrot
Gefrorenes Limettensoufflé mit
Brombeersauce

Chardonnay
86er Cabernet

Gegrillte Garnelen mit Papayasauce

Die Papayasauce bildet eine interessante Beilage zu den gegrillten Garnelen.

18 Garnelen, geschält und entdärmt (Schwanzende dranlassen)
Marinade:
4 Eßlöffel Pflanzenöl
Saft einer Limette
1/2 Bund Koriandergrün, gehackt
4 Frühlingszwiebeln, das Weiße und ein Teil der Halme grob gewürfelt
Sauce:
1 Papaya, geschält, entkernt und fein gewürfelt
1 rote Paprikaschote, fein gewürfelt
6 Frühlingszwiebeln, das Weiße und ein Teil der Halme fein gewürfelt
1/2 Bund Koriandergrün
1–2 kleine Chilischoten (vorzugsweise Jalapeño), entkernt und fein gehackt
Saft von zwei Limetten
1/2 Teelöffel grobkörniges Salz
Zum Garnieren:
3 kleine Avocados, geschält, entsteint und in feine Scheiben geschnitten

Garnelen in eine Glasschüssel legen. Die Zutaten für die Marinade verrühren und über die Garnelen gießen. Abdecken und eine Stunde ziehen lassen. Nicht kühl stellen.

Die Zutaten für die Sauce in eine Schüssel geben und vermengen.

Holzkohlenglut vorbereiten; die Kohlen müssen von einer Schicht aus Asche bedeckt sein. Garnelen 10 cm über der Kohlenglut 2 Minuten auf jeder Seite grillen, bis ihr Fleisch weiß geworden ist.

Zum Servieren die Avocadoscheiben fächerartig auf den Tellern ausbreiten. Garnelen danebenlegen und mit Sauce garnieren.
Für 6 Personen

Knoblauchkartoffeln

Verführerisch gut!

2 Knoblauchknollen
2 Eßlöffel Olivenöl
4 große mehlig kochende Kartoffeln (gut 1 1/2 kg), geschält
100 g Butter
125 g Crème double oder Sahne
1/2 Teelöffel grobkörniges Salz
Weißer Pfeffer aus der Mühle

Ofen auf 190° vorheizen.

Gegrilltes Schweinefilet mit Cabernet-Senf-Sauce, Knoblauchkartoffeln, hauchdünnen Zwiebelringen; im Hintergrund Walnußbrot

Knoblauchknollen unten abschneiden und jeweils auf ein Stück Alufolie setzen. Mit Olivenöl beträufeln. In die Folie einwickeln und 1–1 1/2 Stunden im Ofen backen, bis der Knoblauch ganz weich ist. Das Mark aus den Knollen pressen und beiseite stellen. Kartoffeln in grobe Würfel schneiden, in einen Topf geben und mit kaltem Wasser bedecken. Zum Kochen bringen und leise weiterköcheln lassen, bis die Kartoffeln sehr weich sind (20 Minuten). Abgießen und mit Knoblauchmark, Butter, Sahne, Salz und Pfeffer in eine große Schüssel geben. Zutaten vermengen, aber nicht zu fein pürieren.
Für 6–8 Personen

Gefrorenes Limettensoufflé mit Brombeersauce und Hasenöhrchen

Hauchdünne Zwiebelringe

Diese Zwiebelringe sind so einfach, daß Sie sie sicher oft anbieten werden.

4 mittelgroße rote Zwiebeln, in sehr feine Scheiben geschnitten
Mehl
1 l Pflanzenöl

Zwiebelscheiben in Ringe zerpflücken und mit Mehl bestäuben, so daß sie gleichmäßig davon bedeckt sind.

Öl in einem tiefen Topf auf Fritiertemperatur (ca. 190°) erhitzen. Überschüssiges Mehl von den Zwiebelringen klopfen und die Ringe portionsweise knusprig ausbacken (je ca. 3 Minuten).
Für 6–8 Personen

Gegrilltes Schweinefilet mit Cabernet-Senf-Sauce

Schweinefilet serviert man heutzutage leicht rosa. Wenn Sie das nicht mögen, können Sie das Fleisch auch länger braten, dabei aber aufpassen, daß es nicht austrocknet.

1/2 l Cabernet Sauvignon
1/4 l Kalbs- oder Geflügelfond
2 Eßlöffel grobkörniger Senf
3 Schweinefilets à 360 g
Salz und schwarzer Pfeffer

Für die Sauce den Wein in einen kleinen Topf gießen und bei kräftiger Hitze auf die Hälfte reduzieren (ca. 10 Minuten). Fond angießen und bei starker Hitze um ein Drittel einkochen (ca. 8 Minuten). Senf einrühren und warm stellen.

Den Grill im Backofen vorheizen. Die Filets großzügig mit Salz und Pfeffer einreiben. Die Filets in 10 cm Abstand von den Heizschlangen 12 Minuten pro Seite – oder bis sie innen gerade zartrosa sind – grillen. Ein paar Minuten ruhen lassen und dann erst in Scheiben von etwa einem halben Zentimeter schneiden. Mit der Sauce servieren.
Für 6–8 Personen

Walnußbrot

Walnußbrot ist im Weinland Kalifornien sehr beliebt, und das von Renee Carisio gehört zu den besten.

Trockenhefe
375 ml handwarmes Wasser
3 Eßlöffel Honig
3 Eßlöffel Olivenöl
1 Teelöffel grobkörniges Salz
1 kg ungebleichtes Mehl
250 g geröstete Walnußkerne, sehr fein gemahlen

Backstein in den Ofen legen und auf 190° vorheizen.

Hefe, lauwarmes Wasser und 1 Eßlöffel Honig in einer Schüssel verrühren. Ca. 10 Minuten gehen lassen, dann mit dem restlichen Honig, dem Olivenöl und dem Salz in die

Rührschüssel einer Küchenmaschine geben. Nach und nach 750 g Mehl einrühren, bis ein geschmeidiger Teig entsteht. Walnüsse dazugeben und das restliche Mehl einarbeiten. Jetzt mit dem Knethaken der Küchenmaschine ca. 5 Minuten durchkneten, bis der Teig weich und elastisch ist.

Teig in eine leicht geölte Schüssel setzen, abdecken und an einem warmen Ort auf die doppelte Größe aufgehen lassen. Kurz durchkneten, in zwei Hälften teilen und aus jeder einen runden Brotlaib formen. Wieder bis zur doppelten Größe aufgehen lassen. Brotlaibe auf den Backstein setzen und oben einritzen. 40–45 Minuten backen. Die Laibe müssen hohl klingen, wenn man auf ihren Boden klopft.
Ergibt 2 Laibe

Gefrorenes Limettensoufflé mit Brombeersauce

250 g Zucker
4 Eßlöffel Wasser
6 Eigelbe
Saft von 3 Zitronen
Saft von 4 Limetten
500 g Crème double oder Sahne
Brombeersauce (s. folgendes Rezept)
Nach Belieben Minze und kandierte Limettenschale zum Garnieren

Für die 6 Portionsförmchen einen Kragen aus Backpapier formen, der etwa 2 1/2 cm über den Rand der Förmchen hinausragt. Wasser in einen kleinen Topf geben, Zucker darin auflösen und rasch zum Kochen bringen. Nicht umrühren (der Zucker könnte sonst auskristallisieren). Weiterkochen lassen, bis die Mischung die Konsistenz eines Softballs hat. Vom Herd nehmen.

In der Zwischenzeit die Eigelbe zu einer dicken Creme schlagen. In einem gleichmäßigen Strahl den Sirup einrühren und ca. 15 Minuten weiterschlagen. Zitronen- und Limettensaft einrühren. In einer zweiten Schüssel Sahne steif schlagen und unterziehen. Creme auf die Portionsförmchen verteilen und mindestens 4 Stunden gefrieren lassen. Mit der Beerensauce servieren und nach Belieben mit Minze und Limettenschale garnieren.
Für 6 Personen

Brombeersauce

125 g Zucker
125 ml Wasser
1 Packung Tiefkühlbeeren

Zucker und Wasser in einem kleinen Topf aufkochen lassen. Vom Herd nehmen und abkühlen lassen. Beeren pürieren und Sirup einrühren. Durch ein Sieb streichen.
Ergibt etwa 1/2 Liter

Die stilvoll renovierte Kellerei

Die Weine

Renee Carisio, die Küchenchefin der Kellerei Hess, stellte diese moderne Version eines klassischen, herzhaften Mahls zusammen. Sie kennt ihre Weine genau und erklärt in den folgenden Abschnitten präzise, warum die Weine, die sie ausgewählt hat, so gut zum Essen passen:

»Krustentiere und Chardonnay sind eine klassische Kombination. Denn die Säure im Wein unterstreicht die Üppigkeit der Krustentiere. Unser Chardonnay besitzt Nuancen von Tropenfrüchten wie Ananas und Guave, die in der Papayasauce ihre Ergänzung finden.

Der 86er Cabernet ist ein voll ausgebauter, eleganter Wein mit einem würzigen Brombeerton, der besonders gut zu Schweine- und Lammfleisch paßt. Der Cabernet verträgt so kräftige Aromen wie Senf und Kräuter gut.«

Küchenchefin Renee Carisio

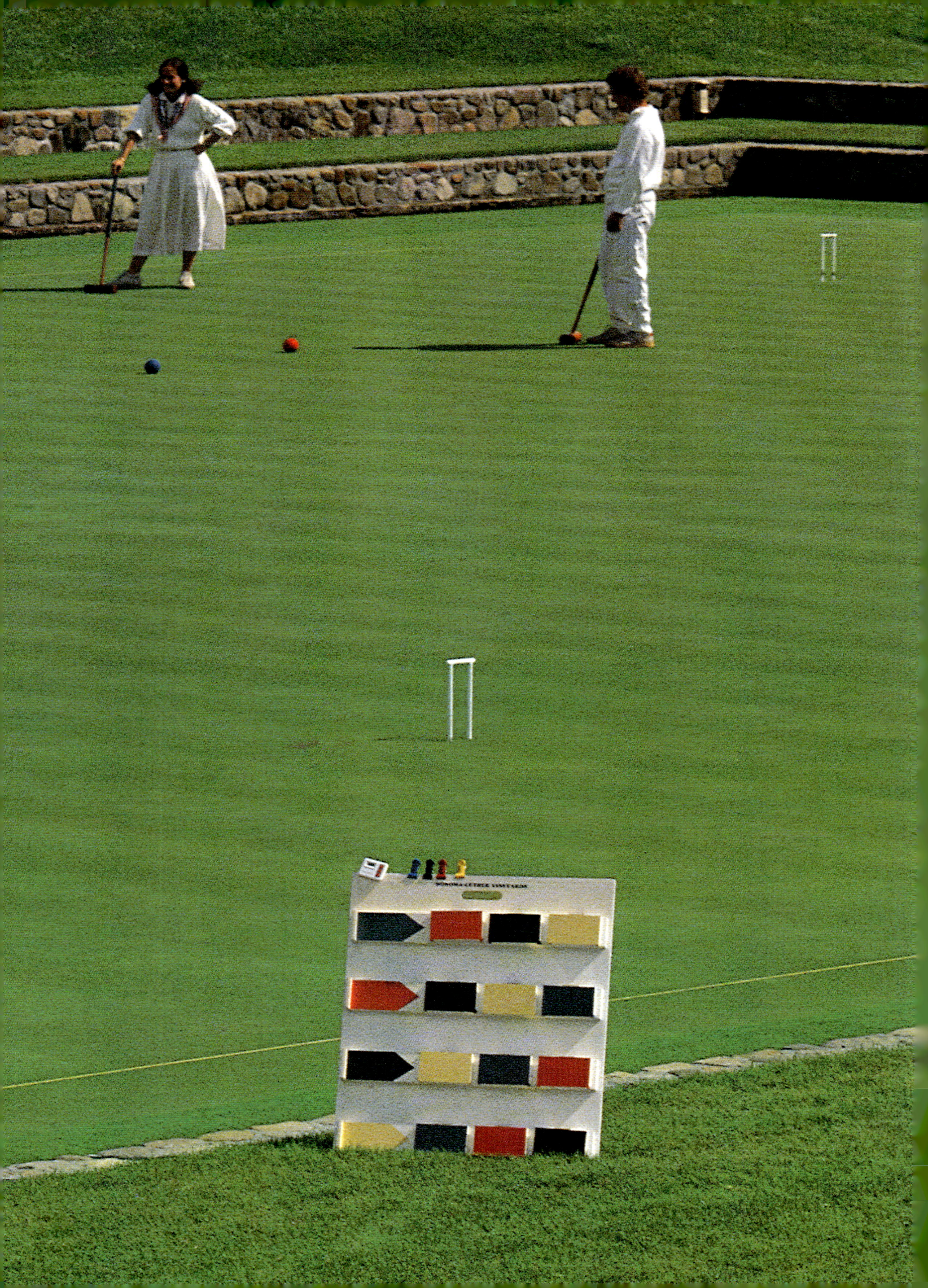

Lunch und ein Nachmittag beim Croquet

Wenn Sie den modernen Gebäudekomplex, die blankpolierten Anlagen und das geschäftige Treiben sehen – ganz zu schweigen von dem vornehmen und gepflegten Croquetrasen am Eingang zu Sonoma-Cutrer Vineyards –, wird Ihnen sofort klar, daß hier jemand mit außergewöhnlicher Vorstellungs- und Entschlußkraft am Werk war. Dies ist Brice Cutrer Jones, der an der Militärakademie in West Point studiert hat und als Bomberpilot geflogen ist.

Dieser Lebenslauf deutet eigentlich wenig auf Weine und Kellereien hin, sieht man einmal von dem Jahr ab, das Jones in NATO-Diensten stand. Damals hatte er die Möglichkeit, einige der besten Weine Europas zu probieren. Dieses eine Jahr war anscheinend alles, was er brauchte, und so quittierte er seinen Dienst und meldete sich zur Harvard Business School an. Mit der ihm eigenen Gründlichkeit hatte er bis zu seinem Abschluß 1973 die Gründung seines Weinguts auf informelle Weise abgesichert.

Anfang der siebziger Jahre war es fast unmöglich geworden, »gutes« Rebland zu finden. Er ließ sich davon nicht entmutigen und kaufte Grund an Flußufern, Hügeln, felsigen Vorhügeln im kühlen Klima des Russian River Valley und in der Carnerosregion. Seine Untersuchungen zeigten, daß in diesem Klima ausschließlich Weißweinreben, vor allem Chardonnay, gut gedeihen würden. Sich ganz auf Weißweine zu beschränken war damals keine leichte Entscheidung, denn Rotweine standen weitaus höher im Kurs. Doch Brice ging das Wagnis ein.

Und das Schicksal hatte eine nette Überraschung für Brice bereit, der in puncto Qualität keine Kompromisse einging. Als seine Weingärten schließlich Früchte trugen, waren Weißweine beliebt geworden, und es dauerte nicht lange, bis die Trauben von Sonoma-Cutrer bei vielen Spitzenkellereien gefragt waren.

1981 erschlossen Brice und seine Partner weiteres Land, um eine Kellerei einzurichten. Sie wollten dort ausschließlich Chardonnay aus Trauben aus eigenem Anbau keltern. Im selben Jahr wurde das Team um einen Mitarbeiter ergänzt: Bill Bonetti trat seine Stellung als Kellermeister und stellvertretender Geschäftsführer an. Bonetti wollte bei seinen Weinen die positiven Aspekte herkömmlicher Kellertechniken bewahren, und Brice ergänzte sie mit seinem technischen Wissen.

Brice Jones hat also seinen Traum einer »perfekten« Kellerei wahrgemacht, unterstreicht aber gleich, daß noch viel zu tun sei: »Absolute Hingabe und jede Menge harter Arbeit sind notwendig, wenn wir unser Ziel erreichen wollen. Und wenn wir mehr wissen und neue Wege entdecken, die Persönlichkeit eines Weins zu unterstreichen, müssen wir uns erst recht doppelt anstrengen.« Es sieht ganz so aus, als hätte Brice Jones zwanzig oder dreißig aufregende Jahre vor sich.

Wer es nicht ganz so aufregend haben will, kann ja einen Nachmittag beim Croquetspiel verbringen, dabei vielleicht eines von Mark Malickis Menüs (mehr über Malicki auf Seite 170/171) genießen und einen der bemerkenswerten Chardonnays von Sonoma-Cutrer trinken.

Der gepflegte Croquetrasen

Menü

Frische Steinpilze mit Speck
Hummersalat mit Früchten
French Cream mit frischen Beeren

Sonoma-Cutrer
Russian River Ranches Chardonnay
Sonoma-Cutrer
Vineyard Chardonnay

Frische Steinpilze mit Speck

Frische Steinpilze mit Speck

Frische Steinpilze sind so köstlich, daß sie nach keiner aufwendigen Zubereitung verlangen. Zusammen mit Frühstücksspeck ergeben sie eine ebenso einfache wie herzhafte Vorspeise.

4 sehr große, frische Steinpilze (à 350 g), geputzt und halbiert
Olivenöl
16 dicke Scheiben magerer Frühstücksspeck (ca. 250 g), der Länge nach halbiert
Schwarzer Pfeffer aus der Mühle

Ofen auf 230° vorheizen.
Pilzhälften großzügig mit Olivenöl einpinseln. In Speck einwickeln und auf ein Backblech legen. 8–10 Minuten backen, bis der Speck schön kroß ist. Auf vorgewärmte Teller setzen und vor dem Servieren reichlich mit schwarzem Pfeffer bestreuen.
Für 8 Personen

Hummersalat mit Früchten

Mark Malickis Interesse an der thailändischen Küche ist offensichtlich bei diesem herrlich scharfen kalt-warmen Salat.

French Cream mit frischen Beeren

8 mittelgroße Hummer (à 500 g)
1 Eßlöffel und 1 Teelöffel Salz
1 Eßlöffel und 1 Teelöffel Zucker
125 ml frisch gepreßter Limettensaft
350 g kernlose blaue und grüne Trauben, halbiert
350 g Orangenspalten, entkernt und in kleine Stücke geschnitten
350 g Äpfel, geschält, entkernt und gewürfelt
350 g Wasserkastanien, geschält
350 g Erdbeeren, halbiert
350 g Lychees in dicken Scheiben
2 Teelöffel Erdnußöl
100 g Knoblauch in dünnen Scheiben
100 g Schalotten in dünnen Scheiben
100 g frische Erdnüsse, gehäutet und in dünne Scheiben geschnitten
1 rote Chilischote in sehr feinen Streifen
Koriandergrün zum Garnieren

Jeweils 2 Hummer auf einmal in einen Dämpfeinsatz über sprudelndes Wasser legen, abdecken und 13–14 Minuten dämpfen. Herausheben und sofort in Eiswasser tauchen. Etwa 10 Minuten im Eiswasser liegen lassen, bis sie völlig abgekühlt sind. Abgießen und Fleisch auslösen. Die Karkassen von Kopf und Schwanz aufheben (s. Abbildung). Beiseite stellen.

Salz und Zucker im Limettensaft auflösen und das gesamte Obst in eine große Schüssel

Hummersalat mit Früchten

geben. Mit dem Limettensaft vermengen und beiseite stellen.

Öl in einer kleinen Pfanne erhitzen und nacheinander Knoblauch-, Schalotten- und Erdnußscheiben darin bräunen. Abtropfen und abkühlen lassen. Jeweils die Hälfte zusammen mit den Chilistreifen über das Obst streuen und gut durchmischen.

Zum Anrichten jeweils einen Hummerkopf und -schwanz auf einen Teller setzen. Das Hummerfleisch mit dem Obst vermengen. Den Salat wie auf dem Foto gezeigt in der Mitte des Tellers drapieren. Mit dem restlichen Knoblauch, den Schalotten und Erdnüssen bestreuen. Zuletzt mit etwas Koriandergrün garnieren.
Für 8 Personen

French Cream mit frischen Beeren

Ein elegantes, kleines Dessert, das sündhaft üppig, doch unwiderstehlich ist.

1 Päckchen Gelatine
500 g Crème double oder Sahne

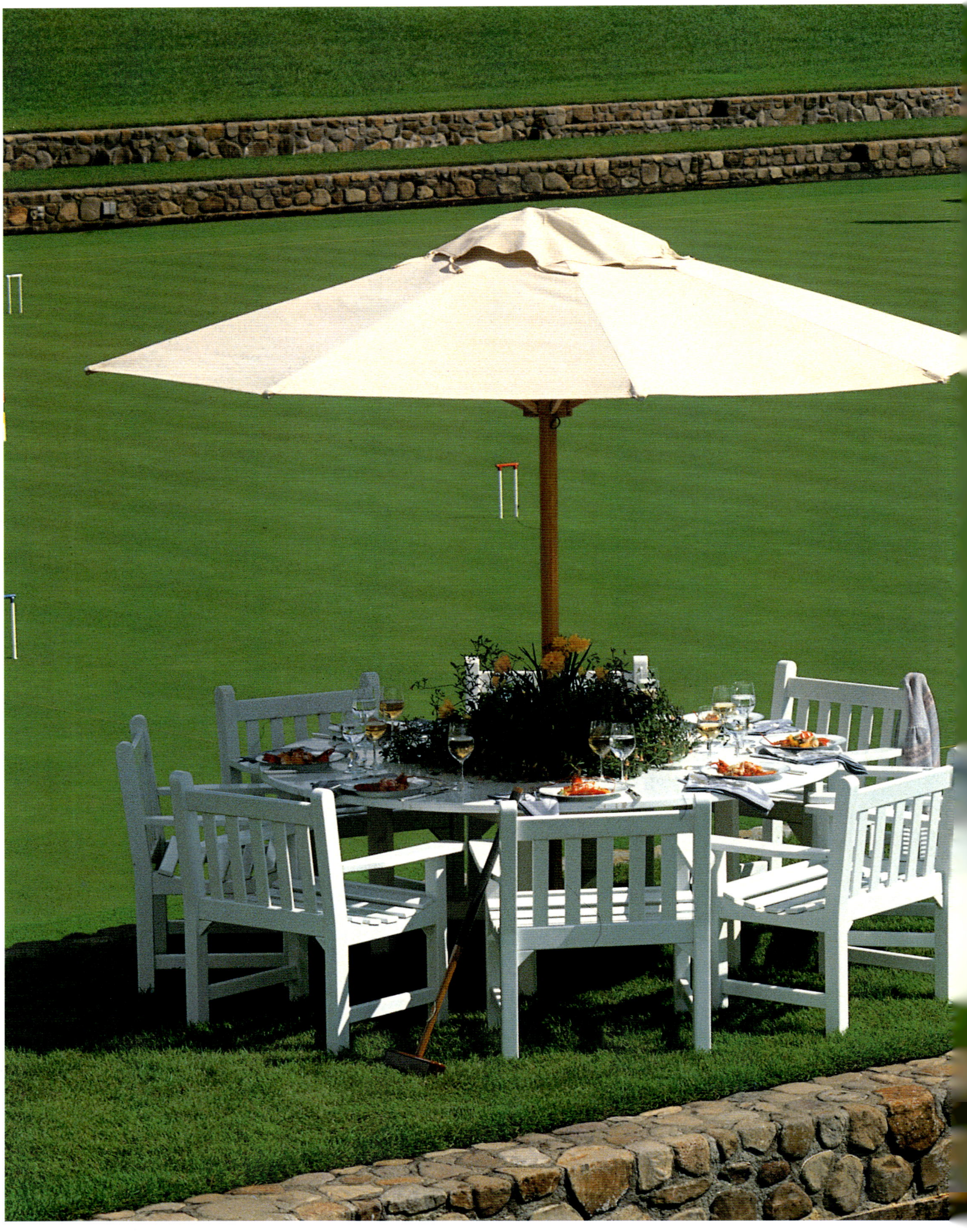

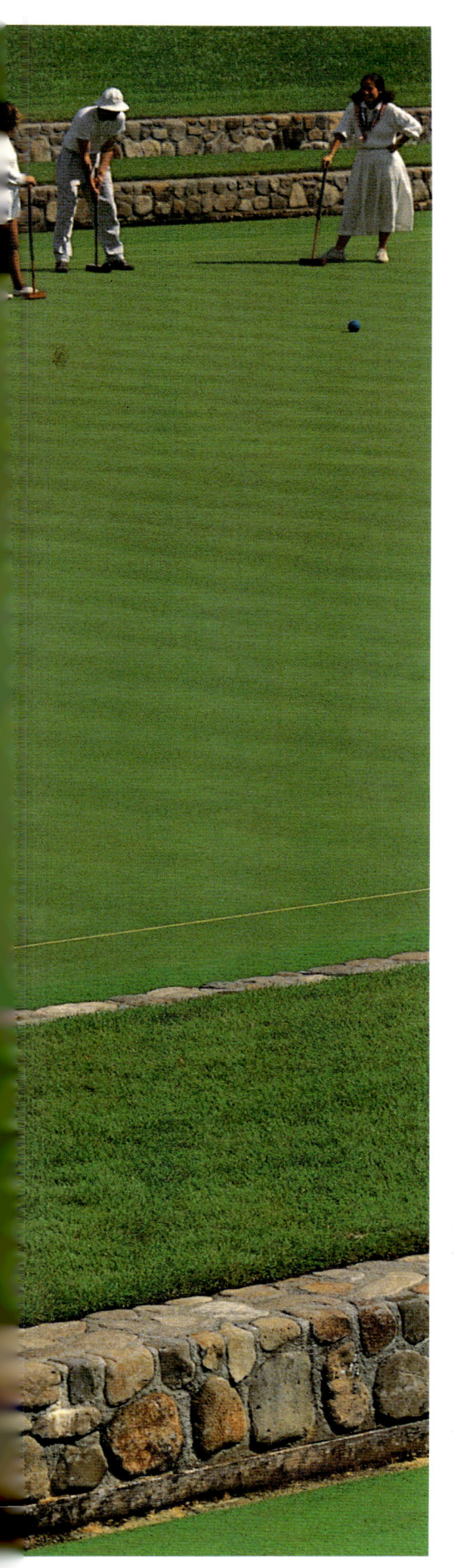

250 g Zucker

500 g saure Sahne

2 Teelöffel Vanilleextrakt

Erdbeersirup (s. folgendes Rezept)

Nach Belieben gemischte Beeren und Granatapfelkerne zum Garnieren

Gelatine in 6 Eßlöffel Sahne auflösen und 10 Minuten ruhen lassen. Restliche Sahne und Zucker in einem schweren Topf ca. 5 Minuten anwärmen, aber nicht zum Kochen bringen. Dabei ein- bis zweimal umrühren, bis der Zucker aufgelöst ist.

Saure Sahne und Vanilleextrakt vermengen. In die warme Zuckerlösung einrühren und die gesamte Mischung in eine Kastenform umgießen. Im Kühlschrank fest werden lassen (mindestens 6 Stunden).

Zum Servieren aus der Form stürzen und in knapp fingerdicke Scheiben schneiden. Auf einen Klecks Erdbeersirup setzen und mit den Beeren und Granatapfelkernen garnieren.
Für mindestens 8 Personen

Erdbeersirup

750 g Erdbeeren, geputzt und in dicke Scheiben geschnitten

250 g Zucker

1/2 l Wasser

2 Eßlöffel Rosenwasser

Alle Zutaten in einem Topf vermengen und rasch zum Kochen bringen. Hitze sofort herunterschalten und Sirup 20 Minuten leise köcheln lassen. Im Mixer pürieren. Durch ein feines Sieb streichen und kalt stellen.
Ergibt etwa 3/4 Liter

Brice Cutrer-Jones

Lunch neben dem Croquetrasen

Die Weine

Da Sonoma-Cutrer auf Weißweine spezialisiert ist, hat Koch Mark Malicki ein Menü zusammengestellt, das die Eigenschaften der beiden Weine besonders gut unterstreicht:

»Die Steinpilze mit geräuchertem Frühstücksspeck sind ein Beispiel für die hochwertigen regionalen Spezialitäten, wie ich sie gerne verwende. Der erdige, rauchige Charakter dieser Vorspeise kontrastiert angenehm mit dem frischen, lebendigen Russian River Ranches Chardonnay, der sich ebensogut mit jedem frischen und lebendigen Gericht kombinieren läßt. Viele meiner Spezialitäten entstammen der Thaiküche, und diese exotischen Aromen spielen die Jugendlichkeit dieses Weins aus.

Das Hummergericht dagegen ergänzt den Sonoma-Cutrer Vineyard Chardonnay anstatt ihn zu kontrastieren. Die Ähnlichkeiten zwischen dem Hummer und dem Wein – d.h. ihr eleganter, voller Charakter – lassen diese Kombination sehr gelungen ausfallen. Meeresspezialitäten ganz allgemein zeigen sehr schön, was in diesem Wein steckt.«

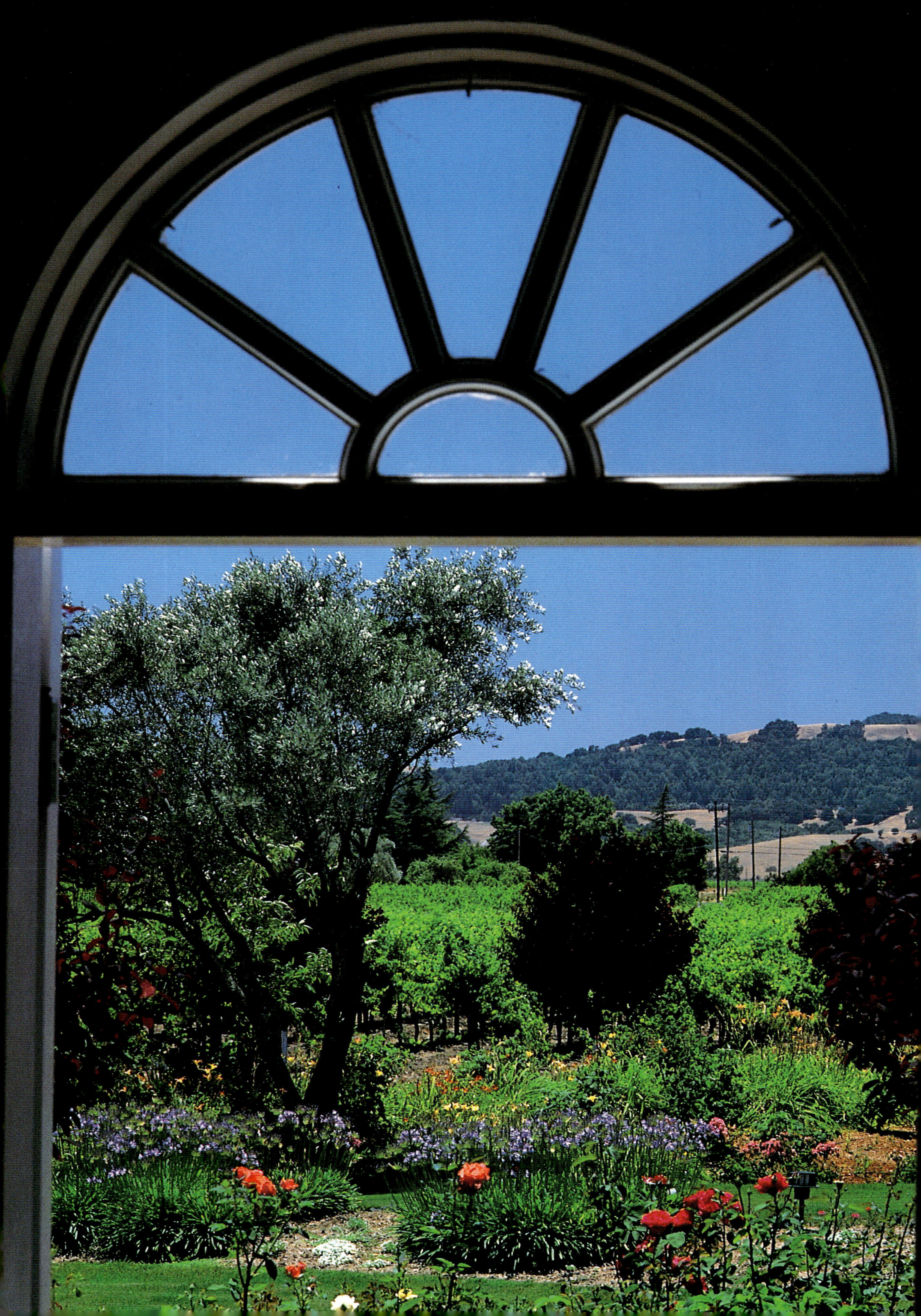

Ein elegantes Dinner auf dem Weingut

Monticello Cellars wurde 1970 von Jay Corley und seiner Frau Marilyn gegründet und liegt in einer Gegend, die hier unter dem Namen Big Ranch-Oak Knoll bekannt ist. Wegen ihres kühleren Klimas ist diese Gegend besonders für Chardonnaytrauben geeignet.

Die ersten zehn Jahre verwandte man sämtliche Energien darauf, moderne Anlagen zu bauen und die Rebflächen für die gewünschten Traubensorten und -mengen aufzubereiten. Dafür setzte man neue Verfahren ein, zu denen beispielsweise ein unterirdisches Bewässerungssystem für die wärmebehandelten und okulierten Rebstöcke gehörte. Damit auch nichts schiefgehen kann, lebt der Geschäftsführer Walt Chavoor mitten in den Weinbergen und hat während der Frostperiode oder zur Lese ein wachsames Auge auf seine Reben.

Jay Corleys Familie stammt aus Virginia. Seine Vorfahren sollen dort unter den ersten Siedlern gewesen sein und in der Nähe von Thomas Jeffersons Plantagen Land besessen haben. Da Jefferson zu den ersten Winzern Amerikas gehörte und seine Liebe zum Wein allgemein bekannt war, schien es den Corleys angebracht, ihr Weingut nach seiner Residenz »Monticello« in Charlottesville und ein Kellereigebäude, das Jeffersons Haus nachgebaut ist, »Jefferson House« zu nennen. Schließlich soll Jefferson angeblich gesagt haben: »Guter Wein ist lebensnotwendig.«

Wie bei dem amerikanischen Präsidenten werden auch bei den Corleys alle Weine in französischen Eichenfässern ausgebaut. Und alle Weine werden aus eigenem Rebgut gekeltert. Einzige Ausnahme ist dabei der Cabernet Sauvignon, der aus den Trauben aus berühmten Lagen im oberen Napa Valley hergestellt wird.

Obwohl die Kellerei noch relativ jung ist – das »Jefferson House« wurde erst 1984 fertiggestellt –, konnte sie bei Wettbewerben in ganz Kalifornien bereits Preise gewinnen. Monticello scheint also den gerechten Lohn für alle Mühen, die sorgfältige Planung und harte Arbeit zu bekommen. Und bei dem Tempo, das die Corleys und ihre Mitarbeiter vorlegen, werden sie Mr. Jeffersons Andenken sicher noch lange Ehre erweisen.

Jay und Marilyn lieben es, Wein und Speisen gekonnt zu kombinieren. Deshalb haben sie einen Koch eingestellt, der mit seinen Menüs die Monticelloweine besonders gut zur Geltung bringt. Dies war für alle Freunde und Bekannten natürlich eine freudige Nachricht, denn die Corleys haben gerne Gäste in ihrem kleinen und eleganten Speisezimmer im »Jefferson House«.

Unser Menü ist ein typisches Beispiel für diese festlichen Anlässe, und natürlich werden dazu – wie Thomas Jefferson sagen würde – die »Lebensnotwendigkeiten« des Weinguts getrunken.

Blick aus dem Speisezimmer auf die Gärten

Menü

Safrannudeln mit
Chardonnay-Paprika-Sauce

Kalbslende in
Portwein-Orangen-Marinade

Knusprige Rosmarinkartoffeln
mit Parmesan

Gedünstete Äpfel und rote Zwiebeln

Blattsalate und neue Kartoffeln
mit Dill-Chardonnay-Vinaigrette

Mandelkuchen mit Aprikoseneis

87er Corley Reserve Chardonnay
87er Pinot Noir
85er Chateau »M« Late Harvest
Sauvignon Blanc

Koch Ned Gill

Safrannudeln mit Chardonnay-Paprika-Sauce

Für besonders ehrgeizige Köche habe ich Ned Gills Rezept für Safrannudeln in diesen Band aufgenommen. Sie sollten aber kein schlechtes Gewissen bekommen, wenn Sie fertige Nudeln kaufen. Ich würde es auch tun. Sie brauchen etwa 360 Gramm Nudeln für diese Vorspeise.

Mit einem einfachen Salat und Aprikoseneis ergeben die Nudeln einen köstlichen kleinen Lunch.

Nudeln:
1/2 Teelöffel Safranfäden
4 Eßlöffel warmes Wasser
4 Eier
750 g Mehl
Sauce:
1/2 l Chardonnay
2 große rote Paprikaschoten, gebraten, entkernt und gehäutet (s. Seite 113)
250 g Crème double oder Sahne
4 Eßlöffel Basilikum, grob gehackt
Salz und Pfeffer
125 g geriebener Parmesan
Nach Belieben Basilikumblätter und rote Paprikastreifen zum Garnieren

Teigbereitung: Safran zerkrümeln und im warmen Wasser einweichen, bis das Wasser intensiv gelb ist (ca. 5 Minuten).

Eier mit dem Mehl und dem Safranwasser in der Küchenmaschine vermengen. Teig zu einer Kugel formen und auf einer bemehlten Arbeitsfläche einige Minuten durchkneten. Mit einem Tuch abdecken und 1 Stunde ruhen lassen (den Teig können Sie auch schon am Vortag vorbereiten).

Teig hauchdünn ausrollen und in schmale Streifen schneiden. Die Nudeln sollten eine tiefgoldene Farbe haben und mit Safrankrümeln gesprenkelt sein. Vorübergehend beiseite stellen.

Sauce: Wein bei starker Hitze auf ein Viertel einkochen (ca. 10 Minuten). In der Zwischenzeit die Paprikaschoten in der Küchenmaschine pürieren. Zum Wein geben und bei mittlerer Hitze 2–3 Minuten schmoren. Sahne einrühren und kurz aufkochen lassen. Wärmezufuhr reduzieren und 4–5 Minuten leise köcheln lassen. Mit Basilikum, Salz und Pfeffer würzen.

Nudeln in einem großen Topf Salzwasser bißfest kochen (1–3 Minuten bei frischen Nudeln). Abgießen und mit der Sauce vermengen. Mit Parmesan bestreuen. Zuletzt nach Belieben mit Basilikum- und Paprikastreifen garnieren.
Vorspeise für 6 Personen

Kalbslende in Portwein-Orangen-Marinade

Hier wird die Kalbslende mariniert und mit Kalbsfilet gefüllt.

1–1 1/2 kg Kalbslende und Kalbsfilet
1 Flasche Portwein
Saft und feingeschnittene Schale von 3 Orangen
2 Handvoll Basilikum, grob gehackt
1 Eßlöffel schwarzer Pfeffer, gemahlen
Salz
1/4 l Kalbs- oder Geflügelfond

82 MONTICELLO CELLARS

Kalbslende in Portwein-Orangen-Marinade mit gedünsteten Äpfeln und roten Zwiebeln

Lende von Fett und Sehnen befreien. Portwein, Orangensaft, Orangenschale, Basilikum, Pfeffer und Salz in einem tiefen Bräter vermengen. Die Lende hineinlegen, zudecken und im Kühlschrank 24 Stunden marinieren.

Ofen auf 180° vorheizen.

Lende aus der Marinade nehmen, der Breite nach zu drei Viertel einschneiden, auseinanderfalten und das Filet hineinlegen. Zu einer Rolle schließen und mit Zwirn fest zusammenbinden. Fleisch auf einem Rost im Ofen garen, bis das Fleischthermometer im Innern 60° anzeigt (ca. 75 Minuten). Anschließend mit Alufolie abdecken und 10 Minuten ruhen lassen.

Während das Fleisch brät, 3/4 l von der Marinade abmessen und in einem Topf bei starker Hitze auf die Hälfte einkochen (ca. 20 Minuten). Kalbs- oder Geflügelfond angießen und bei lebhafter Hitze auf 1/4 l reduzieren, bis die Sauce leicht eindickt (12 Minuten). Falls nötig, mit Pfeffer und Salz abschmecken und vor dem Servieren nochmals erwärmen.

Fleisch in knapp fingerdicke Scheiben schneiden und mit Sauce übergießen.

Für 6 Personen

Knusprige Rosmarinkartoffeln mit Parmesan

Da diese Kartoffeln temperiert serviert werden, bereits vor dem Braten zubereiten.

1 1/2 kg Kartoffeln, geschält und 3 mm dünn gehobelt

Knusprige Rosmarinkartoffeln mit Parmesan

5-6 Eßlöffel Olivenöl
1 Handvoll Rosmarinblättchen, grob zerkleinert
1 Teelöffel Salz
1 Teelöffel Pfeffer
200 g geriebener Parmesan

Ofen auf 200° vorheizen.

Springform von 24 cm Durchmesser einölen. Kartoffelscheiben, Rosmarin, Salz und Pfeffer mit dem restlichen Öl benetzen. Nacheinander eine Schicht Rosmarinkartoffeln und eine Schicht Käse in die Form geben. Mit einer Kartoffelschicht enden. 1 Stunde backen, bis die oberste Kartoffelschicht goldbraun und knusprig aussieht. Auskühlen lassen und aus der Form nehmen. Zum Servieren wie einen Kuchen aufschneiden.

Für 6 Personen

Gedünstete Äpfel und rote Zwiebeln

Selbstverständlich schmeckt dieses Gericht auch zu Schweinefleisch oder Schinken ausgezeichnet.

3 Eßlöffel Olivenöl
3 große rote Zwiebeln, geschält und grob gewürfelt
3 große Granny-Smith-Äpfel, geschält, entkernt und in gut fingerdicke Scheiben geschnitten
3/4 l trockener Rotwein, vorzugsweise Pinot Noir
Salz und Pfeffer

Öl in eine große Pfanne gießen, Zwiebelwürfel dazugeben und bei milder Hitze glasig dünsten (ca. 7 Minuten). Äpfel dazugeben und bei gleichbleibender Temperatur weich dünsten (ca. 5 Minuten). Wein aufgießen, zu-

Safrannudeln mit Chardonnay-Paprika-Sauce

84 MONTICELLO CELLARS

Mandelkuchen mit Aprikoseneis

decken und bei lebhafter Hitze den Wein einkochen und die Äpfel und Zwiebeln ganz weich werden lassen (5 Minuten). Mit Salz und Pfeffer abschmecken.
Für 6 Personen

Blattsalate und neue Kartoffeln mit Dill-Chardonnay-Vinaigrette

Dieser Salat enthält Kartoffeln, aber sie schmecken ganz anders als die Rosmarinkartoffeln, so daß man meinen könnte, es handle sich um ein völlig anderes Gemüse.

1 kg neue Kartoffeln (vorzugsweise mit roter Schale)
4 Eßlöffel frisch gepreßter Zitronensaft
2 Eßlöffel Chardonnay
3 Eßlöffel Dill, fein gehackt
1 Teelöffel Dijonsenf

Das Speisezimmer ist für das Dinner hergerichtet.

Salz und Pfeffer
125 ml Olivenöl
Verschiedene Blattsalate – Kopfsalat, Batavia usw. –, in mundgerechte Stücke zerteilt
2–3 Kolben Chicorée, geputzt und mit Zitronensaft beträufelt

Kartoffeln in einem großen Topf Salzwasser weich kochen. Abgießen und abkühlen lassen. Beiseite stellen.

Zitronensaft, Wein, Dill und Senf in einer kleinen Schüssel verquirlen. Salzen und pfeffern. Öl in einem gleichmäßigen Strahl einrühren.

Kartoffeln halbieren und mit etwas Vinaigrette benetzen. Auf Portionstellern ein Bett aus den Blattsalaten und Chicorée ausbreiten. 3–4 Blätter obenauf legen und die Kartoffelhälften hineinbetten.

Die restliche Vinaigrette darüberträufeln und mit schwarzem Pfeffer aus der Mühle garnieren.
Für 6 Personen

Mandelkuchen mit Aprikoseneis

Der Mandelkuchen wäre mit einfacher Schlagsahne schon eine Köstlichkeit, aber mit dem Aprikoseneis ist er einfach ein Gedicht.

Teig:
500 g Mehl
125 g Zucker
1 Prise Salz
200 g tiefgefrorene Butterflöckchen
1 Ei und 1 Eigelb
1 Teelöffel Vanilleextrakt
1/2 Teelöffel abgeriebene Zitronenschale
Mandelfüllung:
150 g Mandeln
125 g und 2 Eßlöffel Zucker
250 g Butter
1 Ei und 1 Eigelb
1 Teelöffel Vanilleextrakt
1/4 Teelöffel Mandelessenz
200 g geröstete Mandelblättchen

Das Weingut – ein Nachbau der Residenz von Thomas Jefferson

Teigbereitung: Mehl, Zucker und Salz in der Küchenmaschine vermengen. Butter einarbeiten und so lange verrühren, bis die Mischung eine grießartige Konsistenz hat.

In einer kleinen Schüssel Ei, Eigelb, Vanilleextrakt und Zitronenschale vermengen. Diese Mischung in die laufende Küchenmaschine gießen. Weiterrühren, bis ein gleichmäßiger Teig entsteht. Teig aus der Maschine nehmen und auf einer bemehlten Arbeitsfläche leicht durchkneten, bis er sich zu einer Kugel formen läßt; halbieren, flach klopfen und in Haushaltsfolie einwickeln. Mindestens 1 Stunde kühl stellen.

Eine Teighälfte aus dem Kühlschrank nehmen und 30 Minuten bei Zimmertemperatur ruhen lassen. Nochmals leicht kneten. Anschließend auf einer bemehlten Arbeitsfläche 6–8 mm dünn ausrollen. Auf ein Nudelholz aufrollen und Boden und Rand einer 26-cm-Springform damit auskleiden. Wenn der Teig reißt, kleine Teigflecken über die Risse kleben. Sie können den Teig notfalls auch gleich in der Form flach drücken.

Ofen auf 180° vorheizen.

Füllung: Mandeln und Zucker in der Küchenmaschine zu einer grobkörnigen Menge zerhacken. Das Mandelmehl in die Rührschüssel der Küchenmaschine umfüllen, Butter hinzufügen und leicht und locker aufschlagen (5 Minuten; geht auch mit dem Handmixer). Ei und Eigelb einrühren und gut vermischen. Vanilleextrakt und Mandelessenz hinzugeben und 5 Minuten weiterrühren.

Die Mandelfüllung auf dem Teig verteilen und mit den Mandelblättchen bestreuen. Goldbraun backen (ca. 40 Minuten). Auf einem Kuchengitter auskühlen lassen.
Für 8 Personen

Anmerkung: Den übrigen Teig können Sie für ein anderes Mal aufbewahren und tiefkühlen.

Aprikoseneis

12 vollreife Aprikosen

375 ml Milch

125 g Sahne

125 g Zucker

Aprikosen schälen und entsteinen. Dazu die Aprikosen unten kreuzweise einritzen und in kochendes Wasser tauchen. Zunächst eine Hälfte der Aprikosen 1 Minute darin kochen lassen, bis sich die Haut vom Schnitt her aufzurollen beginnt. Herausnehmen und in kaltes Wasser legen. Die Haut muß jetzt leicht abzuziehen sein. Mit den restlichen Aprikosen genauso verfahren.

Aprikosen mit der Küchenmaschine pürieren und mit Milch, Sahne und Zucker vermengen. Aprikosenmasse in der Eismaschine gefrieren lassen.
Ergibt 3/4 Liter

Die Weine

Weil Ned Gill in seinem Menü so viele verschiedene Geschmacksnuancen vereint, hat er natürlich auch eine Menge dazu zu sagen:

»Die Safrannudeln mit der Chardonnay-Paprika-Sauce verlangen geradezu nach dem 87er Corley Reserve Chardonnay. Der Wein wird im Faß vergoren, so daß der Holzton des Weins und die rauchigen Noten der gebratenen Paprikaschoten im hinteren Bereich des Gaumens wunderbar zusammenspielen. Der reduzierte Chardonnay in der Sauce bietet einen wunderbaren Hintergrund für das Gericht und den Wein. Der reduzierte Wein dient zunächst als Bindeglied zwischen Essen und Wein und dann als Plattform für die anderen Geschmacksnuancen im Essen. Der Wein ist außerdem von weicher Konsistenz, denn die Faßgärung nimmt ihm etwas von seiner Kantigkeit; daher paßt er gut zur cremigen Sauce.

Unser Kellermeister Alan Phillips hat einmal gesagt: ›Pinot Noir ist eine verrückte Rebsorte. Wenn sie ein Mensch wäre, würde man sie einsperren.‹ 1987 hat Alan zwölf Tonnen Trauben aus unseren Weingärten von Hand ausgelesen und einen traditionellen Pinot Noir im Burgunderstil hergestellt. Die Trauben für diesen Wein müssen so gesund gewesen sein wie ein Fisch im Wasser. Die Intensität in Farbe und Geschmack macht den 87er Pinot Noir zu einem wunderbaren Wein zu Kalbfleisch. Der Wein, in diesem Fall Portwein, bildet auch hier die Grundlage für die anderen Aromen. Pinot Noir eignet sich hierzu ideal, denn er ist kräftig genug, neben den dichten Aromen von Portwein und Fleisch bestehen zu können, aber nicht so mächtig, um die leicht süßlichen Nuancen von Basilikum und Orangen zu übertönen. Dies ist ein klassisches Beispiel dafür, wie gegensätzliche Aromen sich zu einem harmonischen Ganzen vereinen können.

Der Sauvignon (85er Chateau ›M‹) zu Mandelkuchen mit Aprikoseneis ist das genaue Gegenteil der Kombination aus dem Hauptgang. Die Aromen im Kuchen und im Eis sind mit denen des Weins fast identisch. Der leichte Karamelton des Kuchens ist sehr deutlich auch im Abgang des Weins zu spüren. Der Aprikosengeschmack ist auch beim Wein in der Nase und auf der Zunge auszumachen. Dieses Dessert ohne Wein zu servieren wäre schlichtweg eine Unterlassungssünde.«

Ned ist von seinen Zusammenstellungen überzeugt, und ich glaube, daß seine Ausführungen einen guten Einblick in den professionellen Umgang mit Speisen und Weinen zu geben vermögen. Manches scheint vielleicht etwas weit hergeholt, und viele dieser Finessen würden dem durchschnittlich geschulten Gaumen wahrscheinlich gar nicht auffallen. Aber selbst eine solche Flut von detaillierten Informationen hilft uns beim Umgang mit Wein – und gibt uns Hilfestellung bei unserer Suche nach dem vollkommenen Weingenuß.

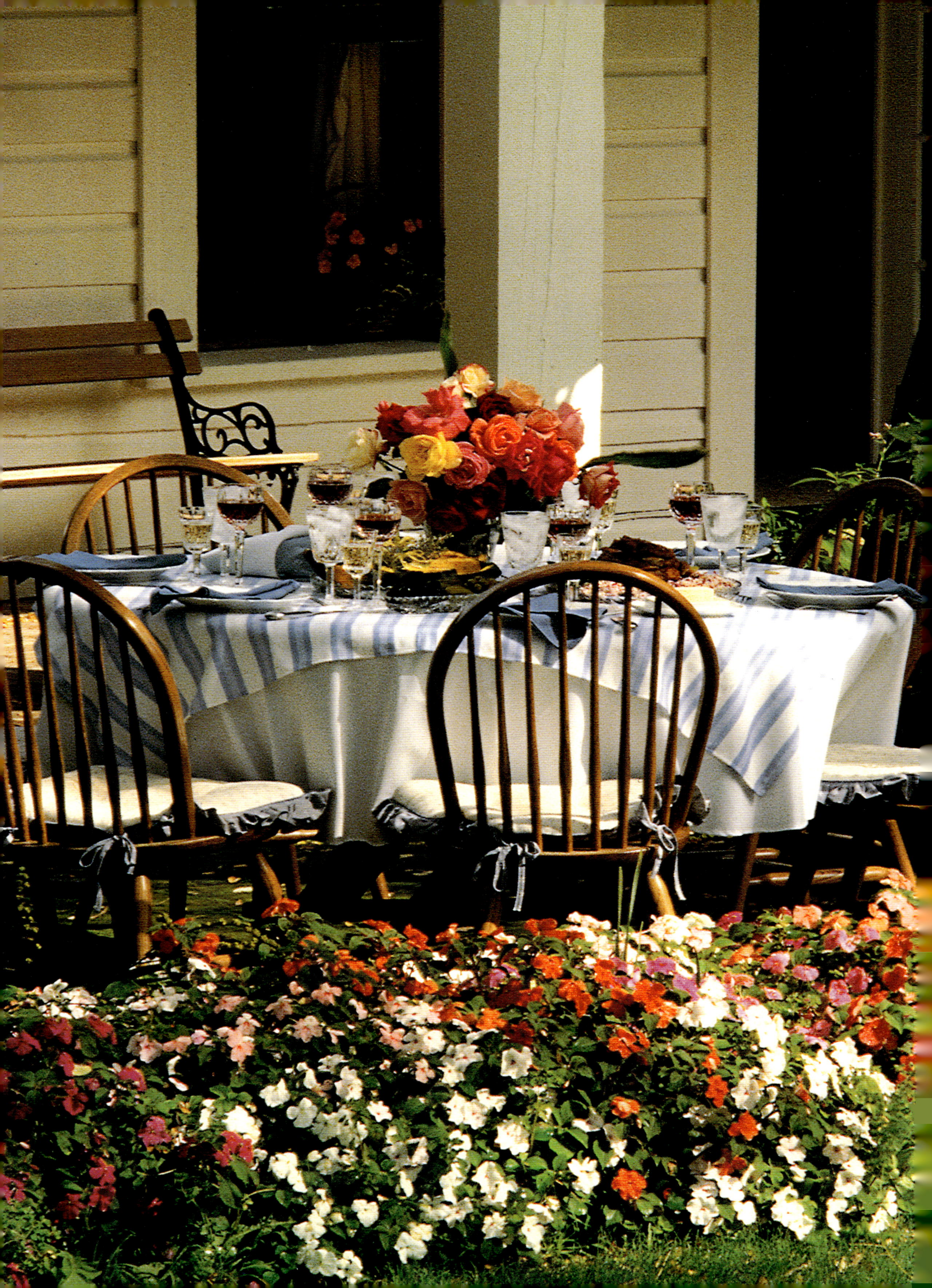

Sunday Supper

Wenn Sie ein richtiges Familienunternehmen sehen wollen, sind Sie hier richtig! Bei einer dreizehnköpfigen Familie sahen sich Bernard und Kathleen Fetzer 1958 geradezu gezwungen, die alte Redwood Valley Ranch mit ihren dreihundert Hektar Land zu kaufen – die Kinder brauchten schließlich Auslauf. Sie kauften die Ranch genau zum richtigen Zeitpunkt, denn nur wenige Jahre später begann der Boom im Weinland Kalifornien.

Bernard stammt aus Nebraska und arbeitete später in der Holzindustrie in Mendocino County. Als der achtzig Jahre alte Weingarten, der zur Ranch gehörte, wieder richtig bestockt war, verkauften die Fetzers ihre Trauben zunächst an Hobbywinzer und kelterten zum Spaß selbst auch ein bißchen Wein.

Nach und nach aber verbesserten sie ihre Keltermethoden und kauften bessere Anlagen. 1968 schließlich brachten sie ihren ersten offiziellen Wein auf den Markt. Im Lauf der Jahre wurde Fetzer in den ganzen USA für preisgekrönte Weine zu annehmbaren Preisen bekannt – eine unschlagbare Kombination.

Bernard starb 1981, doch Kathleen und zehn ihrer Kinder führen den Betrieb aus den sechziger Jahren weiter. Die Zahlen von heute sind überwältigend, bedenkt man, daß die Fetzers keinerlei Absicht hatten, ins Weingeschäft einzusteigen, als sie ihre Farm 1958 kauften. Derzeit besitzt und bewirtschaftet die Familie fünf Weingüter mit insgesamt 1600 Hektar Rebflächen. Redwood Valley machte den Anfang. Das Gut wurde auf 315 Hektar erweitert; dort gedeihen die Sorten Cabernet Sauvignon, Sauvignon Blanc und Zinfandel.

Die nächsten 450 Hektar gehören zur Sundial Ranch in Hopland und sind mit Chardonnay und Pinot Noir bestockt. Die Valley Oaks Ranch liegt ebenfalls in Hopland und erstreckt sich auf 690 Hektar Cabernet Sauvignon, Sauvignon Blanc, Chenin Blanc, Zinfandel und Chardonnay.

Die Kircher Ranch liegt im Nordosten am Russian River in Ukiah. Ihre 65 Hektar sind mit Chardonnay bestockt. Die Chalfant Ranch liegt im Ukiah Valley und verfügt über rund 40 Hektar Land, die erst 1990 bepflanzt wurden. Aber das ist noch nicht alles.

Im April 1989 wurde das »Fetzer Valley Oaks Food and Wine Center« in Mendocino County eröffnet. Dazu gehört ein gut eineinhalb Hektar großer Öko-Garten, in dem das ganze Jahr über Obst, Gemüse, Kräuter, eßbare und Zierblumen gedeihen.

Ein Pavillonrestaurant mit einer zusätzlichen Schauküche gehört ebenfalls dazu. Das Center verfügt ferner über voll ausgestattete Tagungsräume für Schulungen im Gastronomiebereich. Bed & Breakfast, Swimmingpool und Tennisplätze, Ausstellungsräume und ein Freiluftheater für Konzerte und sonstige Veranstaltungen runden das Ganze ab. Da braucht man schon so eine große Familie, um das alles zu verwalten!

Für unser »Sunday Supper« stellte Kathleen ein Menü aus den Lieblingsgerichten ihrer Kinder zusammen. Daraus wurde auch für uns eine köstliche Reise zurück in die Jugendzeit.

Abendessen auf der Terrasse

Menü

Spareribs vom Grill »Country-Style«
Kalifornischer Weißkrautsalat
Gebackene Acorn-Squash
Weizenbrot aus der Steinmühle
Gestürzter Ananaskuchen

85er Barrel Select Cabernet
88er Red Zinfandel
88er Gewürztraminer

Ananaskuchen

Spareribs vom Grill »Country-Style«

2 kg Spareribs
4 Eßlöffel Pflanzenöl
100 g Zwiebeln, grob gehackt
1/2 Knoblauchzehe, fein gehackt
1 Dose Tomatensauce
4 Eßlöffel brauner Zucker
4 Eßlöffel frisch gepreßter Zitronensaft
2 Eßlöffel Worcestershiresauce
2 Eßlöffel Senf
1 Eßlöffel Petersilie, fein gehackt
1 1/2 Teelöffel abgeriebene Zitronenschale
125 ml Cabernet

Spareribs in einen großen Topf legen und mit leicht gesalzenem Wasser bedecken. Rasch zum Kochen bringen und dann ca. 50 Minuten simmern. Abgießen und Kochflüssigkeit wegschütten.

Öl in einer weiten Pfanne erhitzen und Zwiebel und Knoblauch 5 Minuten darin dünsten. Tomatensauce zugeben und die restlichen Zutaten einrühren. 20 Minuten ohne Deckel schmoren lassen.

Nun die Spareribs auf dem Holzkohlengrill oder unter dem Grill im Backofen fertiggaren. Dabei regelmäßig mit der Sauce bestreichen, bis sie rundum davon bedeckt sind und eine schöne braune Glasur bekommen (5–8 Minuten). Nicht zu lange grillen, sonst verbrennt der Zucker in der Sauce.
Für 6 Personen

Kalifornischer Weißkrautsalat

125 g Mayonnaise
1 Eßlöffel Weinessig
2 Teelöffel Zucker
1 Messerspitze Salz
4 Eßlöffel Saft von süßsauren Gurken
300 g Weißkohl, fein geschnitten
300 g Rotkohl, fein geschnitten
100 g Karotten, fein geraspelt
50 g grüne Paprika, fein gewürfelt
2 Eßlöffel Zwiebeln, fein gehackt

Mayonnaise, Essig, Zucker, Salz und Gurkensaft verquirlen und anschließend kalt stellen.

Spareribs vom Grill »Country Style« und gebackene Acorn-Squash

Gemüse in eine große Schüssel geben und mit dem Dressing würzen.
Für 6–8 Personen

Gebackene Acorn-Squash

Acorn-Squash haben etwa die Größe einer Kokosnuß, besitzen eine grüne Schale und gelboranges Fruchtfleisch. Sie lassen sich wegen ihrer Ähnlichkeit im Geschmack gut durch Babykürbisse ersetzen.

3 Acorn-Squash, halbiert und entkernt
3 Eßlöffel Butter
Pfeffer
Zitronensaft
Salz

Squashhälften in eine Auflaufform setzen. Mit Butterflöckchen bedecken, salzen und pfeffern und mit ein paar Spritzern Zitronensaft aromatisieren.

Wenn Sie die Squash in der Mikrowelle garen, Form zudecken und Mikrowelle auf volle Leistung einstellen. Etwa 18 Minuten (oder entsprechend länger in kleineren Öfen) garen; alle 6 Minuten nachsehen, wie weich sie sind.

Wenn Sie die Squash in einem konventionellen Backofen garen, Rohr auf 180° vorheizen. Früchte mit der Schnittfläche nach unten auf ein Backblech legen und 30 Minuten backen. Umdrehen und Butterflöckchen auf die Schnittfläche setzen, salzen und pfeffern sowie mit Zitronensaft aromatisieren. Weite-

re 30 Minuten backen, bis sie sich mit einer Gabel leicht einstechen lassen.
Für 6 Personen

Weizenbrot aus der Steinmühle

3 Päckchen Trockenhefe
375 ml lauwarmes Wasser
4 Eßlöffel Zucker
1 Dose Kondensmilch (150 ml)
5–6 Eßlöffel Pflanzenöl
5–6 Eßlöffel Melasse
1 Teelöffel Salz
1 kg Weizenmehl aus der Steinmühle
1 1/4 kg einfaches Mehl

Hefe, Wasser und Zucker in einer großen Rührschüssel vermengen und 15 Minuten gehen lassen.

Kondensmilch dazugießen, die Dose mit warmem Wasser auffüllen und auch dieses hineingießen. Öl, Melasse und Salz unterrühren.

Mit dem Handmixer so viel von beiden Mehlsorten einrühren, daß ein Teig von gleichmäßiger Konsistenz entsteht, der immer noch mit dem Mixer verrührt werden kann. 3 Minuten mixen.

Jetzt mit einem hölzernen Teiglöffel so viel von den beiden Mehlsorten einrühren, bis der Teig sehr streng in der Konsistenz wird. Teig auf eine bemehlte Arbeitsfläche heben und 3–4 Minuten durchkneten. So viel Mehl dazugeben, daß ein geschmeidiger, glänzender und leicht klebriger Teig entsteht.

Rührschüssel sorgfältig von den Teigresten säubern und einölen. Teig hineinlegen und rundherum mit Öl bepinseln. Abdecken und an einem warmen, vor Luftzug geschützen Ort 1–1 1/2 Stunden auf die doppelte Größe gehen lassen.

Teig auf eine leicht bemehlte Arbeitsfläche geben und vierteln. Zu Kugeln formen und durchkneten, dann zu Wecken formen.

4 Kastenformen einfetten, Teig hineinsetzen und auf die doppelte Größe gehen lassen.

Ofen auf 180° vorheizen. Brote ca. 45 Minuten schön braun backen. Die letzten 15–20 Minuten mit Alufolie abdecken, damit die Brote oben nicht verbrennen.
Ergibt 4 Wecken

Gestürzter Ananaskuchen

Sicher ein Lieblingskuchen für alle Kinder.

1 Dose Ananas in Scheiben
2 Eßlöffel Butter
125 g brauner Zucker
Cocktailkirschen, halbiert
5–6 Eßlöffel Pflanzenfett
180 g Kristallzucker
1 Ei
400 g Mehl
1 Messerspitze Salz
1 1/2 Teelöffel Vanilleextrakt
1 Päckchen Backpulver
Eis oder Schlagsahne

Ofen auf 180° vorheizen.

Ananas abtropfen lassen und Saft aufheben. Butter in einer tiefen, ofenfesten Form schmelzen. Den braunen Zucker und 1 Eßlöffel Ananassaft einrühren. Form mit Ananasscheiben auslegen und in die Mitte der Scheiben jeweils eine Kirschhälfte setzen.

Pflanzenfett, Kristallzucker und Ei 3–4 Minuten schaumig rühren. In einer zweiten Schüssel Mehl, Vanilleextrakt und Salz vermengen. Den restlichen Ananassaft ggf. mit Wasser auf insgesamt 160 ml ergänzen. Abwechselnd Mehl und Ananassaft in die Eimasse einrühren. Zum Schluß das Backpulver mit 1 Eßlöffel Mehl vermischen und einrühren. Teig über die Ananasscheiben gießen und in den vorgeheizten Ofen schieben. Mindestens 45 Minuten backen, bis der Kuchen in der Mitte durch ist. 5 Minuten abkühlen lassen, dann den Kuchen stürzen.

Mit Eis oder Schlagsahne servieren.
Für 6 bis 8 Personen

Anmerkung: Dieser Kuchen kann oben bereits fertig aussehen, während die Mitte noch nicht ganz durchgebacken ist. Bevor Sie den Kuchen aus dem Rohr nehmen, unbedingt mit einer Stricknadel testen.

Die Weine

Ich glaube, Sie werden Kathleen Fetzers Bemerkungen zum Wein genauso einfach, klar und übersichtlich finden wie ihr Mahl. Alles paßt hier zusammen.

»Zum 85er Barrel Select Cabernet: Nehmen Sie für Ihre Sauce stets einen ordentlichen Wein. Wenn Sie Rotwein zum Essen servieren, können Sie damit auch Ihre Sauce zubereiten. Wir nehmen jedoch für die Sauce einen volleren Wein und reichen zum Essen einen leichteren Rotwein. Der 88er Red Zinfandel ist ein leichter, fruchtiger Rotwein, der sich hervorragend zu sommerlichen Mahlzeiten im Freien eignet. Wir reichen zu jedem Gang am liebsten zwei verschieden Weine; deshalb bieten wir auch den Barrel Select Chardonnay an, der besonders gut zu den buttrigen Acorn-Squash und dem Krautsalat paßt.

Der 88er Gewüztraminer ist fruchtig, blumig und leicht süßlich, weshalb er so gut zu einfachen Obstdesserts paßt. Er gehört zu meinen Lieblingsweinen, und ich serviere ihn zu allem. Der Wein besitzt genügend Süße und jede Menge Aroma, um zu den verschiedensten Gerichten getrunken zu werden.«

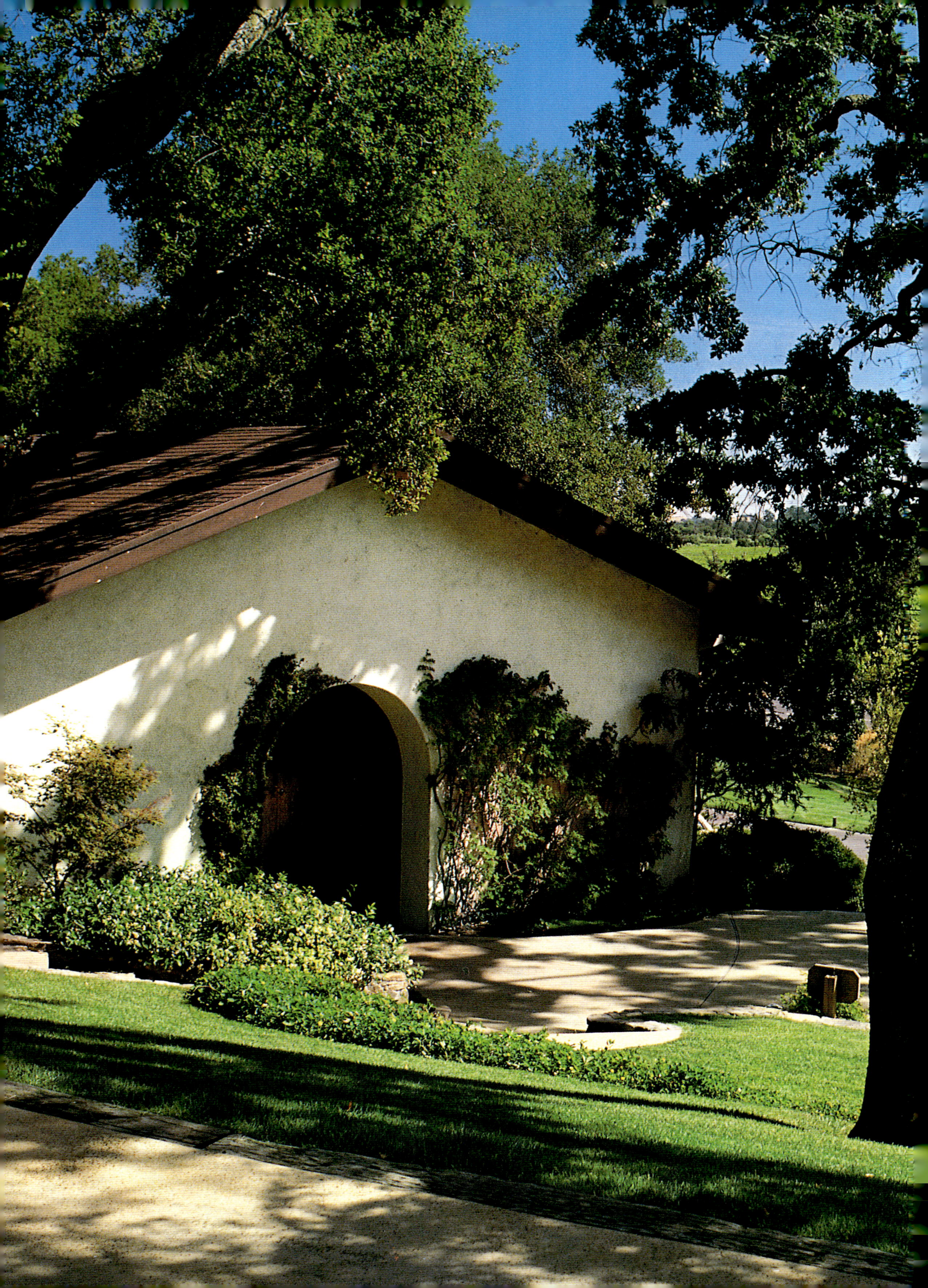

Ein sommerliches Abendessen

Es begann im Jahre 1964. Damals hatten Warren Winiarski, ein junger Professor an der University of Chicago, und seine Frau Barbara, eine Künstlerin, beschlossen, der »Windy City« den Rücken zu kehren und ins Napa Valley umzusiedeln. Winiarski war wie sein Vater bereits Hobbywinzer, und 1964 wollte er den Wein zu seinem Hauptberuf machen. Doch erst sechs Jahre nach ihrem Umzug kauften sie das Gut, das heute unter dem Namen Stag's Leap Wine Cellars bekannt ist.

Gleich zu Beginn seiner »Lehrjahre« bekam Warren Winiarski dank einiger Empfehlungen von Leuten, die er aus seiner Amateurzeit kannte, eine Stelle bei Souverain. Dort war er praktisch Mädchen für alles: Er legte die Schläuche für das Bewässerungssystem aus und putzte Gärtanks. Als dann später die junge Kellerei Robert Mondavi Personal suchte, war er einer der ersten Bewerber, die angestellt wurden.

Zu dieser Zeit probierte Winiarski Weine aus den verschiedensten Lagen im Napa Valley. Die Trauben aus dem Osten, von den Hängen des Stag's Leap Ridge, kamen seinen Vorstellungen am meisten entgegen. Als dann 1970 die passende Gelegenheit kam, wußte er, wo er sein Weingut haben wollte. Er begann mit dem Kauf eines Stück Lands neben der Lage Fay. Diese Lage, die er durch Zufall vor kurzem erwerben konnte, brachte Ende der sechziger Jahre die Weine hervor, die ihm so gut gefallen hatten.

Nachdem die alten Rebstöcke und Bäume von seinem Grundstück entfernt und Cabernetreben gepflanzt waren, konnte Stag's Leap Wine Cellars 1972 die erste bescheidene Ernte einfahren. Doch jeder Jahrgang brachte mehr und bessere Trauben hervor. 1976 schließlich schlug sein Cabernet bei einer Blindverkostung in Paris alle anderen Weine seiner Klasse, sogar die scheinbar unbesiegbaren Franzosen. Dieser Sieg war so aufsehenerregend, daß sogar das Magazin »Time« über Warren Winiarski und seine Weine berichtete.

Das Weingut wuchs, und auch die Familie. Barbara brachte zwei Töchter, Kasia und Julia, und einen Sohn, Stephen, zur Welt und ist inzwischen als Köchin genauso begabt wie als Künstlerin.

Wie in vielen Familien gibt es auch bei den Winiarskis Lieblingsgerichte. Das hier präsentierte Menü schmeckt allen Familienmitgliedern (und Gästen). Das Mahl feiert die alljährliche Rückkehr der Lachse in die Flüsse Kaliforniens. Zur selben Zeit werden auch die herrlichen Schwarzkirschen reif. Der Fisch wird kalt serviert, die Kirschen werden in Wein und Gewürze eingelegt.

Eingang zur Kellerei

Menü

Chicorée mit Keta-Kaviar
Kalter Lachs in Aspik
Kaltes Gemüse mit Senfsauce
Cambozolakäse mit Birnen
Schwarzkirschen in Wein

87er Sauvignon Blanc
86er Merlot
86er Riesling
87er Chardonnay Reserve

Chicorée mit Keta-Kaviar

Wie Sie auf dem Foto erkennen können, macht diese einfache Vorspeise einen umwerfenden Eindruck.

2 Schalotten
1 große Frühlingszwiebel mit etwas Grün
250 g Frischkäse, zimmerwarm
2 Eßlöffel frisch gepreßter Zitronensaft
125 g saure Sahne oder Naturjoghurt
4–5 Chicoréekolben
60 g Kaviar (s. Anmerkung)
Schnittlauch zum Garnieren

Schalotten und Frühlingszwiebel in der Küchenmaschine fein hacken. Frischkäse und Zitronensaft hinzufügen und gut verrühren. Saure Sahne dazugeben und mit ein paar Einzelumdrehungen untermengen.

Chicoréeblätter von den Kolben zupfen und die 24 schönsten heraussuchen. Putzen und in Eiswasser legen. Die restlichen Blätter für ein anderes Rezept aufheben.

Chicoréeblätter trockentupfen und jeweils drei auf einen Teller setzen. Einen Teelöffel Käsecreme in das untere Ende der Blätter setzen. 1/2 Teelöffel Kaviar so auf das Blatt häufen und ein paar Körner auf die Käsecreme streuen. Mit Schnittlauchhalmen garnieren.
Für 8 Personen

Anmerkung: Kaviar aus der Dose ist meistens zu salzig und schmeckt nach Metall.

Chicorée mit Keta-Kaviar

Kalter Lachs in Aspik

Ein Rezept für besondere Anlässe, denn es ist ziemlich aufwendig, aber lohnenswert. Wenn Sie sich das restliche Menü ansehen, werden Sie jedoch feststellen, daß die anderen Gerichte dafür recht einfach zuzubereiten sind.

Barbara Winiarski erzählte mir, daß sie das Pochieren von Joe Hyde, einer bekannten amerikanischen Kochbuchautorin, gelernt hat.

Sie brauchen einen tiefen, 60 cm langen Fischtopf mit Deckel und einem Einsatz mit Henkeln. Sie können auch einen großen Brä-

Kalter Lachs in Aspik

ter nehmen und den Fisch in Küchentücher einwickeln, damit Sie ihn nach dem Pochieren wieder herausheben können.

Lachs einen Tag im voraus zubereiten, damit er gut durchkühlen kann.

Fisch:

1/2 l Chardonnay oder anderer trockener Weißwein
2 Zwiebeln, in feinen Scheiben
2 Karotten, in dicken Scheiben
1 große Selleriestange, grob geschnitten
2 Eßlöffel schwarze Pfefferkörner
2 Eßlöffel Salz
3 große Lorbeerblätter
1 Lachs, ausgenommen und ohne Kiemen, ca. 2 1/2–3 1/2 kg schwer

Aspik:

Gelatine für 3/4 l Flüssigkeit
125 ml kaltes Wasser
3/4 l Pochierbrühe
Eiswürfel

Zum Anrichten:

1 Karotte, in feinen Scheiben
1 entsteinte schwarze Olive
Estragon, 15 Sekunden blanchiert und abgetrocknet
Dill, 5 Sekunden blanchiert und abgetrocknet
1 Lauchstange, in feine Streifen geschnitten, 40 Sekunden blanchiert und abgetrocknet

Pochieren: Weißwein mit Gemüsen und Gewürzen in den Fischtopf geben und auf zwei Kochplatten aufkochen lassen. Temperatur zurückschalten und 1 Stunde zu einer Court Bouillon verköcheln.

Die Garzeit des Fischs hängt von seiner Dicke, nicht von seinem Gewicht ab. Bauch an der dicksten Stelle messen. Fisch sorgfältig unter fließendem Wasser auswaschen und die roten Nieren von den Rückenwirbeln entfernen. Lachs seitlich in den Fischtopf gleiten lassen. Court Bouillon rasch wieder zum Kochen bringen. Dann die Hitze wieder so weit zurückschalten, daß sich die Flüssigkeit im zugedeckten Fischtopf kaum bewegt. 5 Minuten pro Zentimeter Dicke pochieren (s. Anmerkung).

Lachs ohne Deckel in der Brühe auf Raumtemperatur abkühlen lassen. Dann wieder zudecken und über Nacht in den Kühlschrank stellen.

Fisch vorsichtig aus der Brühe heben und abtropfen lassen. Vorsichtig auf eine Servierplatte gleiten lassen. Mit einer scharfen Messerspitze die Haut hinter den Kiemen und entlang der Rückenwirbel aufschlitzen und abziehen. Am Schwanzende in einer schönen Rundung abschneiden. Das braune Fleisch an den Seiten abkratzen, bis nur noch rosa Fleisch zu sehen ist. Platte säubern.

Aspik: Gelatine einige Minuten in Wasser einweichen. Pochierbrühe durch ein oder zwei Küchentücher seihen und mit der Gelatine vermengen. Unter ständigem Rühren langsam zum Köcheln bringen, dann vom Herd nehmen.

Garnieren: Eine Karottenscheibe in das warme Aspik tauchen und auf das Fischauge legen. Eine Scheibe von der Olive abschneiden, in Aspik tauchen und als »Pupille« einsetzen. Den Fisch an den Seiten mit dem blanchierten Dill, Estragon und Lauch garnieren (ebenfalls vorher in Aspik tauchen).

Topf mit dem restlichen Aspik in eine große Schüssel mit Eiswürfeln stellen. Aspik umrühren, bis es eindickt. Kurz vor dem Gelieren mit einem Spatel der Länge nach auf dem Fisch verstreichen. Dabei rasch arbeiten, denn das Aspik dickt weiter ein und wird dann klumpig. Wenn sich dennoch bereits Klümpchen bilden, eine Messerklinge über einer Flamme erhitzen und Klümpchen damit auflösen.

Zum Schluß aus einer Salatgurke eine »Rückenflosse« ausschneiden und mit Aspik auf dem Rücken festkleben.

Mit Kräutersauce servieren.
Für 8 bis 12 Personen

Kräutersauce

Sauce nur frisch zubereiten.

125 g Mayonnaise
Saft einer großen Zitrone
1 Schalotte, fein gehackt
125 g Naturjoghurt
125 g saure Sahne
1 Handvoll Petersilie, fein gehackt
1 Handvoll Estragon oder Dill, fein gehackt

Mayonnaise, Zitronensaft und Schalotte sorgfältig verquirlen. Joghurt und saure Sahne einrühren. Kräuter unterheben. Vor dem Servieren kalt stellen.
Ergibt etwa 1/2 Liter

Anmerkung: Wenn Sie den Lachs warm servieren wollen, 6 Minuten pro Zentimeter pochieren, weil Sie ihn sofort nach dem Pochieren aus der Brühe heben.

Variante: Sie können den Lachs auch im Ofen garen, was wir mit dem Fisch auf dem Foto gemacht haben.

Dazu einen Fischtopf mit Alufolie auskleiden und soviel überstehen lassen, daß Sie den Topf noch damit abdecken können. Fisch mit dem Bauch nach unten in einem eleganten Schwung auf ein Bett aus Zwiebelscheiben legen. Mit einem Stückchen Zahnstocher das Maul aufsperren.

3 Eßlöffel Butterflöckchen auf dem Fisch verteilen und an den Seiten mit Dillspitzen, Estragon oder Sauerampfer verkleiden. Mit etwas Zitronensaft beträufeln, 1/4 l trockenen Weißwein angießen und Alufolie sorgfältig verschließen. Im 160° heißen Ofen garen.

Fisch abkühlen lassen und in den Kühlschrank stellen. Zum Servieren den Fisch auf eine Servierplatte gleiten lassen und die Alufolie mit den Gemüsen vorsichtig entfernen. Wie beschrieben häuten, putzen und dekorieren.

Kräutersauce für den Lachs

Kaltes Gemüse mit Senfsauce

Kaltes Gemüse mit Senfsauce

Wieder eines von diesen einfachen und herrlich bunten Rezepten:

4 Karotten, geschält und gestiftelt
4 Zucchini, gestiftelt
4 gelbe Sommersquash, gestiftelt
700 g feine grüne Böhnchen, geputzt
700 g sehr kleine neue Kartoffeln (vorzugsweise mit roter Schale)
Salz

Schwarzkirschen in Wein

1 Eßlöffel Schalotten, fein gehackt
2 Eßlöffel Dijonsenf
3 Eßlöffel kochendes Wasser
125 ml Olivenöl
Pfeffer aus der Mühle
Frisch gepreßter Zitronensaft
2 Eßlöffel Petersilie oder andere Kräuter, fein gehackt

Karotten-, Zucchini- und Squashstifte nach Sorten getrennt 2–3 Minuten dämpfen, so daß sie weich, aber noch bißfest sind. Mit kaltem Wasser abschrecken. Gut abtropfen lassen und in Küchenkrepp abtrocknen. In Plastikbeutel füllen und in den Kühlschrank legen.

Böhnchen 4–8 Minuten dämpfen, abschrecken, in Plastikbeutel füllen und kalt stellen.

Kartoffeln mit der Schale in leicht gesalzenem Wasser 5–8 Minuten gerade weich kochen. Mit kaltem Wasser abschrecken und in den Kühlschrank stellen.

Blick vom Speisezimmer auf die umliegenden Hügel

Eine Schüssel mit heißem Wasser ausspülen und trockenreiben. Schalotte und Senf in die Schüssel geben und tröpfchenweise mit dem kochenden Wasser verquirlen. Olivenöl in einem ständigen Strahl einrühren. Mit Salz, Pfeffer und Zitronensaft abschmecken. Kräuter unterrühren.

Zum Servieren die Karotten, Zucchini und Sommersquash mit 3 Eßlöffel Salatsauce vermischen. Kartoffeln in dünne Scheibchen schneiden. Das gesamte Gemüse auf einer kalten Servierplatte hübsch anordnen. Restliche Sauce über Kartoffeln und Bohnen träufeln.
Für 8 Personen

Cambozolakäse mit Birnen

Barbara Winiarski zieht eine Käse-Birnen-Kombination dem traditionellen Salatgang vor.

350 g Cambozolakäse, zimmerwarm, in dünne Scheibchen geschnitten

1 Nashi-Birne (s. Anmerkung), in dünne Scheiben geschnitten und mit Zitronensaft eingerieben

Nach Belieben 125 g bunte Salatblättchen

Leichtes Dressing aus 4 Teilen Olivenöl, 1 Teil Zitronensaft, Salz und Pfeffer

Baguette, in dünnen Scheiben und geröstet

Eine dünne Scheibe Käse mit zwei Birnenscheiben auf Portionstellern anrichten. Mit ein paar Salatblättern garnieren und mit Dressing beträufeln.

Mit dünnen, gerösteten Baguettescheiben servieren.
Für 8 Personen

Anmerkung: Wir haben für dieses Rezept »Nashi-Birnen« verwendet; ihr besonders weiches Fruchtfleisch gibt auf Fingerdruck nach und schmeckt wie eine Kreuzung aus Birne und Apfel. Handelsübliche Birnen eignen sich aber genauso gut.

Schwarzkirschen in Wein

Barbara läßt die Kirschen traditionsgemäß in hauseigenem Merlot ziehen.

1/2 l Merlot oder ein anderer trockener Rotwein

250 g Zucker

1 Zimtstange

Abgeriebene Schale einer Zitrone

Saft einer halben Zitrone

2 Eßlöffel Brandy

1 kg Schwarzkirschen, entsteint

Alle Zutaten bis auf die Kirschen in einem kleinen Topf 20 Minuten köcheln, dann abkühlen lassen.

Kirschen 1/2 bis 2 Stunden im abgekühlten Sirup ziehen lassen. Dabei ein paarmal wenden. Nach Belieben mit einem Klecks Schlagsahne oder Crème fraîche servieren.
Für 8 Personen

Die Weine

Barbara Winiarski hat dieses herrliche Abendessen für uns zubereitet. Ihr ungezwungener Umgang mit Wein und Essen ist hilfreich und wohltuend zugleich. Zu Chicorée und Kaviar empfiehlt sie den Sauvignon Blanc, weil er »frisch und zurückhaltend und nicht grasig oder zu mächtig für den delikaten Kaviar« ist. Ihrer Meinung nach kann man zu dieser Vorspeise aber auch den gleichen Chardonnay servieren, der zum Fisch getrunken wird. »Dieser Chardonnay ist nicht übertrieben eichig, er ist schön ausgewogen und frisch – eine perfekte Grundlage für den Lachs.«

Der Merlot ist ihr zum Dessert zu trocken; sie empfiehlt daher den Johannisberg Riesling Spätlese. Dieses Dessert schmeckt jedoch auch ohne Wein.

Warren und Barbara Winiarski

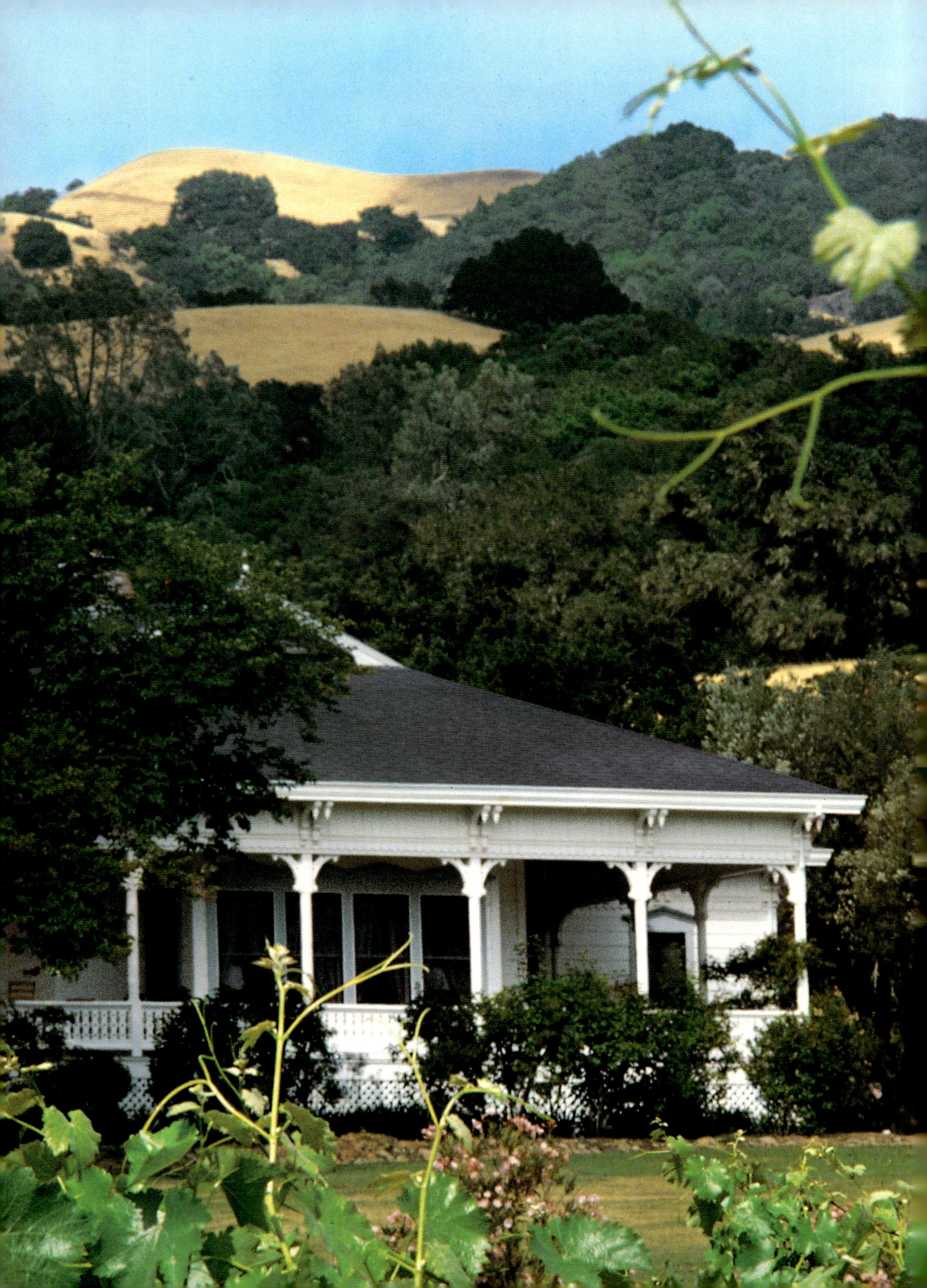

Ein Familienessen

Alexander Valley Vineyards entstand Anfang der sechziger Jahre, als Maggie und Harry Wetzel aus Palo Verdes in Kalifornien ein Sommerhaus für sich und ihre vier Kinder am Russian River kauften.

Von dem ursprünglich reich verzierten viktorianischen Gebäude standen damals nur noch ein paar Reste, die von mannshohem Unkraut überwuchert waren. Es stammte aus dem Jahr 1842 und war von einem gewissen Cyrus Alexander erbaut. (Er war einer der ersten europäischen Einwanderer in dieser Gegend und wurde durch den Verkauf von Obst und Gemüse reich.)

Als die Wetzels das Anwesen kauften, war, wie gesagt, fast nichts mehr von dem aus Lehmziegeln errichteten Gebäude übrig. Inzwischen wurde das Haus sorgfältig wiederaufgebaut und eingerichtet. Die Wetzels legten Gemüse- und Blumenbeete an, pflegten die Obstgärten – und pflanzten ihre ersten Reben. Außerdem versetzte man ein winziges ehemaliges Schulgebäude aus dem Jahr 1868 auf das Grundstück, um mehr Platz für Wochenendgäste und die immer größer werdende Familie zu haben. 1975 begann man schließlich auf Drängen der Kinder mit dem Bau der Kellerei. Vor allem Hank Wetzel III. war daran interessiert, denn er hatte gerade sein Studium am renommierten Weinbauinstitut der University of California in Davis abgeschlossen. Heute zeichnet er für die Weine und das gesamte Unternehmen als General Manager verantwortlich. Seine jüngere Schwester Katie Wetzel Murphy leitet den Verkauf in den gesamten USA. Zur Zeit plant man außerdem, den Betrieb zu erweitern.

Die Eltern engagieren sich stark in der Kunstszene von Los Angeles. Jahrelang gehörten sie vielen Gremien im Kunst- und Musikbereich an. Harry Wetzel ist Vorstandsvorsitzender der Garrett Corporation, die Flugzeugausrüstungen herstellt.

Aber wenn die zahlreiche Familie in Alexander Valley einfällt, sind gemeinsame Picknicks und Mahlzeiten im Freien an der Tagesordnung. Reichliches und schmackhaftes Essen gehört einfach zu einer großen Familie. Jetzt noch Wein aus eigenem Anbau dazu – und schon haben Sie kalifornisches Ambiente aus dem Bilderbuch.

Blick durch die Weingärten auf das Haus

Menü

Eingelegte Gartengemüse
Zweierlei Entenwürste vom Grill
mit Maispfannkuchen
Frisches Apfelmus mit
ganzen Apfelstücken
Brombeerkuchen mit Sahne

87er Chardonnay
86er Pinot Noir
Gewürztraminer

Harry Wetzel am Grill

Eingelegte Gartengemüse

Eingelegte Gartengemüse

500 g Auberginen, grob gewürfelt
750 g Tomaten, gehäutet, entkernt und grob gewürfelt
1 Teelöffel Salz
500 g rote Paprikaschoten, längs geviertelt, gebraten und gehäutet (s. Seite 113), grob gewürfelt
500 g rote Zwiebeln, geachtelt
500 g Zucchini, längs geviertelt und in fingerkuppengroße Stücke geschnitten
1/4 l Olivenöl
2 Eßlöffel grobkörniges Salz
1 große Knoblauchknolle
4 Eßlöffel Geflügelfond
2 Handvoll Petersilie, Basilikum, Majoran und Thymian, fein gehackt
Dazu: Brot mit Süßrahmbutter

Ofen auf 190° vorheizen.
Auberginen und Tomaten salzen und 30 Minuten ausschwitzen lassen. Auberginen abspülen und trockentupfen.

Gemüsesorten einzeln in Schüsseln geben und mit Olivenöl benetzen. Backbleche mit Backpapier abdecken. Gemüse nach Sorten getrennt auf die Bleche breiten und mit grobkörnigem Salz bestreuen.

Im heißen Ofen backen, bis das Gemüse bräunt, ohne ganz durch zu sein: Auberginen, Zucchini und Zwiebeln brauchen ca. 40 Minuten, für Paprika genügen 30 Minuten. Sobald die Gemüse fertig sind, noch warm in eine große Schüssel geben und gründlich vermengen.

In der Zwischenzeit die Knoblauchknolle schälen, in Zehen zerteilen, Zehen aber nicht häuten. Knoblauch in einen kleinen Topf geben und mit Olivenöl überziehen. Salzen. Geflügelfond angießen, zudecken und bei milder Hitze 35–40 Minuten köcheln. Durch ein Sieb streichen. Knoblauchpüree zum Gemüse geben und gut unterrühren.

Sobald das Gemüse etwas abgekühlt ist, Kräuter zugeben und nochmals durchmischen. Garnieren (s. folgendes Rezept) und zimmerwarm servieren.
Für 10–12 Personen

Der Tisch für die Erwachsenen

Zum Garnieren

1-2 Eßlöffel Öl
1-2 Eßlöffel Butter
2 große rote Zwiebeln, geschält und in 1/2 cm starke Ringe geschnitten
1 kg Auberginen, in 1 cm dicken Scheiben, küchenfertig vorbereitet
500 g eher feine Zucchini, längs halbiert

Öl und Butter in einer weiten Pfanne erhitzen und das Gemüse bei mittlerer Hitze darin bräunen (ca. 10 Minuten). Dabei ab und zu wenden.

Zweierlei Entenwürste vom Grill mit Maispfannkuchen

Die zweierlei Entenwürste kamen vom besten Wurstmacher Kaliforniens, Bruce Aidells, der uns freundlicherweise auch seine Rezepte zur Verfügung stellte. Wenn Sie in Kalifornien sind, können Sie seine Würste in der Aidells Sausage Company, Kensington kaufen.

Geräucherte Entenwurst mit Fenchelsamen

1250 g Entenfleisch, in 5 cm große Stücke geschnitten (s. Anmerkung)

Obst und Gemüse aus eigenem Anbau

500 g gepökeltes Schweinefleisch, in 2 1/2 x 7 1/2 cm große Streifen geschnitten
1 Messerspitze getrockneter Salbei
1 Messerspitze getrockneter Thymian
1/2 Teelöffel Fenchelsamen
1 Prise zerriebene Lorbeerblätter
1/2 Teelöffel Paprika
1 Prise Piment
1 1/2 Teelöffel schwarzer Pfeffer
1 Eßlöffel grobkörniges Salz
1/2 Teelöffel Knoblauch, fein gehackt
2 Eßlöffel Drambuie-Likör
2 1/2-3 m Schweinedarm (Wursthaut)

Beide Fleischsorten durch den Fleischwolf drehen. In eine große Rührschüssel geben und mit Gewürzen, Salz, Knoblauch und Drambuie würzen. Mit den Händen sorgfältig vermengen. Mischung in den Schweinedarm füllen und alle 15 cm eine Wurst abdrehen. Nach Anleitung räuchern.
Ergibt etwa 2 kg bzw. 20-25 Würste

Anmerkung: Verkochen Sie die ausgelösten Entenknochen zu einer herrlichen Entenbrühe. Sie ist hervorragend zum Kochen von Linsen oder weißen Bohnen geeignet.

Räuchern: 1 1/2–2 kg Holzspäne mindestens 30 Minuten in Wasser einweichen. 10–15 Holzkohlebriketts am Rand eines Grillkessels mit Deckel aufschichten. Kohlen anzünden und zu Aschenglut verbrennen lassen; nach ca. 30 Minuten sind sie mit genügend grauer Asche bedeckt. Kohlenglut auf einer Seite des Grills ausbreiten. Holzspäne jetzt über die Kohlen streuen.

Eine Pfanne zur Hälfte mit Wasser füllen und neben die Kohlen setzen. Grillrost auflegen und Würste so darauf legen, daß sie über der Wasserpfanne und nicht über den Kohlen liegen. Grill so abdecken, daß der Abzug direkt über den Würsten ist. Abzüge oben und unten jeweils einen Spaltbreit öffnen. Würste bei 80–120° räuchern.

Sie können die Temperatur messen, indem Sie ein Thermometer in den Spalt des oberen Abzugs halten. Falls nötig, Holz oder Kohlen nachlegen. Würste 1 1/2 bis 2 Stunden räuchern, dabei alle 30 Minuten wenden, bis die Temperatur der Würste im Innern knapp 70° erreicht hat.

Entenwurst mit Orangen

500 g Entenbrust mit Haut in 5 cm großen Stücken
500 g Fleisch von 2 Entenkeulen (mit Haut), in 5 cm großen Stücken
125 g geräucherter Frühstücksspeck, angefroren und 5 cm groß gewürfelt
2 Teelöffel grobkörniges Salz
2 Teelöffel zerstoßener schwarzer Pfeffer
1 Teelöffel Knoblauch, fein gehackt
1 Teelöffel ungarischer Edelsüßpaprika
1 Messerspitze getrockneter Salbei, zerrieben
1/2 Teelöffel getrockneter Thymian
1 Messerspitze getrocknetes Bohnenkraut, geraspelt
1/2 Teelöffel Cayennepfeffer
1 Prise Piment
1 Teelöffel Zucker
4 Eßlöffel Orangenlikör (z. B. Grand Marnier oder Curaçao)
4 Eßlöffel Wasser
1 1/2-2 m Schweinedarm (Wursthaut)

Entenfleisch, Haut und Speck durch den Fleischwolf drehen. In eine Schüssel geben und mit den übrigen Zutaten vermengen. Brät nicht zu stark durchkneten, sonst schmilzt das Fett, und die Würste werden weiß. Brät in den Darm füllen und alle 12 cm eine Wurst abdrehen. (Die Würste halten sich im Kühlschrank 3 Tage, in der Tiefkühltruhe 2 Monate.)
Zum Braten Würste mit einer Gabel einste-

Frisches Apfelmus mit ganzen Apfelstücken

chen und in eine kalte Pfanne legen. Bei mittlerer Hitze 15–18 Minuten bräunen.
Ergibt 1250 Gramm bzw. 12–15 Würste

Maispfannkuchen

Pfannkuchen im Ofen warm stellen, bis alle ausgebacken sind, dann warm servieren.

Brombeerkuchen mit Sahne

300 g Mehl
100 g Maismehl
1/2 Teelöffel Salz
1 Dose (500 g) Creamed Corn (Körner und Milch der Maiskolben)
2 Eier
1/4 l Milch
Körner von 2 großen Maiskolben (oder 1 kleine Dose Maiskörner)
1 Päckchen Backpulver
1 Handvoll Schnittlauch, fein gehackt

Mehl und Salz in einer großen Schüssel vermengen, dann Creamed Corn unterrühren. Eier mit der Milch schaumig schlagen und unter den Teig rühren. Vor dem Ausbacken 1 Stunde oder über Nacht kühl stellen.

Vor dem Ausbacken Maiskörner und Schnittlauch sowie Backpulver unterrühren. In einer leicht geölten Pfanne goldbraun backen. Dabei einmal wenden.
Ergibt 60 kleine Pfannkuchen

Frisches Apfelmus mit ganzen Apfelstücken

Die ganzen Apfelstücke verleihen diesem herkömmlichen Mus eine wunderbare Konsistenz. Das Mus läßt sich übrigens auch gut einfrieren. Wir geben Ihnen hier eher eine Anleitung als ein genaues Rezept, so daß Sie nach Ihrem eigenen Geschmack variieren können.

22–26 große Äpfel, geschält, geviertelt und entkernt
1/4 l Wasser
Honig
Muskat und Zimt
3–4 Eßlöffel Butter

16–20 Äpfel in einen großen Topf geben. Wasser dazugießen und zudecken. Auf ganz milder Flamme erwärmen. Nach 20–30 Minuten erstmals, dann in regelmäßigen Abständen kurz umrühren, bis das Apfelmus die gewünschte Konsistenz erreicht (insgesamt gut 1 Stunde oder länger). Wenn Sie ein glattes Mus bevorzugen, Apfelmasse durch die Kartoffelpresse quetschen. Mit Honig süßen und mit Zimt und Muskat würzen.

Vor dem Servieren die restlichen Äpfel

achteln und in Butter glasig dünsten. Mit Zimt bestäuben und auf die Sauce setzen.
Ergibt ca. 3 Liter

Brombeerkuchen mit Sahne

300 g Mehl
1 Teelöffel Salz
1 Eßlöffel Kristallzucker
5 Eßlöffel kalte Butterflöckchen
5 Eßlöffel kaltes Pflanzenfett in Flöckchen
5 Eßlöffel Eiswasser
500–750 g frische Brombeeren
125–250 g Rohr- oder Kristallzucker
Nach Bedarf 2 Eßlöffel Tapioka oder Stärke
60 g Butter in dünnen Scheiben
500 g Crème double oder Sahne

Die Weine

Katie Wetzel Murphy und ihr Bruder Hank III. sind oft für die Weine bei diesen Familienfeiern zuständig. Bei solchen Gelegenheiten werden manchmal auch besondere Reserve-Weine verkostet, die noch nicht auf dem Markt sind. Hier Katies Kommentar zu diesem Familienmenü: »Wir haben alle unsere Gründe, warum wir einen bestimmten Wein zu einem bestimmten Essen auswählen. Ich denke, es ist besonders wichtig, ein ausgewogenes Verhältnis zwischen den Zutaten des Essens und den Bestandteilen des Weins herzustellen. Ich habe für die eingelegten Gartengemüse einen 87er Chardonnay gewählt, weil der Chardonnay die kräftigen Gemüsearomen verträgt und kein Element im Wein besonders hervorsticht. Ich schmecke gerne jede einzelne Gemüsesorte aus diesem Gericht heraus, weshalb sich der Wein harmonisch einfügen und nicht eine bestimmte Geschmacksnote besonders betonen soll. Das ausgewogene Verhältnis von Frucht, Säure, Holz und Alkohol des Chardonnays ist dazu fähig, während ein älterer Chardonnay mit weniger Frucht oder mehr Holz die kräftigen Gemüsearomen überdecken würde.

Der Pinot Noir paßt sehr gut zu Fleisch oder kontrastierenden Vorspeisen. Die Kombination von Ente, Kräutern und anderen Fleischsorten wird durch das facettenreiche Aroma des Pinot Noir wieder aufgenommen. Denn der Wein verändert sich mit jedem Schluck: Ist er zuerst fruchtig und erinnert an Beeren, bekommt er dann Noten von Kräutern und wird schließlich erdig und holzig. Dies ergibt eine interessante Kombination mit den verschiedenen Würsten. Dagegen paßt ein Cabernet Sauvignon, der immer gleich schmeckt, besser zu einfacheren Gerichten wie einem Steak oder Braten.

Die Kombination von Gewürztraminer und Beeren habe ich immer schon gemocht, denn sie bringen im jeweils anderen das Beste zur Geltung. Und es gibt einfach nichts Besseres als frischen Brombeerkuchen. Ich bin eigentlich kein Fan von Süßspeisen, doch sowohl Beeren als auch Wein besitzen genügend Säure, um mit einem Klecks Schlagsahne interessant zu schmecken. Ein wunderbarer Abschluß für unser Familienessen.«

Mehl, Salz und Zucker in einer großen Teigschüssel vermengen. Kalte Butterflöckchen und Pflanzenfett einarbeiten. Mit zwei Messern zur Konsistenz von Grieß zerkleinern. Mit Eiswasser bespritzen und rasch unterrühren, bis der Teig leicht zusammengepreßt werden kann. Nach Bedarf tröpfchenweise mehr Wasser zugeben. Teig in einen Plastikbeutel geben und zu einem Rechteck pressen. 1 Stunde kalt stellen.

Ofen auf 180° vorheizen.

Das Tor zur Kellerei

Teig auf einer bemehlten Arbeitsfläche zu einem großen Rechteck (ca. 45x55 cm) ausrollen. Eine ca. 22x40 cm große Auflaufform damit auskleiden. Die Teigränder über die Seiten hinaushängen lassen. Nun die Beeren zuckern und in den Teig füllen. 6–8 dünne Scheiben Butter auf die Beeren setzen. Die exakte Menge Beeren hängt sehr stark von ihrem Reifegrad ab, denn der Kuchen soll nicht durchweichen. Beginnen Sie mit 500 g. Wenn sie sehr reif und saftig sind, mit etwas Tapioka oder Stärke binden, bevor Sie sie in den Teig füllen. Die überhängenden Teiglappen über die Beeren klappen. Mit Zucker bestreuen und auf der mittleren Schiene des Backofens 45–60 Minuten goldgelb backen. Kuchen mit halbgeschlagener Sahne servieren.
Für mindestens 8 Personen

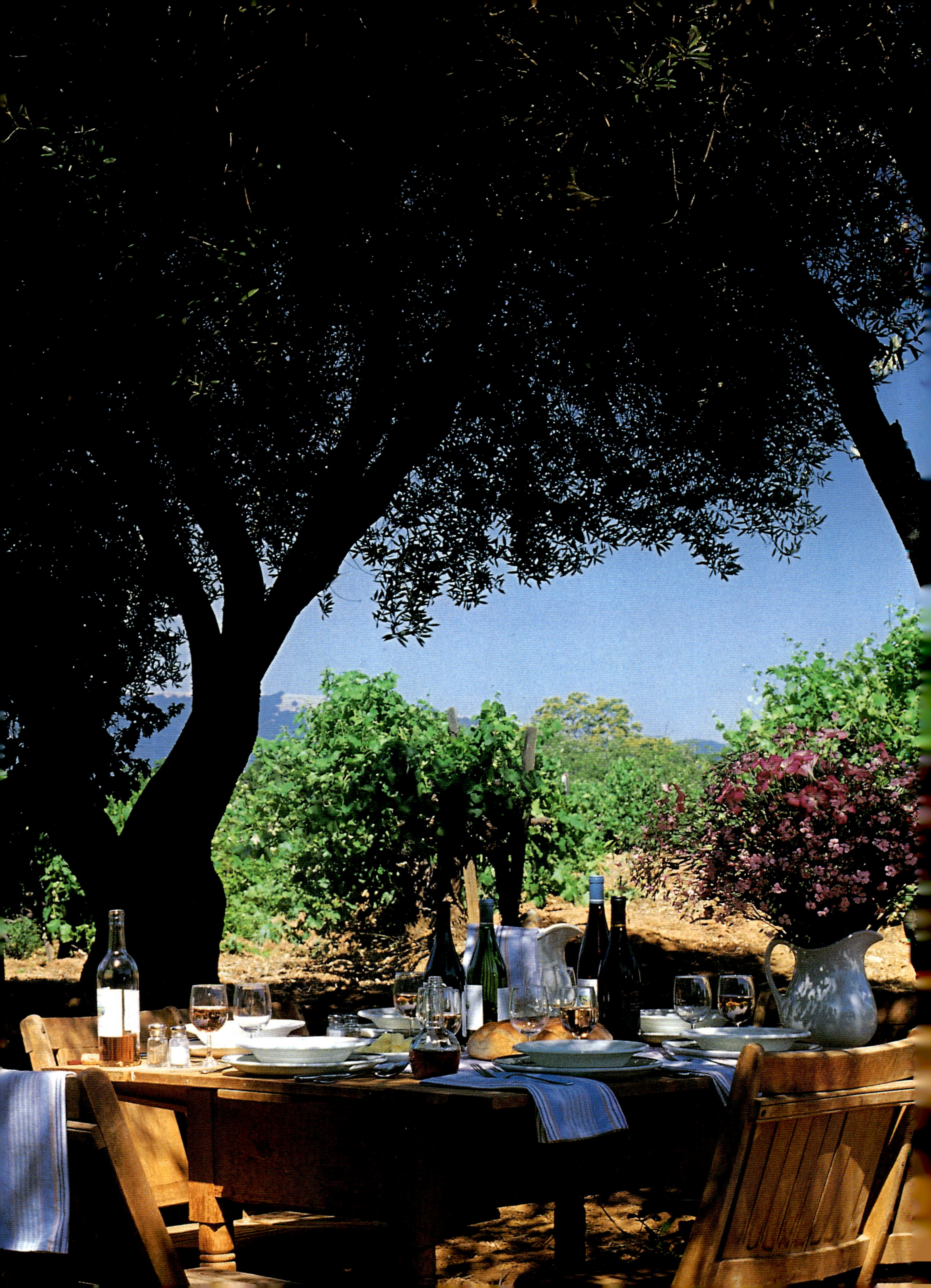

Picknick im Weinberg

Louis M. Martini, nach dem das Weingut benannt ist, entwickelte sein Interesse für das Weinmachen bei seinem Vater Agostino. Wie viele Italiener machte Agostino Wein für den Bedarf seiner Familie und seiner Freunde.

Louis' Interesse am Wein und seiner Herstellung war jedoch so groß, daß Agostino ihn sechs Monate nach Italien auf die Weinbauschule in Alba schickte. Als er nach Kalifornien zurückkehrte, machten er und sein Vater sich ernsthaft und professionell ans Keltern. Das Geschäft warf jedoch nicht genügend ab, und so gaben sie es wieder auf.

Louis aber war ganz besessen von der Idee und hatte den Mut, zu Beginn der Prohibition die »Louis M. Martini Grape Products Company« zu eröffnen. Louis hatte erfaßt, was einigen anderen entgangen war: Man konnte zwar keinen Wein verkaufen, aber Traubenmost. Ein Zeitzeuge erinnert sich: »Most war nie so beliebt wie zu jener Zeit!« Martinis Unternehmen verkaufte einmal an einem einzigen Tag rund 400 000 Liter Most an Hobbywinzer.

1933, als die Prohibition zu Ende ging, hatte Martini bereits die alte Kellerei Greystone Cellars nördlich von St. Helena gekauft. Er investierte sein gesamtes Kapital in Anlagen und Gerätschaften für die Kellerei, statt sich ein hübsches Häuschen zu bauen. Somit wurde Louis M. ein Begriff für guten Wein, zu einer Zeit, als Kalifornien noch lange nicht für hochwertige Weine bekannt war.

Als Louis M.s Sohn Louis P. zusammen mit seiner jungen Frau Elizabeth in den Familienbetrieb einstieg, wuchsen in den Weingärten mehr und bessere Reben. Bis 1974, als Louis M. starb, verbesserten und untersuchten sie schrittweise die Qualität der neuen Rebflächen.

Dieser langsame und qualitätsorientierte Ausbau war und ist praktisch das Kennzeichen für alles, was die Martinis in der Vergangenheit unternommen haben und heute tun. Sie wollen nicht das große Aufsehen erregen, sondern setzen vielmehr auf Qualität und Zuverlässigkeit. Inzwischen ist mit Carolyn, Michael und Patricia auch die dritte Generation in das Unternehmen eingestiegen und kann sich auf fünf sehr gut gepflegte und wohlvertraute Rebflächen verlassen.

Ein langjähriger Freund der Familie sagt: »Die drei Weinmacher in den drei Generationen haben genügend unterschiedlichen Charakter, um ihren Weinen jeweils eine ganz persönliche Note zu verleihen. Dennoch besitzen alle Weine den typischen und unabdingbaren Martini-Stil, so als ob dieser ihnen ins Erbgut eingepflanzt worden wäre.« Und Louis P. selbst meint dazu: »Wir wollen Weine machen, die man trinken kann, sobald sie auf den Markt kommen, und dennoch altern können. An dieser Zielsetzung wird nichts geändert. Wir wachsen langsam. Wir arbeiten mit Methoden, die sich jahrelang bewährt haben.« So ist es nicht weiter überraschend, daß Louis und »Liz« Martini ihre Gäste mit derselben vernünftigen Art bewirten, in der sie ihre Geschäfte betreiben. Einfache Speisen gibt es im Überfluß und ebenso den Wein.

Wenn ich Mitte des nächsten Jahrhunderts wieder hierher kommen könnte, würde ich sicher das gleiche Engagement für Qualität und Beständigkeit vorfinden wie heute. Das ist in der Tat beruhigend!

Lunch unter den Bäumen im Weinberg

Menü

Krabbengazpacho
Huhn in Tabasco-Honig-Glasur
Salat aus Kartoffeln, Mais und Elefantenbohnen
Strauchtomaten
Frische Kirschen
Kokos-Macadamia-Kekse

88er Louis M. Martini Johannisberg Riesling
88er Louis M. Martini Chardonnay
86er Louis M. Martini Zinfandel
Louis M. Martini Cream Sherry

Liz Martini

Krabbengazpacho

Wenn Sie diese Suppe mit den riesigen Dungeness-Krabben zubereiten, schmeckt sie ganz besonders kalifornisch.

4 Eßlöffel Olivenöl
4 Eßlöffel trockener Weißwein
1 Eßlöffel Rotweinessig
1 Eßlöffel frisch gepreßter Limettensaft
3 mittlere Tomaten, geschält und entkernt
1 rote Paprikaschote, entkernt und grob gewürfelt
1 grüne Paprikaschote, entkernt und grob gewürfelt
1 Gärtnergurke, entkernt und grob gewürfelt
1/2 l Tomatensaft
1/2 milde Zwiebel, fein gewürfelt
2 Eßlöffel Schnittlauch oder Frühlingszwiebeln, fein gehackt
2 Eßlöffel Koriandergrün, fein gehackt
1/4–1/2 Chilischote (vorzugsweise Jalapeño), fein gehackt
1 Teelöffel Salz
1–2 Teelöffel Tabascosauce
Pfeffer aus der Mühle
1 gegarte Dungeness-Krabbe (oder entsprechend mehr kleinere Krabben insgesamt 5–6)
Nach Belieben Joghurt und Korianderblättchen

Öl, Wein, Essig und Zitronensaft verrühren und beiseite stellen. Tomaten, Paprika und Gurke mit dem Tomatensaft zermusen, aber nicht zu fein pürieren. In eine große Schüssel gießen und Zwiebel, Schnittlauch bzw. Frühlingszwiebeln, Koriandergrün und Chili einrühren. Gut vermischen und mit Salz, Tabasco und Pfeffer würzen.

Krabbenfleisch aus der Schale lösen. Die ganzen Scheren als Dekoration aufheben. Krabbenfleisch zerpflücken und in die Suppe rühren. Schüssel abdecken und mindestens 4 Stunden kalt stellen.

In gekühlten Suppentellern servieren und mit einem Klecks Joghurt und Korianderblättchen garnieren.
Für 6 Personen

Huhn in Tabasco-Honig-Glasur

Wenn Sie keinen Holzkohlengrill haben, können Sie das Huhn auch im Backofen grillen.

6 kleine Hühnerbrüste, halbiert und enthäutet
6 kleine Hühnerkeulen, enthäutet
Marinade:
5–6 Eßlöffel Olivenöl
2 Eßlöffel Salbei, fein gehackt
2 Eßlöffel frisch gepreßter Zitronensaft
3 Eßlöffel Honig

Krabbengazpacho und ein Laib herzhaftes Brot. Bei Liz Martini stehen immer frisches knuspriges Brot und Süßrahmbutter auf dem Tisch.

Glasur:

5-6 Eßlöffel Honig

2 Eßlöffel Zitronensaft

6 Spritzer Tabascosauce

Hühnerteile in eine Schüssel legen. Zutaten für die Marinade verquirlen und über das Fleisch gießen. Abdecken und mindestens 3 Stunden ziehen lassen.

Grill anheizen. Die Kohlen müssen mit weißer Asche bedeckt sein, bevor Sie das Fleisch grillen können.

Hühnerteile aus der Marinade heben, abtropfen lassen und Marinade abgießen. Fleisch über der Holzkohle 5 Minuten pro Seite grillen. In der Zwischenzeit die Zutaten für die Glasur verrühren. Fleischteile vom Grill nehmen und auf der Oberseite glasieren. 2 Minuten weitergrillen, umdrehen und die andere Seite glasieren. Nochmals 2 Minuten grillen.

Für 6-8 Personen

Salat aus Kartoffeln, Mais und Elefantenbohnen

Wenn Sie rohen Mais verwenden, muß dieser sehr frisch sein. Ansonsten kurz dämpfen.

1 kg Salatkartoffeln, gekocht, geschält und gewürfelt

1 große Dose (450 g) Elefantenbohnen (oder eine andere weiße Bohnensorte)

Körner von 3 Maiskolben (oder 1 Dose Maiskörner)

5–6 Eßlöffel Olivenöl

1 1/2 Eßlöffel Zitronensaft

4 Eßlöffel Mayonnaise

1/2 Teelöffel Zucker

Salz und Pfeffer

2 Eßlöffel Schnittlauchröllchen

Kartoffeln, Bohnen und Maiskörner vermengen und beiseite stellen. Olivenöl, Zitronensaft, Mayonnaise, Zucker, Salz und Pfeffer verquirlen und unter die Salatmasse rühren.

Salat mit Schnittlauchröllchen bestreuen und gut durchmischen. Abdecken und vor dem Servieren 1 Stunde kalt stellen.
Für 6–8 Personen

Strauchtomaten; Huhn mit Tabasco-Honig-Glasur; Salat aus Kartoffeln, Mais und Elefantenbohnen

Kokos-Macadamia-Kekse

Eine typisch kalifornische Variante der klassischen toskanischen Mandelkekse.

1 Ei und 1 Eiweiß

125 ml Pflanzenöl

375 g Zucker

1 Teelöffel Vanilleextrakt

1/2 Teelöffel Salz

ca. 150 g Macadamianüsse, grob gehackt

100 g Kokosraspel

2 Eßlöffel Anissamen

300 g Mehl

Backpulver

Ei, Eiweiß und Öl verquirlen. Zucker, Vanilleextrakt, Salz, Nüsse, Kokosraspel und Anis dazugeben und sorgfältig vermengen. Beiseite stellen. Mehl durchsieben und nach und nach unter die Teigmasse rühren. Abdecken und über Nacht kalt stellen.

Ofen auf 160° vorheizen und zwei Backbleche (s. Anmerkung) leicht einfetten. Back-

Kokos-Macadamia-Kekse und frische Kirschen

pulver unter den Teig rühren. Teig in zwei Hälften teilen und zu Rollen formen, die der Länge nach auf das Backblech passen. (Der Teig ist eher klebrig. Vor dem Aufrollen Hände mit etwas Pflanzenöl einfetten).

Auf jedes Backblech eine Teigrolle legen und goldgelb backen (25–30 Minuten). Die Rollen laufen dabei auseinander. Aus dem Ofen nehmen und schräg in ein Zentimeter schmale Streifen schneiden. Die Streifen auf die Seite betten und im Ofen leicht bräunlich backen (15–20 Minuten).
Ergibt 35–40 Stück

Anmerkung: Sie können auch beide Teigrollen auf einem Backblech backen. Dabei darauf achten, daß sie genügend Platz haben und nicht zusammenbacken. Zwei Bleche sind jedoch einfacher, denn Sie müssen die Kekse auch zurechtschneiden und dann auf dem Blech ausbreiten.

Ein Sommerblumenstrauß

Die Weine

Liz Martini und ihr Sohn Michael stellten für dieses Picknick wie üblich eine größere Auswahl an Weinen zusammen, damit ihre Gäste die Möglichkeit zum Probieren haben. Im folgenden sind einige der Eigenschaften beschrieben, die Sie in den Weinen entdecken können:
»Den 88er Johannisberg Riesling haben wir ausgewählt, weil er an Blumen und Äpfel erinnert, leicht süßlich schmeckt und einen sauberen Abgang besitzt. Die Süße gleicht die kräftig-scharfen Noten der Gazpachosuppe und des Huhns aus, während das Blumenaroma gut zum Salat paßt.

Bei einem Picknick mag man oft mischen. Dieser 88er Chardonnay, ein Mischsatz aus Napa- und Sonomatrauben, hat ähnliche Eigenschaften wie der Riesling, ist insgesamt aber trockener. Die Butter-Honig-Töne des Chardonnays passen gut zu der Tabasco-Honig-Glasur.

Der 86er Zinfandel war immer einer unserer Lieblingsweine, weil er praktisch zu allem paßt: zu Huhn, Tomaten, frischem Brot und sogar zum Kartoffel-Bohnen-Salat. Sein mittlerer Körper und sein starkes Beerenaroma bieten eine interessante neue Note.

Cream Sherry gehört zu unserer Familientradition und ergänzt mit seinem warmen, runden Karamelgeschmack die etwas trockeneren Kekse. Das knusprige Gebäck und die Fülle dieses lange gealterten Weines sind eine wunderbare Kombination.«

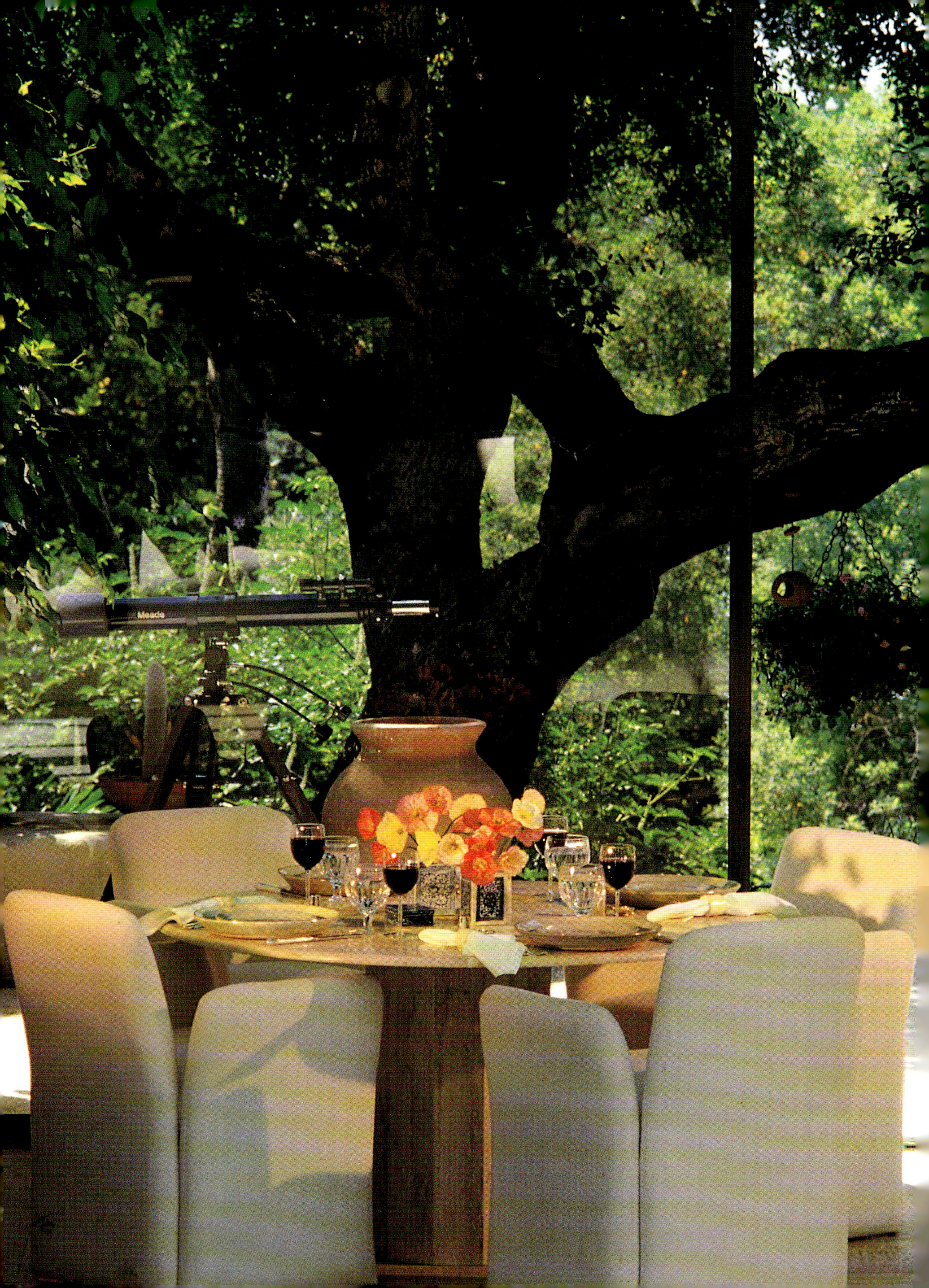
Meade

Ein herzhaftes Frühlingsmahl

Robert Mondavi glaubte immer an die Napa-Valley-Weine und war sicher, daß sie letztlich auf dem Weltmarkt bestehen würden. Er wußte, daß die Gegend mit dem richtigen Klima und Boden gesegnet war. Und da er aus einer Winzerfamilie stammt, verfügte er auch über das entsprechende Know-how. Sein Talent für Marketing stellte er bereits vor der Gründung seiner Kellerei 1966 ausreichend unter Beweis.

Obwohl Mondavi den Anstoß zur Gründung des Unternehmens gab, sind alle Familienmitglieder daran beteiligt. Seine Söhne Michael und Tim arbeiten ebenfalls als Geschäftsführer, seine Tochter Marcia ist stellvertretende Geschäftsführerin, während seine Frau Margrit Biever im Bereich der Spitzengastronomie tätig ist.

Anfang der sechziger Jahre erholte sich der kalifornische Weinbau gerade von einer tiefen Krise. Das war für Robert Mondavi der richtige Zeitpunkt. Sein Unternehmen war ausreichend groß und gut finanziert, um letztendlich die Spitzenweine herstellen zu können, die er sich vorgestellt hatte. Mit einer Gruppe stiller Teilhaber, die er 1978 ausbezahlte, fing er an und hörte seither nicht mehr auf, zu wachsen und neue Wege zu gehen. Heute gehören zum Unternehmen nicht nur die Anlage in Oakville, wo die Kellereigebäude und die Büros stehen, sondern über 650 Hektar Rebflächen in Napa und Carneros.

Die Familie ist jedoch der festen Überzeugung, daß zum Winzerberuf mehr gehört, als nur die besten Weine zu machen. So unterstützen sie Bildungsprogramme für Laien, die alles über Wein lernen möchten. Dazu gehören Verkostungen, Führungen und Seminare über verschiedene Aspekte des Weinbaus und Kelterns.

Das wäre für die meisten wohl schon genug. Nicht so für die Mondavis. Sie machen nicht bei der Fortbildung halt, denn sie glauben, »daß alle Kunst einer Quelle entspringt, auch die der Weinmacher«. Deshalb begannen sie bereits 1967, als ihre Gebäude gerade fertiggestellt waren, ihre Räume für Ausstellungen, Buchpräsentationen und Konzerte sowie ein alljährliches Jazz-Sommerfestival zur Verfügung zu stellen. Seit 1976 finden hier die über die Region hinaus berühmten Kochkurse mit Spitzenköchen statt.

Robert und Margrit verbringen ihren Alltag und oft auch ihre Ferien mit Weingeschäften und zahllosen Diensten an der Allgemeinheit, so daß sie sich einen ruhigen Wohnsitz auf dem Wappo Hill in Oakville bauten.

Hierher ziehen sie sich von ihrem geschäftigen Alltag zurück, genießen den Ausblick und entspannen sich in der friedvollen Umgebung bei einem netten Abendessen mit Freunden.

Tisch vor der Terrasse

Menü

Lauchkuchen mit Ziegenkäse
Roastbeef
Penne mit gegrilltem Gartengemüse
Ananas-Bananen-Sorbet
Hauchdünne Zitrusplätzchen

86er Robert Mondavi Pinot Noir
81er Robert Mondavi Cabernet Sauvignon

Lauchkuchen mit Ziegenkäse

Dieser Kuchen wird mit Blätterteig zubereitet, den Sie überall fertig kaufen können. Deshalb geben wir Ihnen hier kein Rezept dafür an. Blätterteig ist so aufwendig, daß es sich kaum lohnt, ihn selbst zu machen.

Der Kuchen ergibt zusammen mit einem knackigen Salat und etwas Obst als Dessert ein herrliches kleines Mittagessen.

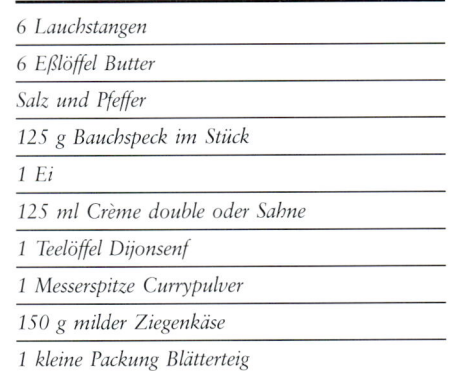

6 Lauchstangen
6 Eßlöffel Butter
Salz und Pfeffer
125 g Bauchspeck im Stück
1 Ei
125 ml Crème double oder Sahne
1 Teelöffel Dijonsenf
1 Messerspitze Currypulver
150 g milder Ziegenkäse
1 kleine Packung Blätterteig
2 Handvoll Semmelbrösel

Ofen auf 200° vorheizen.

Lauch putzen und etwas oberhalb der weißen Enden abschneiden. In feine Streifen schneiden und gründlich wässern. Abgießen und trockentupfen.

4 Eßlöffel Butter langsam in einer Pfanne erwärmen. Lauch ca. 15 Minuten darin weich dünsten. Salzen und pfeffern und abdecken. 10 Minuten weitergaren. Dabei die Pfanne ab und zu rütteln. Dann beiseite stellen und leicht abkühlen lassen.

In der Zwischenzeit den Bauchspeck würfeln und in einer Pfanne ca. 3 Minuten ausbraten. Fett abgießen.

Ei mit der Sahne verquirlen und mit Senf und Curry würzen. Ziegenkäse zerkrümeln und die Hälfte davon in die Eimischung geben. Den abgekühlten Lauch und die Speckwürfel unterrühren. Gut vermischen und beiseite stellen.

Blätterteig auf einem Backblech dünn ausrollen und zu einem Kreis mit etwa 25 cm Durchmesser formen. Dann einen etwa 1 cm hohen Rand formen. Einen Ring aus Alufolie darum wickeln, damit der Rand stehenbleibt.

Lauchkuchen mit Ziegenkäse

Lauchmischung in den Teig füllen. Die zweite Hälfte des Ziegenkäses darüber verteilen und das Ganze mit Semmelbröseln bestreuen. Die restliche Butter zerlassen und gleichmäßig darüberträufeln.

15 Minuten bei 200° backen, die Alufolie entfernen und bei 180° 30 Minuten weiterbacken, bis der Kuchen schön goldbraun ist.
Für 8 Personen

Roastbeef

Dieser Schnitt aus der Mitte des Rinderfilets nennt sich Chateaubriand und ist 3–4 cm dick.

1 1/2–2 kg Chateaubriand
Salz und Pfeffer aus der Mühle

Ofen auf 230° vorheizen.
Einen schweren Bräter, in dem das Fleisch gut Platz hat, heiß werden lassen. In der Zwischenzeit das Fleisch großzügig salzen und pfeffern. Sobald der Bräter heiß ist, das Fleisch hineinlegen und rasch auf beiden Seiten bräunen. Herausnehmen, in die Saftpfanne des Ofens legen und 20 Minuten braten. Das Fleisch ist innen noch roh, wenn das Fleischthermometer knapp 50° anzeigt.

Fleisch auf ein Schneidbrett legen, 10 Minuten ruhen lassen und dann erst in dünne Scheiben schneiden. Mit dem Fleischsaft servieren.
Für 8 Personen

Penne mit gegrilltem Gartengemüse

1 Aubergine
Salz
2 große rote Paprikaschoten, gebraten (s. Anmerkung)
4 Tomaten
125 ml Olivenöl
250 g Penne, bißfest gekocht
3 Eßlöffel Rotweinessig
1 Eßlöffel Schalotten, fein gehackt
1 Knoblauchzehe, fein gehackt
Pfeffer aus der Mühle
1 Eßlöffel Petersilie, fein gehackt

Roastbeef

Aubergine waschen und abtrocknen. Stielansatz herausschneiden. In knapp 1 cm dicke Scheiben schneiden. Salzen und in ein Sieb legen. 30 Minuten ziehen lassen.

Paprika längs halbieren und auf Küchenkrepp trocknen. Tomaten quer halbieren und entkernen. Mit der Schnittfläche nach oben auf ein Backblech setzen und knapp 5 Minuten unter dem Grill im Ofen bräunen. Herausnehmen und beiseite stellen.

Auberginenscheiben abspülen oder abtupfen und auf beiden Seiten mit Olivenöl einpinseln. Einige Minuten unter dem Grill im Ofen goldbraun werden lassen.

Aubergine in schmale Streifen und Tomaten in grobe Stücke schneiden. Paprika dazugeben und gut vermischen. Gemüse mit den gekochten Nudeln vermengen. Mit Essig, dem restlichen Olivenöl, den Schalotten und dem Knoblauch würzen und gut durchmischen. Mit Salz und Pfeffer aus der Mühle abschmecken. Mit Petersilie bestreuen.

Reichen Sie die Nudeln warm oder zimmerwarm.
Für 8 Personen

Anmerkung: Paprika über einer offenen Gasflamme oder unter dem Grill im Backofen braten, bis sie rundum schwarz sind. In eine Papiertüte geben und zusammenfalten. Etwa 15 Minuten ruhen lassen, dann unter fließendem Wasser entkernen und die Haut abziehen. Auf Küchenkrepp trocknen lassen.

Der Tisch ist gedeckt

Ananas-Bananen-Sorbet

Wie Sie sicher wissen, passen diese beiden Tropenfrüchte einfach wunderbar zusammen. Hier werden sie zu einem verführerischen Sorbet verarbeitet.

500 g Zucker
1/2 l Wasser
1 große Ananas, geschält und geputzt
2 große reife Bananen, geschält
4 Eßlöffel frisch gepreßter Zitronensaft
4 Eßlöffel frisch gepreßter Orangensaft

Zucker bei mittlerer Hitze im Wasser auflösen. Beiseite stellen und abkühlen lassen.

Penne mit gegrilltem Gartengemüse

150 g Mehl

125 ml Zitrussaft (Grapefruit, Orange oder Zitrone)

125 g zerlassene Butter

Ofen auf 200° vorheizen.

Zucker, Mandeln und Mehl in einer Schüssel vermengen. Saft und zerlassene Butter dazugießen und gut unterrühren. Wenn Sie genügend Zeit haben, Teigmischung einige Stunden im Kühlschrank ruhen lassen. Der Teig läßt sich dann leichter verarbeiten.

Teig mit einem Teelöffel portionsweise auf ein gefettetes Backblech setzen. Teigportionen zu Kreisen mit 5 cm Durchmesser flach streichen. Dazu benutzen Sie am besten einen

Ananas-Bananen-Sorbet mit hauchdünnen Zitrusplätzchen

Löffel, den Sie vorher in heißes Wasser tauchen. Die Plätzchen werden beim Backen etwa doppelt so groß, deshalb genügend Zwischenraum lassen. Goldbraun backen (ca. 5 Minuten). Plätzchen dabei stets im Auge behalten, denn sie verbrennen sehr leicht.

Plätzchen aus dem Ofen nehmen und eine Minute auf dem Blech etwa wachsweich werden lassen. Mit einem Spatel abheben und um ein Nudelholz oder eine Weinflasche wickeln, damit sie ihre leicht gewölbte Form bekommen. Abkühlen lassen und trocken in einer gut verschlossenen Keksdose aufbewahren.
Ergibt etwa 36 Stück

Ananas und Bananen in grobe Stücke zerteilen und in der Küchenmaschine fast vollständig zermusen. Säfte dazugießen und gut unterrühren. Wenn Sie eine schön gleichmäßige Konsistenz bevorzugen, das Mus durch ein Sieb streichen.

Zuckerlösung unter das Obst rühren. In die Eismaschine füllen und gefrieren lassen.
Ergibt 1 Liter

Hauchdünne Zitrusplätzchen

Der Zitrussaft verleiht diesen Plätzchen einen außergewöhnlichen Geschmack, der besonders gut zu Sorbet und Eis paßt.

375 g Zucker

200 g Mandelsplitter

Die Weine

Annie Roberts läßt Vernunft walten, wenn sie Weine zu ihrem köstlichen Essen auswählt, und das gefällt mir. Ihre knappen Bemerkungen sind ein wunderbares Beispiel dafür, wie persönlich (und einfach) man diese Aufgabe gestalten kann:

»Ich habe den 86er Pinot Noir zum Lauchkuchen ausgesucht, weil ich die komplexe Ausgewogenheit zwischen dem scharfen und üppigen Geschmack des Ziegenkäses und dem Pfefferaroma des Weins mag.

Die Stahligkeit und der volle Körper des 81er Cabernet Sauvignon passen meiner Ansicht nach hervorragend zu Rindfleisch. Die Paprika und Tomaten im Nudelsalat ergänzen ihrerseits seine Fruchtigkeit.«

Küchenchefin Annie Roberts

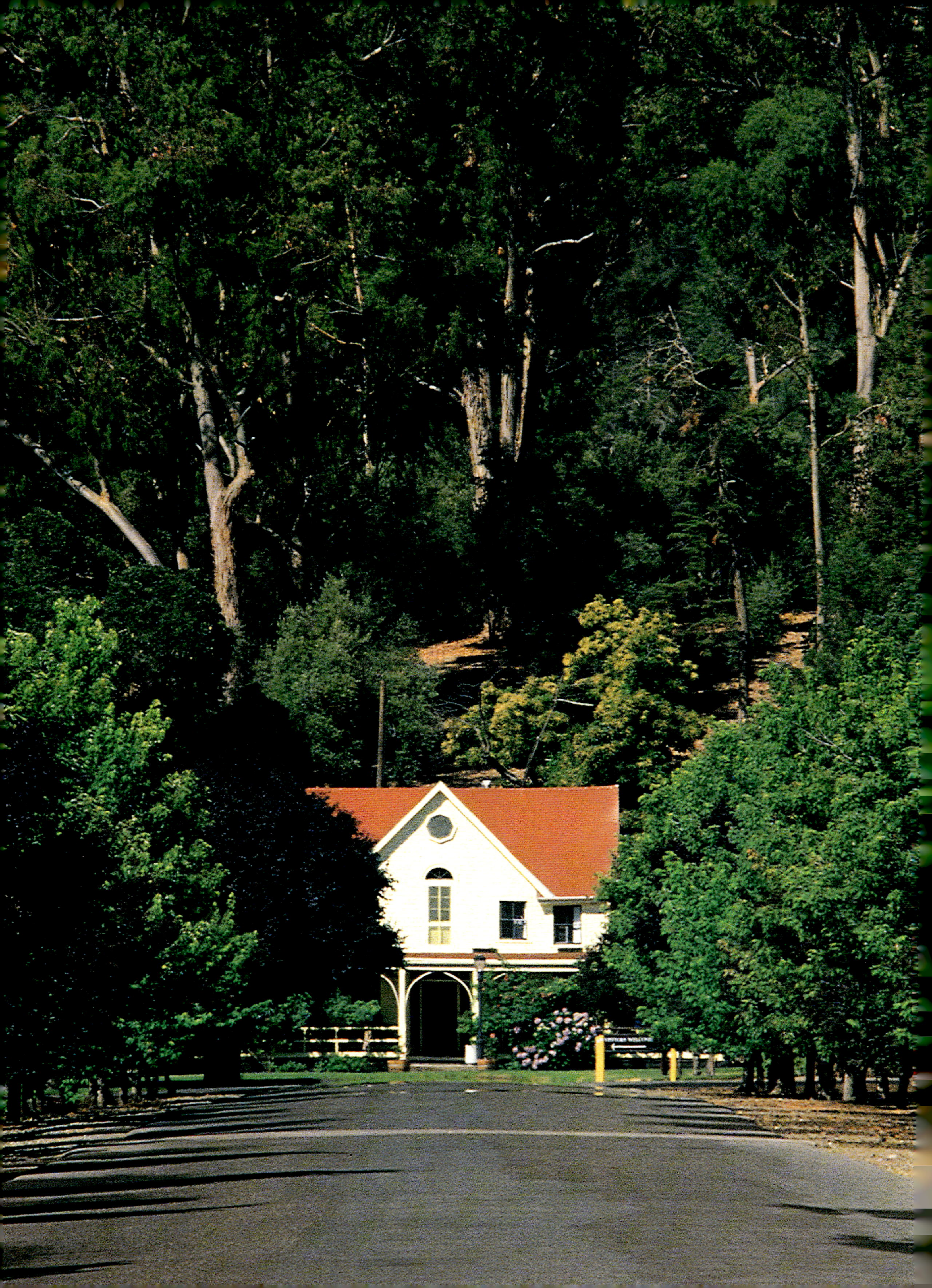

Salat, Pasta und Wein

Inglenook wurde 1879 von Captain Gustave Niebaum an der Stelle des gleichnamigen Heilbads gegründet. Es ist damit sicherlich eines der ältesten Weingüter im Napa Valley. Inglenook wurde nicht gegründet, um damit Geld zu verdienen, sondern um das große Interesse an Wein und Weinbau des 37jährigen und frisch verheirateten Ex-Kapitäns zu befriedigen. Er konnte sich dieses kostspielige Hobby leisten. Denn im Alter von 22 Jahren, als er vom russischen Zaren die Exklusivrechte für Pelzhandel in Alaska erhalten hatte, hatte Niebaum die Alaska Commercial Company gegründet.

Niebaum war viele Jahre lang gereist, sprach fünf Sprachen (und konnte einige weitere zumindest lesen) und wußte zu dem Zeitpunkt, als er Hobbywinzer wurde, bereits eine ganze Menge über europäische Kellereien und ihre Verfahren. Von Anfang an wollte er Spitzenweine. Deswegen besichtigte er nach wie vor verschiedene Weingüter und stellte eine umfangreiche Weinbibliothek zusammen.

1881 hatte Niebaum Triebe von 21 Rebsorten aus großen Lagen importiert. Dadurch wurde Inglenook zum Hauptlieferanten im Napa Valley für Spitzensorten und Klone.

Er untersuchte die Böden und das Klima seiner Weingärten auf das genaueste. Nachdem sie seiner Prüfung standhielten, begann er 1884 mit dem Bau des großen Kellereigebäudes. Es wurde geforscht, die Kellertechniken wurden nach und nach verfeinert, und Preise wurden gewonnen, bis der Captain 1908 starb.

Die Auffahrt zum Weingut

Zum Glück ist sein Traum nicht mit ihm begraben worden. Ein Jahr vor seinem Tod kam sein Neffe John Daniel zur Welt, der 1936 das Weingut in die Hand nehmen sollte. Auch in den Jahren zwischen Niebaums Tod und der Übernahme durch Daniel war die Kellerei in Betrieb. Sie hatte sowohl das große Erdbeben als auch die schreckliche Prohibition überlebt. Da die Familie das Weingut nie als Einkommensquelle betrachtet hatte, konnte sie es auch während der Prohibition weiterbewirtschaften.

1964 machte Inglenook den Schritt in das große Weinbusineß. Es wurde an United Vintners verkauft, die ihrerseits von Heublein aufgekauft wurden. Das waren turbulente Zeiten für ein relativ kleines Weingut, das bis dato immer in Privatbesitz war. Im Zuge der Transaktionen wurden jedoch auch neue Rebflächen hinzugekauft, die alten verbessert, neue Anlagen installiert und das große Kellereigebäude renoviert. 1983 war Inglenook – Napa Valley wieder ein ruhiger und unabhängiger Betrieb, ein Tochterunternehmen mit eigenem Management. Da war man also wieder.

Aber die Geschichte hört hier noch nicht auf. Daniel, der 1970 starb, vermachte seinem Weingut ein letztes Geschenk: seine Enkelin Jamie Morningstar, die Küchenchefin auf dem Weingut wurde. Mit ihr ist wieder eine Nachfahrin Niebaums dabei. Jamie lädt ihre Freunde meist an Wochenenden oder ganz spontan ein. Eines ihrer Lieblingsmenüs für viele Gäste bietet einen herzhaften warmen Salat als Vorspeise, dann Nudeln und schließlich ein köstliches Dessert. Wir zeigen Ihnen hier jeweils zwei ihrer Lieblingssalate, Nudelgerichte und Desserts, die sie unterschiedlich kombiniert.

Salate

Scharf gebratene Hühnerbrust
auf Blattsalat mit
Speck-Melasse-Dressing

Kopfsalat mit Tomaten und
Zucchiniblüten

Nudeln

Orecchiette mit Tomaten,
Koriandergrün und Ziegenkäse

Farfalle mit geräucherter
Entenbrust, Shiitake-Pilzen und
Speckwürfeln

Desserts

Pochierte Birnen

Ingwermousse mit Kokosraspeln

Zinfandel
Gravion
Sauvignon Blanc
Reserve Merlot
Muscat Blanc
Late Harvest Gewürztraminer

Kopfsalat mit Tomaten und Zucchiniblüten

Scharf gebratene Hühnerbrust auf Blattsalat mit Speck-Melasse-Dressing

Salat:
1 Teelöffel Paprika
1 Teelöffel gemahlener Kreuzkümmel
1 Teelöffel gemahlener Koriander
1 knapper Teelöffel Cayennepfeffer
4 Eßlöffel Olivenöl
2 Hühnerbrustfilets
1 Romana- oder rotblättriger Kopfsalat, gewaschen, getrocknet und in mundgerechte Stücke zerteilt
6–8 große Champignons, blättrig geschnitten
1 rote oder gelbe Paprikaschote, entkernt und in Streifen geschnitten
1 Bund Radieschen, geputzt und geviertelt
1 Karotte, geraspelt
1/2 Teelöffel geröstete Sesamkerne
Dressing:
250 g geräucherte Bauchspeckwürfel
2–3 Schalotten, fein gehackt
5–6 Eßlöffel Pesto
5–6 Eßlöffel Rotweinessig
2 Eßlöffel Melasse
125–250 ml Olivenöl

Paprika, Kreuzkümmel, Koriander und Cayennepfeffer mit 2 Eßlöffel Olivenöl verrühren. Hühnerbrust in zentimeterdicke Streifen schneiden und in der Gewürzmischung wenden und beiseite stellen. Salatblätter, Pilze, Paprikastreifen und Radieschen in eine weite Schüssel geben und ebenfalls beiseite stellen.

Für das Dressing die Speckwürfel ausbraten, aus der Pfanne heben (Fett auf keinen Fall weggießen) und auf Küchenkrepp abtropfen lassen. Schalotten, Pesto, Essig und Melasse im Mixer pürieren. Das ausgebratene Fett des Frühstücksspecks mit Olivenöl auf insgesamt 1/4 l ergänzen. Die Ölmischung langsam in den Mixer gießen und sorgfältig mit den restlichen Zutaten verquirlen. In eine Schüssel geben und Speckwürfel unterheben. Beiseite stellen.

Die restlichen 2 Eßlöffel Olivenöl in einer Pfanne rasch erhitzen und die Hühnerstreifen 2–3 Minuten darin bräunen. 4 Eßlöffel Dressing angießen und 30 Sekunden einkochen lassen. Hühnerbrust zum Salat geben und gut durchmischen. Dressing über den ganzen Salat gießen und kurz untermengen. Zuletzt mit einer geraspelten Karotte und Sesamkernen garnieren.

Vorspeise für 2, Amuse bouche für 4 Personen

Scharf gebratene Hühnerbrust mit Speck-Melasse-Dressing

Orecchiette mit Tomaten, Koriandergrün und Ziegenkäse

Kopfsalat mit Tomaten und Zucchiniblüten

Nehmen Sie für diesen Salat nur vollreife Strauchtomaten. Wenn Sie keine bekommen können, warten Sie lieber bis zur Saison. Für mich gibt es nichts Schlimmeres als diese Supermarkttomaten, die nach nichts mehr schmecken.

Salat:

Die inneren Blätter von 2 Kopfsalaten

1 mittlere bis große Tomate in Scheiben

12 Zucchiniblüten

Dressing:

4 Eßlöffel frisch gepreßter Zitronensaft

1 Teelöffel fein gehackter Knoblauch

Je 1 Teelöffel frischer gehackter Dill, Oregano, Thymian, Basilikum, Rosmarin, Salbei und Majoran oder je 1 Messerspitze getrocknete Kräuter

1/2 Teelöffel Salz

1 Teelöffel schwarzer Pfeffer aus der Mühle

125 ml Olivenöl

Kopfsalatblätter sorgfältig waschen und trockentupfen. Gleichmäßig auf 4 Teller verteilen. Tomatenscheiben in die Mitte setzen und Zucchiniblüten am Rand plazieren.

Zitronensaft mit Knoblauch, Kräutern, Salz und Pfeffer vermischen. Zum Schluß das Öl unterrühren und das Dressing damit binden. Über den Salat gießen und servieren.
Für 4 Personen

Orecchiette mit Tomaten, Koriandergrün und Ziegenkäse

Die »Ohrennudeln« schmecken auch sehr gut zu gebratenem Fleisch.

1/4 l trockener Weißwein

4 große Tomaten (gut 1 kg), gehäutet, entkernt und grob gewürfelt (Saft aufheben)

1–2 Bund Frühlingszwiebeln, das Weiß und etwas Grün grob gehackt

2 gehäufte Eßlöffel Koriandergrün, fein gehackt

250 g Orecchiette

180 g milder Ziegenkäse

Salz und Pfeffer

Korianderblätter zum Garnieren

Wein und Tomatensaft in einer Pfanne aus Edelstahl zum Kochen bringen. Bei mittlerer Hitze auf die Hälfte reduzieren (ca. 5 Minuten).

Tomaten, Frühlingszwiebeln und Koriandergrün hinzufügen und 2 Minuten mitschmoren lassen. Beiseite stellen.

In der Zwischenzeit die Nudeln in leicht gesalzenem Wasser bißfest kochen. Abgießen und unter die Sauce heben. Rasch erwärmen, falls nötig. Käse zerkrümeln und über die Nu-

120 INGLENOOK – NAPA VALLEY

deln streuen. Gut vermischen und nachwürzen. Mit Korianderblättern garnieren.
Vorspeise für 6,
Hauptgericht für 4 Personen

Farfalle mit geräucherter Entenbrust, Shiitake-Pilzen und Speckwürfeln

In Feinkostgeschäften, in denen Sie geräucherte Hühnerbrust, Schinken und Fisch kaufen können, finden Sie oft auch geräucherte Entenbrust.

500 g geräucherte Bauchspeckwürfel
10 große Shiitake-Pilze (ca. 250 g), in Scheiben geschnitten (ersatzweise Champignons)
250 g Farfalle
1/2 l Sahne
2 geräucherte Entenbrüste, gewürfelt (ersatzweise Räucherschinken)
100–200 g geriebener Gouda oder Parmesan
Salz und Pfeffer

Speckwürfel in einer großen Pfanne langsam ausbraten und auf Küchenkrepp abtropfen lassen. Fett abgießen und die Pilze hineingeben. Unter ständigem Wenden bei mittlerer Hitze ca. 5 Minuten bräunen. Mit den Speckwürfeln abtropfen lassen. Nudeln in reichlich Salzwasser bißfest kochen. Abgießen und beiseite stellen.

In der Zwischenzeit die Sahne in einem großen Topf auf die Hälfte reduzieren (10–15 Minuten). Dabei aufpassen, daß die Sahne nicht anbrennt. Speckwürfel, Pilze und Entenwürfel einrühren und alles einige Minuten köcheln lassen. Dann den Käse einstreuen und unter Rühren schmelzen lassen. Aufpassen, daß die Sauce nicht überkocht. Nudeln in der Sauce schwenken und dabei gut durchwärmen. Vor dem Servieren mit Salz und Pfeffer abschmecken.
Appetithappen für 6–8 Personen,
Vorspeise für 4 Personen

Blick vom Hof auf die Kellerei

Pochierte Birne

Pochierte Birnen

Die Flüssigkeit können Sie wieder verwenden und nicht nur Birnen, sondern auch Pfirsiche, Äpfel und Aprikosen darin pochieren.

Pochierflüssigkeit:
3 Flaschen Muskateller oder je 1 1/2 Flaschen Wein und Wasser
1 ganze Muskatnuß
1 Zimtstange
1 großes Lorbeerblatt
1 Vanilleschote, längs aufgeschlitzt
1 1/2 Teelöffel Gewürznelken
1 1/2 Teelöffel Kardamomsamen
1 1/2 Teelöffel Pimentkörner
1 Eßlöffel fein gehackter Ingwer
1 Zitrone, geviertelt
5 mittlere Birnen mit Stiel, geschält und entkernt (s. Anmerkung)

Schlagsahne mit Gewürzen:
1/4 l Sahne
1/2 Teelöffel Zimtpulver
1/2 Teelöffel Pimentpulver
1/2 Teelöffel geriebene Muskatnuß
1/2 Teelöffel Nelkenpulver
1/2 Teelöffel Ingwerpulver
1/2 Teelöffel Vanilleextrakt
1 Eßlöffel Zucker
Nach Belieben Minzeblätter zum Garnieren

Zutaten für die Pochierflüssigkeit in einen Edelstahltopf gießen und 30 Minuten köcheln. Abseihen und beiseite stellen. Diese Flüssigkeit können Sie jederzeit wieder verwenden. Deshalb nach jedem Gebrauch filtern und kühlstellen. Wenn sie nach längerem Gebrauch zum Pochieren einfach nicht mehr ausreicht, können Sie die Flüssigkeit einkochen und zu Speiseeis servieren.

Pochierflüssigkeit in einen tiefen Edelstahltopf gießen. Birnen hineinsetzen und mit einem hitzefesten Teller beschweren. (Die Birnen würden sonst an der Oberfläche schwimmen.) Leise köcheln lassen, bis die Birnen weich sind, aber nicht zerfallen (10–20 Minuten). Topf in den Kühlschrank stellen und Birnen in der Flüssigkeit auskühlen lassen. Sahne

Ingwermousse mit Kokosraspeln

mit den Gewürzen verrühren und steifschlagen. Zum Servieren auf jeden Teller ein Kissen aus Schlagsahne setzen und die abgetropfte Birne in die Mitte plazieren. Am Stiel ein Minzeblättchen mit etwas Sahne »festkleben«.
Für 4 Personen

Anmerkung: Die fünfte Birne ist als Reserve gedacht, falls eine Birne verunglückt.

Ingwermousse mit Kokosraspeln

Da die Mousse lange ruhen und durchkühlen muß, rechtzeitig vorbereiten.

1/4 l Milch
2 Eßlöffel frisch geriebener Ingwer
1 Eßlöffel abgeriebene Orangenschale
2 Eigelbe
125 g Zucker
Saft von 3 Orangen
Gelatine
4 Eßlöffel heißes Wasser
375 ml Sahne
1 Handvoll Kokosraspel, nach Belieben geröstet

Milch, Ingwer und Orangenschale in einem kleinen Topf langsam zum Kochen bringen. Die Mischung kann dabei gerinnen, was aber nicht weiter schlimm ist. Inzwischen Eigelbe und Zucker fest und cremig schlagen, bis die Eimasse zäh vom Löffel bzw. Mixer fällt (5–8 Minuten).

Sobald die Milch aufkocht, vom Herd nehmen und langsam und in einem Strahl unter die Eimasse rühren. Mischung ins Wasserbad stellen und umrühren, bis sie eindickt (10–20 Minuten). Die Masse hat die richtige Konsistenz, wenn Sie einen Holzlöffel durchziehen und die Spur deutlich sichtbar bleibt. Beiseite stellen und abkühlen lassen.

Inzwischen den Orangensaft bei mittlerer Hitze auf 2 Eßlöffel reduzieren (ca. 10 Minuten). Beiseite stellen und abkühlen lassen, dann unter die abgekühlte Creme rühren.

Gelatine in heißem Wasser auflösen. Sorgfältig unter die kühle Creme rühren. Creme durch ein Sieb streichen, abdecken und im Kühlschrank fest werden lassen (6–8 Stunden).

Wenn die Mousse fest ist, mit einem Schneebesen 2 Minuten lang kräftig aufschlagen. Schlagsahne steif schlagen und unter die Mousse ziehen. 1–2 Stunden kühlen und fest werden lassen. Mousse in Schälchen anrichten und mit Kokosraspeln garnieren.
Für mindestens 8 Personen

Eine zeitgenössische Aufnahme von Gustave Niebaum, Gründer des Weinguts, und Joseph Schram

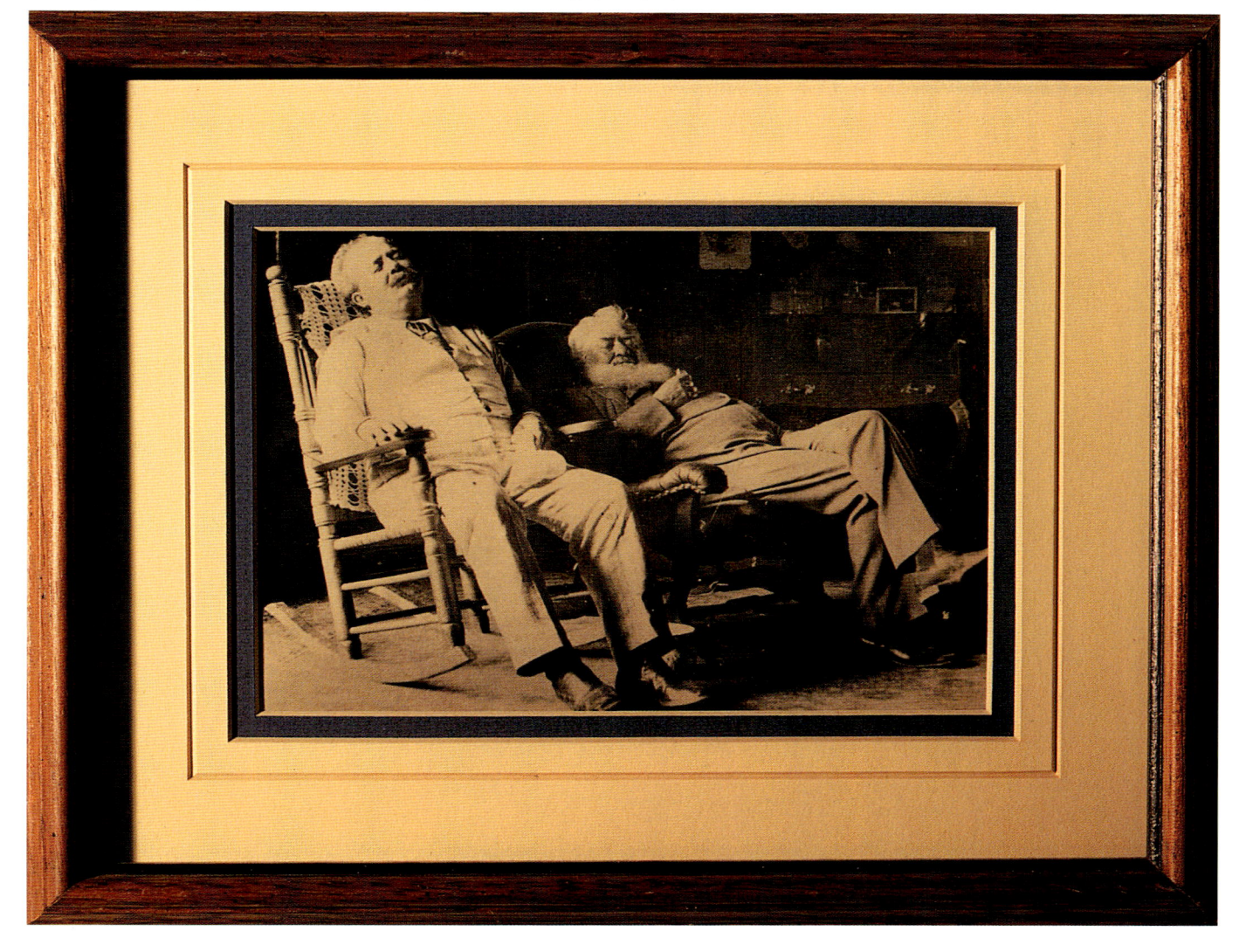

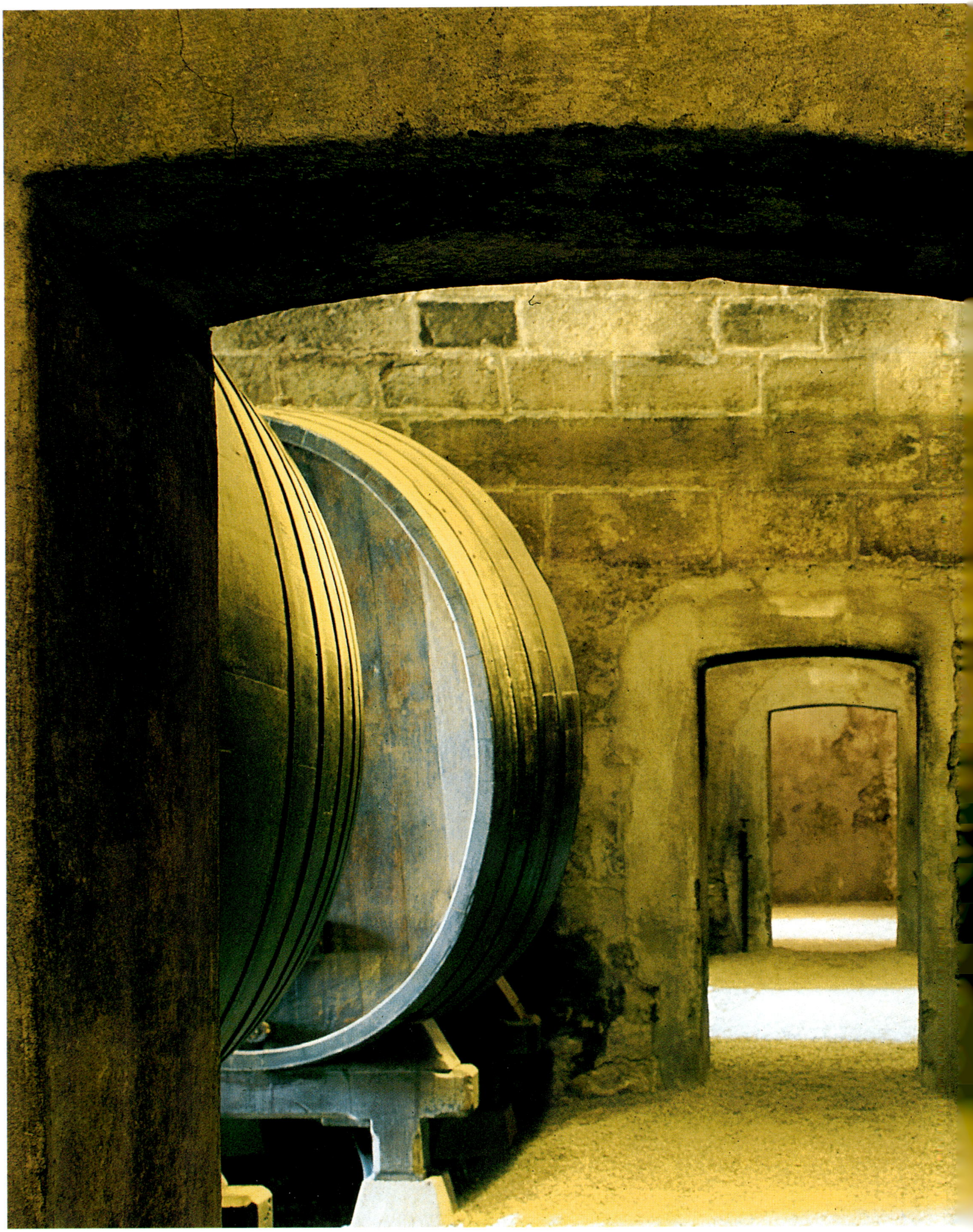

Die Weine

Hier können Sie nachlesen, was Jamie Morningstar antwortete, als wir sie fragten, welche Weine zu ihren Speisen passen. Obwohl die Hälfte der Speisen nach einem eigenen Wein verlangt, müssen Sie bei sich zu Hause natürlich nicht so viele verschiedene Weine servieren. Ihre Ausführungen sollen Ihnen vielmehr bei Ihrer eigenen Auswahl helfen.

»Die scharf gebratene Hühnerbrust mit Speck-Melasse-Dressing besitzt zahlreiche kräftige und scharfe Aromen und verlangt nach einem kräftigen und würzigen Wein wie dem Zinfandel. Die Gewürze in der Marinade würden die meisten Weine übertönen, doch Zinfandel mit seinem würzigen Aroma verträgt und ergänzt diesen Salat. Pilze, Paprika und Radieschen bringen die erdigen Noten des Zinfandels zur Geltung.

Kopfsalat mit Tomaten und Zucchiniblüten ist eine Zusammenstellung von säuerlichen Aromen. Die Tomaten und das Zitronendressing besitzen viel Säure. Diese Aromen arbeiten gewöhnlich gegen jeden Wein und lassen ihn sauer erscheinen. Der Gravion jedoch wird zu gleichen Teilen aus Sémillon- und Sauvignon-Blanc-Trauben gekeltert, die einen hohen Säuregrad besitzen. Diese stark säurehaltigen Weine eignen sich für Speisen, die ebenfalls säurehaltig sind, und ergänzen den Salat sehr gut. Der Wein hat dabei einen langen und zitronigen Abgang. Die Kräuter im Dressing bringen ihrerseits die Krautertöne der beiden Rebsorten zur Geltung.

Zu Orecchiette mit Tomaten, Koriandergrün und Ziegenkäse reiche ich Sauvignon Blanc, denn auch dieses Gericht besitzt mit den Tomaten und dem Ziegenkäse säuerliche Zutaten. Ziegenkäse ist ein fettarmer und säurehaltiger Käse. In Sancerre serviert man dazu schon seit Jahrhunderten Sauvignon Blanc. Diese Aromen passen gut zu diesem Wein, der selbst stark säurehaltig ist, und verleihen ihm ein kräftiges Zitronenaroma. Koriandergrün schließlich paßt wunderbar zu Sauvignon Blanc, denn es ergänzt die Noten von Kräutern, die typisch für die Rebsorte sind.

Zu Schmetterlingsnudeln mit geräucherter Entenbrust, Shiitake-Pilzen und Speckwürfeln trinken wir Reserve Merlot, denn dieses Nudelgericht fällt sehr üppig aus und mildert dadurch das Tannin am Gaumen. Die Üppigkeit läßt den Wein weicher und gefälliger erscheinen. Die geräucherte Entenbrust und der Speck lassen mehr Frucht im Wein herauskommen, so daß er schön nach Kirsche schmeckt. Ich persönlich trinke Merlot gern zu Pilzen, denn sie bringen den vollen, erdigen Charakter des Weins zur Geltung, wodurch er schön weich wirkt.

Pochierte Birnen werden mit Muskateller serviert. Desserts sollten stets weniger süß sein als der Wein und ein ausgewogenes Verhältnis von Säure und Zucker besitzen. Nicht zu sauer und nicht zu süß! Auf diese Weise überdecken sie nicht die natürlichen Fruchtaromen des Weins und lassen den Wein nicht sauer erscheinen. Für dieses Dessert werden die Birnen in dem Wein pochiert, der dann auch serviert wird. Das Rezept sieht keinen Zucker für die Pochierflüssigkeit vor, nur eine Prise davon gehört in die Schlagsahne. Die Birnen schmecken einfach nur nach Obst, was zum Muskateller besonders gut paßt. Die Gewürze in der Pochierflüssigkeit und der Schlagsahne gestalten die Kombination nuancenreicher und interessanter.

Ingwermousse mit Kokosraspeln wird von einer Gewürztraminer Spätlese begleitet, weil wir auch hier mit der Süße des Desserts aufpassen müssen. Es darf nicht so süß sein wie der Wein, aber auch nicht zu sauer. Deswegen haben wir Orangensaft und den eher scharfen Ingwer kombiniert. Diese beiden Aromen lenken von der Süße ab und passen gut zu der Fruchtigkeit und Würze, die für diese Rebsorte typisch ist.«

Eichenfässer im kühlen Kellereigebäude

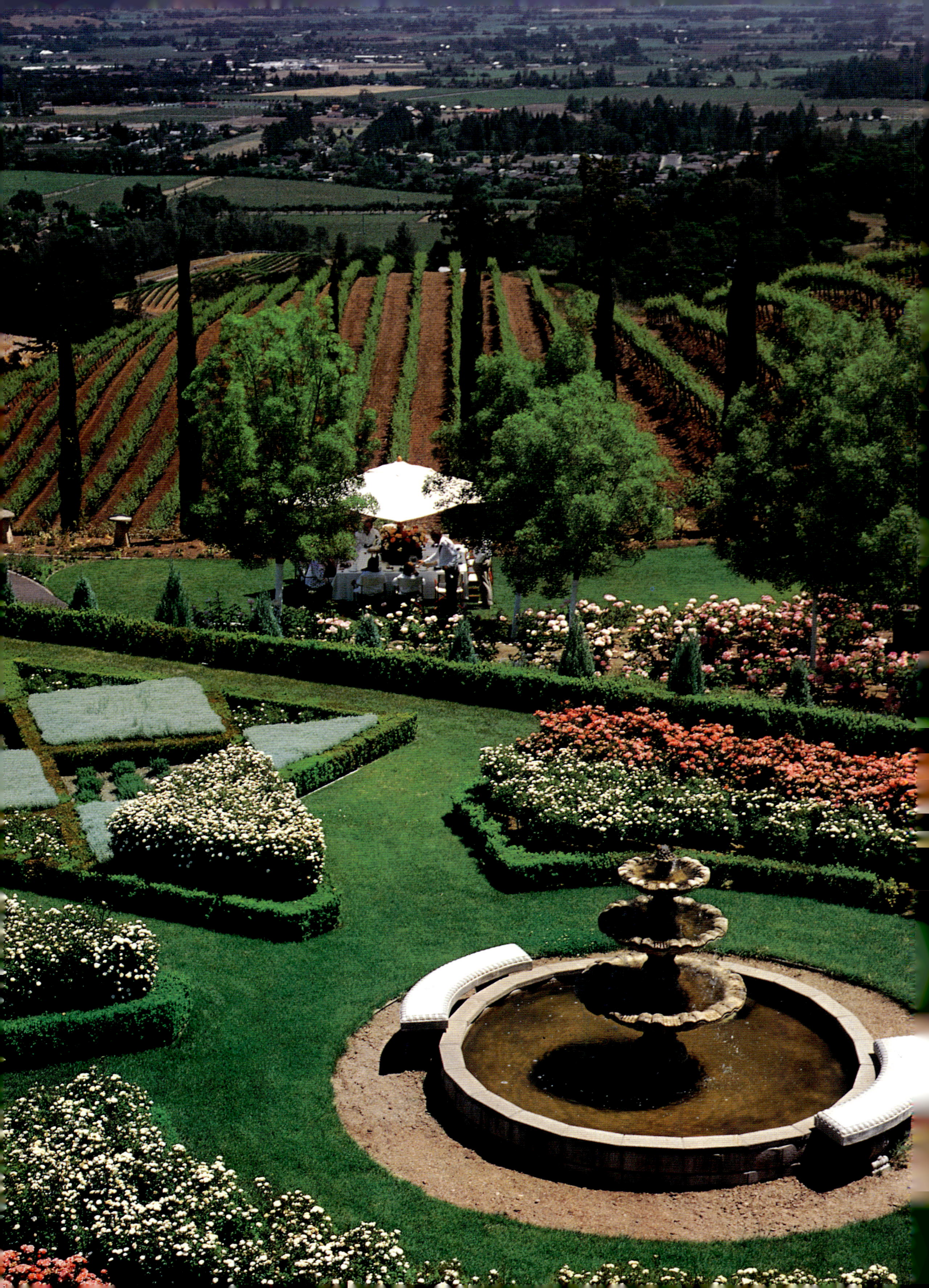

Ein Sonntagsessen auf der grünen Wiese

Der Brite Peter Newton war einer der ersten Winzer, die in den sechziger Jahren, als die Weinszene zu neuem Leben erwachte, ins Napa Valley kamen und letztlich so spektakuläre Bauten wie Sterling Vineyards – eine gleißend weiße Häusergruppe auf einem Hügel zwischen St. Helena und Calistoga – entwarfen.

1977 gelangte Newton zu der Überzeugung, der Verkauf von Sterling sei eine vernünftige Sache. Denn er hatte ein kleineres Weingut mit besonderen, einzigartigen Weinen im Sinn.

Die Jahre bei Sterling hatten bei ihm eine Vorliebe für hügeliges Rebland erweckt, weshalb er hoch in den Hügeln westlich von St. Helena Weinberge kaufte. Sie waren vor über hundert Jahren bereits einmal mit Reben bepflanzt, lagen aber während der Prohibition brach und waren völlig verwildert. Sie können sich gut vorstellen, welche Mühen es kostete, diese steilen und erosiven Hügel wieder fruchtbar zu machen und zu terrassieren. Hierin folgte Newton dem Beispiel der frühen Siedler im Napa Valley, die hauptsächlich aus dem Mittelmeerraum stammten und daher an solche Bodenverhältnisse gewöhnt waren.

Newton war jedoch nicht nur an rein historischen Überlegungen interessiert, sondern war vielmehr der Überzeugung, daß ein so spärlicher Boden den Reben das Äußerste abverlangt, sie dazu zwingt, alle Mineralstoffe aus dem Boden zu saugen, was den Geschmack der Trauben beeinflußt und intensiver macht. Seine Lagen lassen darüber hinaus das Regenwasser gut abfließen und sind frostfrei. Außerdem sind sie vulkanischen Ursprungs, d.h. viele verschiedene Bodentypen treffen in einem verhältnismäßig kleinen Gebiet zusammen. In der Tat gibt es auf den 25 Hektar Land sieben Bodentypen, die auf jeweils andere Art zur Komplexität der Weine beitragen.

Vielleicht ist es die englische Herkunft, die Peter Newton zu einem Gartenfreund hat werden lassen. Seine Liebe zu Gärten – wo immer sie herrühren mag – hat eine entscheidende Rolle beim Bau der Kellerei gespielt: Sie liegt unterirdisch, und darüber ist ein kunstvoller Garten angelegt. Diese Gartenkellerei ist nicht nur sehr schön, sondern scheint den Interessen ihres Gründers genauestens zu entsprechen. Denn der wünschte sich, daß die Kellerei mit der Umgebung verschmelze und ihre Schönheit zur Geltung bringe.

Newtons Frau Su Hua ist Ärztin und lehrt an der Universität von San Francisco. Außerdem hat sie mit einem Partner dort das Wine Marketing Center gegründet. Da die beiden ein sehr geschäftiges Leben führen, laden sie ihre Gäste meist an einem Sonntag zu einem ungezwungenen und dennoch festlichen Mittagessen ein.

Su Hua dekoriert besonders gerne Speisen und Blumen – und das gelingt ihr wirklich hervorragend. Alle Gerichte des folgenden Menüs sind sehr einfach zuzubereiten. Aber wenn man sie kunstvoll anrichtet, sehen sie sehr viel aufwendiger aus. Su Hua liebt außerdem nette kleine Überraschungen, wie zum Beispiel die kleinen »Brotmäuse«.

Newtons wunderschöne Gartenanlage und, im Hintergrund, die Weinberge

Menü

Crudités mit Kräutermayonnaise
Langusten mit scharfer Tomatensauce
Spargelbouquet
Seans Brotmäuse
Carpaccio vom Stör
*Pistazien-Pecan-Meringen mit
Erdbeerfüllung*

Newton Chardonnay
Newton Merlot

Crudités

Crudités mit Kräutermayonnaise

Für diesen Rohkostteller können Sie jede beliebige Gemüsesorte verwenden: Frühlingszwiebeln, Radieschen, Gurken, Karotten, Blumenkohl, Brokkoli, Pilze, kleine Rübchen, rote, gelbe und grüne Paprikaschoten oder Jicama. Einfach gründlich waschen und putzen und sorgfältig in Streifen oder Scheiben schneiden.

Die Pilze schälen und den Stiel abtrennen (für ein anderes Rezept aufheben). Über Nacht in einer Marinade aus 1/4 l mildem Olivenöl und dem Saft sowie der abgeriebenen Schale einer großen Limette, Salz und Pfeffer ziehen lassen.

Das Gemüse gut abtrocknen, Pilze abtropfen lassen und hübsch auf Tellern anrichten. Mit Kräutermayonnaise servieren.

Kräutermayonnaise

2 Eigelbe
3 1/2–4 Teelöffel Dijonsenf
1/2 l Maisöl
Salz und Pfeffer
2–4 Handvoll fein gehackte Kräuter, hauptsächlich Basilikum, Estragon, etwas Thymian, Oregano und Minze

Eigelbe und 1 1/2–2 Teelöffel Senf im Mixer verrühren. Öl in einem dünnen Strahl in den laufenden Mixer gießen, bis die Mayonnaise die gewünschte Konsistenz erreicht. Salzen und pfeffern. Kräuter und restlichen Senf unterrühren und bis zum Servieren kalt stellen.
Ergibt 1/2 Liter

Langusten mit scharfer Tomatensauce

Langusten mit scharfer Tomatensauce

Da Sie nur die Schwänze dieser herrlichen kleinen Krustentiere essen können, brauchen Sie für 12 Personen eine ganze Menge davon!

3 l Hühnerbrühe
3 große Lorbeerblätter
1 große, milde rote Zwiebel, geviertelt
1 Eßlöffel schwarze Pfefferkörner
1 Teelöffel Salz
2 große Selleriestangen mit Grün
2 1/2 kg lebende Langusten
Dill zum Garnieren
Zitronenspalten zum Garnieren
Scharfe Tomatensauce (s. folgendes Rezept)

Hühnerbrühe mit allen Zutaten außer den Langusten in einen großen Topf geben. Kräftig aufkochen lassen und ein Viertel der Langusten dazugeben. Ein paar Minuten darin kochen, bis sie rot geworden sind. Mit einer Schaumkelle herausheben und abkühlen lassen. Den Vorgang wiederholen, bis alle Langusten gar sind.

Spargelbouquet

Auf einer länglichen Servierplatte sorgfältig anrichten und mit Dill und Zitronenspalten garnieren. Scharfe Tomatensauce dazu servieren.
Für mindestens 12 Personen

Scharfe Tomatensauce

500 ml Ketchup
125 g frisch geriebener Meerrettich
2 Teelöffel Worcestershiresauce
1 Spritzer Tabascosauce

Alle Zutaten vermengen und Sauce bis zum Servieren kalt stellen.
Ergibt 3/4 Liter

Spargelbouquet

Welch eine Augenweide!

2 l Hühnerbrühe
125 ml Olivenöl
2 1/2 kg frischer grüner Spargel, geputzt und geschält
1 große rote Paprikaschote, in feine Streifen geschnitten
Abgeriebene Schale einer großen Zitrone

Hühnerbrühe und Olivenöl in einen großen Topf gießen und lebhaft kochen lassen. Spargel hineinstellen und 2–3 Minuten in der sprudelnden Flüssigkeit kochen. Die Spargelstangen sollten nur leicht gegart und noch schön knackig sein.

130 NEWTON VINEYARD

Herausheben und abkühlen lassen. (Die Kochflüssigkeit können Sie unter Suppen rühren.)

Spargelstangen mit den Paprikastreifen auf einer Servierplatte hübsch dekorieren und mit der abgeriebenen Zitronenschale bestreuen.
Für mindestens 12 Personen

Seans Brotmäuse

Diese nette Dekoration ist leicht gemacht.

Trockenhefe
1/4 l handwarme Milch
1 1/2 Eßlöffel Zucker
500 g Mehl
4 Eßlöffel Frischkäse
1 Teelöffel Salz
1 verquirltes Ei
24 Mandeln
24 Gewürznelken
12 Zahnstocher

Trockenhefe in die Hälfte der Milch einstreuen. 1 Eßlöffel Zucker einrühren. Abdecken und an einem warmen, vor Luftzug geschützten Ort (z. B. unter der Lampe im ungeheizten Backrohr) auf die doppelte Größe aufgehen lassen.

Hefemischung in eine große Schüssel geben und die restliche Milch unterrühren, so daß sich die Hefe auflöst. Etwa 250 g Mehl langsam einarbeiten, bis ein glatter Teig entsteht. Dann auch den Frischkäse, den restlichen Zucker, Salz und das restliche Mehl (ca. 1 Handvoll aufheben) hinzufügen. Teig auf eine bemehlte Arbeitsfläche heben und 10 Minuten durchkneten. Dabei den Teig mit dem Mehlrest bestäuben, damit er nicht kleben bleibt. (Sie können den Teig auch in der Küchenmaschine mit einem Knethaken verarbeiten.)

Wenn der Teig weich und geschmeidig ist, in eine weite und leicht gefettete Schüssel setzen. Mit Mehl bestäuben und mit einem Küchentuch abdecken.

Teig an einem warmen und geschützten Ort 45–60 Minuten gehen lassen. Der Teig

Der luftige Pavillon der Kellerei

Carpaccio vom Stör

sollte dann doppelt so viel werden und elastisch sein. Teig auf seine ursprüngliche Größe zusammenkneten und noch einmal 30–40 Minuten auf die doppelte Größe aufgehen lassen.

Ofen auf 190° vorheizen.

Teig in 12 gleich große Kugeln teilen. Backblech leicht einfetten und jede Teigkugel zu einem Mäuschen (s. Abbildung) formen. Auf das Backblech setzen, mit einem Küchentuch abdecken und 15–25 Minuten gehen lassen.

Mäuse mit dem verquirlten Ei einpinseln und im unteren Teil des Ofens backen, bis sie goldbraun sind und beim Stricknadeltest kein Teig haften bleibt (ca. 15 Minuten).

Mäuse zum Abkühlen auf ein Kuchengitter setzen. Solange sie noch warm sind, 2 Mandeln als Ohren und 2 Gewürznelken als Augen einsetzen. Für den Schwanz Zahnstocher verwenden.
Ergibt 12 Mäuse

Carpaccio vom Stör

Anstelle von Stör können Sie hierfür jeden anderen geräucherten Fisch verwenden.

2 1/2 kg geräucherter Stör in feinen Scheiben
2 verschiedenfarbige Paprikaschoten, in feine Ringe oder Streifen geschnitten
Zitronenscheiben

Geräucherten Stör auf einer Servierplatte anrichten und mit bunten Paprikastücken sowie Zitronenscheiben garnieren.
Für mindestens 12 Personen

Pistazien-Pecan-Meringen mit Erdbeerfüllung

Dieses Rezept reicht für 2 Meringenkuchen, aber Sie können auch nur die Hälfte der Zutaten verwenden. Seans Backmethode läßt die Meringe immer saftig und zart werden.

Meringen:
12 Eiweiße, zimmerwarm
750 g Zucker
1 Teelöffel Backpulver
100 g Pecannüsse, fein gehackt
100 g Pistazienkerne, fein gehackt

Für die Torte:
1/2 l Crème double oder Sahne
750 g Erdbeeren, geputzt und in Scheiben geschnitten
Himbeersauce (s. folgendes Rezept)
Nach Belieben Minzeblätter

Meringen: Ofen auf 190° vorheizen. 4 runde Kuchenformen mit 22 cm Durchmesser mit Alufolie auslegen und großzügig mit Butter oder Pflanzenfett einfetten.

In einer großen Rührschüssel die Eiweiße steif schlagen, bis leichte Häubchen stehen bleiben. Nach und nach den Zucker einarbeiten und weiterschlagen, bis sich feste Häubchen bilden (8–10 Minuten). Zum Schluß das Backpulver unterheben. Auf die 4 Kuchenformen verteilen, glattstreichen und gleichmäßig mit den gehackten Nüssen und Pistazien bestreuen.

25 Minuten backen, bis die Meringen braun und ziemlich fest sind. In der Form ab-

Pistazien-Pecan-Meringe mit Erdbeerfüllung

kühlen lassen. Inzwischen die Sahne steif schlagen.

Torte anrichten: Meringen vorsichtig aus der Alufolie heben – sie können sehr leicht brechen – und zwei Meringen mit Sahne bestreichen. Eine Lage Erdbeeren auf die Sahneschicht setzen und mit den 2 übrigen Meringen abdecken.

Mit einem Sägemesser aufschneiden und auf einem Klecks Himbeersauce servieren. Mit Minze garnieren.
Für mindestens 12 Personen

Himbeersauce

500 g frische oder gefrorene Himbeeren
1/4 l frisch gepreßter Orangensaft
Nach Belieben Süßstoff

Beeren und Saft im Mixer pürieren. Nach Belieben mit Süßstoff süßen und durch ein Sieb streichen.
Ergibt 3/4 Liter

Seans Brotmäuse

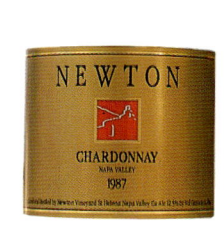

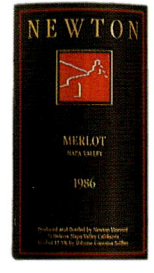

Die Weine

Su Hua Newton suchte die Weine zu den Speisen aus, die Küchenchef Sean Ennis zubereitete. Wie immer präsentiert sie eine wohldurchdachte Auswahl. »Wir haben unser Mittagessen mit glasiertem Spargel und Carpaccio vom Stör begonnen. Der junge Spargel war noch fast roh, denn wenn er stark gekocht wird, bekommt er diesen typisch strengen Geruch. Der Stör hat eine volle Konsistenz und einen vollen Geschmack, weshalb man dazu einen hauptsächlich fruchtigen und komplexen Wein servieren muß. Newton Chardonnay paßt gut dazu, denn er klingt an Zitrone, Ananas und Aprikosen an.

Dann reichten wir Langusten und Rohkost. Die Langusten werden mit scharfer Tomatensauce und die Gemüse mit Kräutermayonnaise serviert. Ein Weißwein würde gegenüber dieser Vielfalt an Aromen nicht bestehen können. Hier brauchen wir einen leichten Wein mit einer Spur Tannin, das die Üppigkeit der Speisen durchdringt und ein Gegengewicht dazu aufbauen kann. Unser Merlot ist dafür geradezu wie geschaffen, denn er ist leicht und besitzt eine Spur Tannin. Andererseits bringt er viel eigenen Charakter mit und läßt dieses gewisse Wohlbefinden zurück.«

NEWTON VINEYARD 133

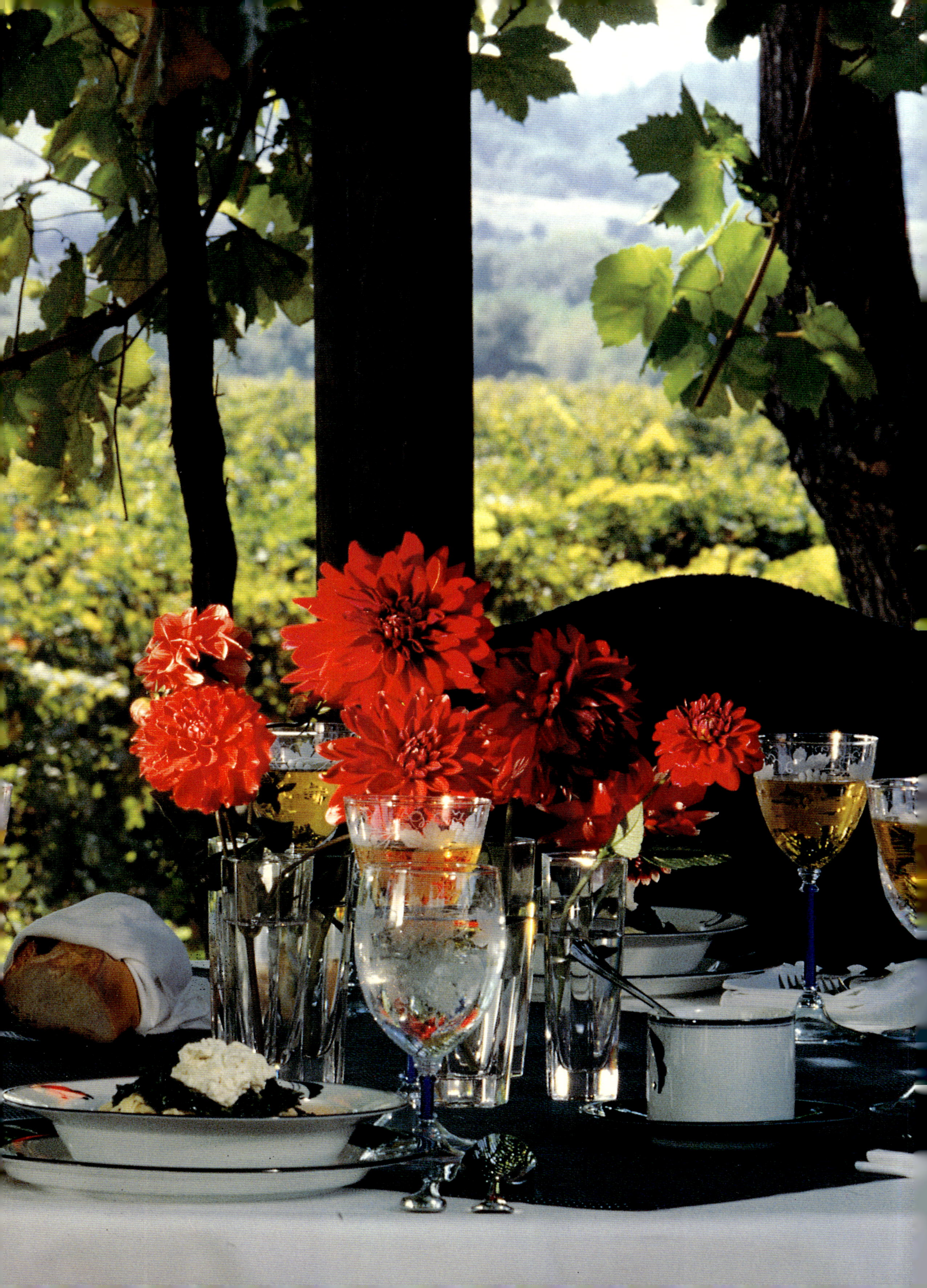

Ein kleines, aber feines Dinner im Freien

Die Besitzer der Kellerei Ferrari-Carano, Don und Rhonda Carano, stammen beide aus der berühmt-berüchtigten Glücksspielstadt Reno in Nevada. Interessanterweise kommen sie auch beide aus italo-amerikanischen Familien, und Rhondas Vorfahren emigrierten aus einem norditalienischen Dorf, das nur dreißig Kilometer von Dons Heimatort entfernt liegt. Sie waren demnach wohl füreinander bestimmt.

Neben der Kellerei betreiben die beiden zusammen mit ihren fünf Kindern (vier Söhne, eine Tochter) das Eldorado-Hotel-Casino. Eigentlich kamen Don und Rhonda wegen des Hotel-Casinos mit seinen acht Speisesälen nach Sonoma, denn sie mußten Wein für all ihre Gäste kaufen. Mit der Zeit gefiel es ihnen im Sonoma Valley so gut, daß sie sich hier niederlassen und ihren eigenen Wein anbauen wollten. Das mag reichlich romantisch klingen, war aber alles andere als das. Don war mit einem Großvater als Winzer aufgewachsen und hat dieses Interesse mit Kursen an der University of California in Davis untermauert. Jedoch erst seit der Gründung der Kellerei im Jahr 1981 beschäftigte er sich ernsthaft mit Wein. Und selbst dann gelangte er nur auf Umwegen zum Weinmachen, denn er wurde damals auch Manager des Hotel-Casinos sowie Bauunternehmer, und ganz nebenbei stieg er auch noch in eine renommierte Anwaltskanzlei von Reno ein.

Rhonda ihrerseits studierte Ernährungswissenschaften und besitzt ein lebhaftes Interesse an guten Speisen, das ihr von ihrer Mutter und Großmutter vererbt wurde. Sie war damit die geborene Restaurantchefin. So war der Einstieg ins Weinabenteuer mit dem Ziel, hochwertige Weine herzustellen, für sie nur natürlich und machte ihr genauso viel Spaß wie die Arbeit im Hotelrestaurant.

Bei der Gründung besaß die Kellerei Ferrari-Carano rund hundert Hektar Rebland im Alexander und Dry Creek Valley, die für ihre Boden- und Klimavielfalt bekannt sind. Wie es sich für ein richtiges Weingut gehört, versuchte man zunächst, die besten Standorte für die einzelnen Rebsorten herauszufinden, um daraus dann die bestmöglichen Weine zu keltern. Die Rentabilität stand damals im Hintergrund. Heute sind die Weingärten hauptsächlich mit Cabernet Sauvignon, Merlot, Chardonnay und Sauvignon Blanc bestockt. Aus diesen vier klassischen Rebsorten werden die Spitzenweine gekeltert. Petit Verdot, Malbec, Cabernet Franc und Sémillon baut man an, um noch ein paar weitere Weine anbieten zu können.

Die Kellerei ist so ausgestattet, daß der Kellermeister bestimmte Weine isolieren und damit individuell vergären und ausbauen kann. Dadurch geraten die Cuvées, für die diese Weine bestimmt sind, besonders komplex.

Was als Einkaufsfahrt begonnen hat, ist nun ein blühender Erwerbszweig – und dabei stehen die Caranos erst am Anfang.

Sie werden mir beipflichten, daß Rhondas gastronomisches Talent bei diesem kleinen, aber feinen Abendessen im Freien voll zum Ausdruck kommt. Es gelingt ihr, die kulinarische Tradition ihrer Vorfahren mit dem Reichtum Kaliforniens zu vereinen und damit eine wunderbare Ergänzung zu ihren außergewöhnlichen Weinen zu schaffen.

Auf dem Tisch ist Engelshaar mit Tomaten, Spinat und dreierlei Käsesorten angerichtet.

Menü

Frische Austern mit Orangensauce

Engelshaar mit Tomaten, Spinat und
dreierlei Käsesorten

Huhn in Chardonnay

Pochierte Birnen mit
Eldorado-Gold-Sauce

88er Fumé Blanc
87er Alexander Valley Chardonnay
86er Eldorado Gold,
Late Harvest Sauvignon Blanc

Frische Austern mit Orangensauce

Die Austern von der sogenannten »Schweineinsel« gehören zu den besten Austern in dieser Gegend.

6 Eßlöffel Orangensaft
4 Eßlöffel Zitronensaft
1 Schalotte, fein gehackt
1 Teelöffel Ingwer, fein gehackt
1 Prise Cayennepfeffer
12 Basilikumblätter, grob gehackt
1 Spritzer Sojasauce
2 Tropfen Sesamöl
36 Austern, aus der Schale gelöst (Schalen aufheben)

Alle Zutaten für die Sauce vermengen und beiseite stellen.

36 Schalenhälften gründlich ausspülen und auf eine geeiste Platte setzen. In jede Schale eine Auster setzen und mit der Sauce servieren.
Für 6 Personen

Engelshaar mit Tomaten, Spinat und dreierlei Käsesorten

Nudeln sind immer ein willkommener Hauptgang für ein kleines Essen. Hier ein herrliches Rezept, für das Sie allerdings wirklich vollreife Tomaten verwenden müssen. Greifen Sie sonst lieber auf Dosentomaten zurück.

6 Eßlöffel Olivenöl
3 Knoblauchzehen
1 1/2 kg Blattspinat, geputzt, abgetropft und grob gehackt
150 g geriebener Asiago (ersatzweise Parmesan)
300 g Ricottakäse
300 g Mascarpone
200 g Walnußkerne, grob gehackt
1 Messerspitze geriebene Muskatnuß
1 knapper Teelöffel Salz
1 Messerspitze Pfeffer
3/4 l frische Tomatensauce (s. Anmerkung)
Gut 1 Handvoll Basilikum, grob gehackt
750 g Engelshaar (hauchfeine Spaghetti)

Olivenöl in einer weiten Pfanne erhitzen und den Knoblauch 2 Minuten darin bräunen. Spinat dazugeben und zusammenfallen lassen (ca. 5 Minuten). Blätter dabei von Zeit zu Zeit wenden. Vom Herd nehmen und in eine große Schüssel geben. Den Asiago untermengen und beiseite stellen.

In einer zweiten Schüssel Ricotta, Mascarpone und Walnüsse verrühren und mit Muskat, Salz und Pfeffer würzen. Einen großen Topf Salzwasser zum Kochen bringen. Inzwischen die Tomatensauce erhitzen und das Basilikum unterrühren. 5 Minuten schmoren

Huhn in Chardonnay

Frische Austern mit Orangensauce

lassen, bis die Sauce vom Basilikumaroma durchdrungen ist.

Nudeln in das sprudelnde Wasser geben und bißfest kochen (bei frischen Nudeln reicht 1 Minute). Abgießen und sofort mit Tomatensauce vermengen.

Nudeln auf sechs vorgewärmte Teller verteilen. Auf jede Portion je einen Klecks Spinatmischung und Käsecreme setzen und leicht unterheben.
Für 6 Personen

Anmerkung: Für die Tomatensauce 1 1/2 kg Eiertomaten häuten und entkernen. Salzen und bei kleiner Flamme um die Hälfte einkochen lassen (45–60 Minuten).

Huhn in Chardonnay

Meiner Ansicht nach kann man gar nicht genug Rezepte für Hühnerfleisch besitzen.

6 ausgelöste Hühnerbrüste mit Haut (ca. 750 g)
3/4 l Chardonnay
3 Lauchstangen, sorgfältig geputzt und grob gewürfelt
3 Karotten, grob gewürfelt
3 Selleriestangen, grob gewürfelt
100 g grüner Bauchspeck, grob gewürfelt
2 kleine Knoblauchknollen, geröstet (s. Seite 71)
300 g Pfifferlinge, grob gehackt
2 Teelöffel Thymian, fein gehackt (oder 1 Teelöffel getrockneter Thymian)
Salz und Pfeffer
3 Eßlöffel Olivenöl
Nach Belieben gedünstete bunte Paprikastreifen und gedünstete Champignonkappen zum Garnieren

Hühnerbrustfilets in eine Beize aus dem Chardonnay und jeweils der Hälfte von Lauch, Karotten und Sellerie legen. Abdecken und einige Stunden ziehen lassen.

Speck in einer zugedeckten Pfanne 1 Minute leicht anwärmen. Knoblauchmark dazugeben, dann den restlichen Lauch, Karotten und Sellerie untermischen. Gut verrühren und Pfifferlinge unterheben. Mit Thymian, Salz und Pfeffer abschmecken. Zudecken und bei mittlerer Hitze 20 Minuten schmoren lassen, bis die Flüssigkeit verdunstet ist. Pfanne beiseite stellen.

Fleisch aus der Beize nehmen und die Speckmischung zwischen Fleisch und Haut füllen. Dabei darauf achten, daß die Haut die gesamte Brust bedeckt. Haut mit Zahnstochern an der Unterseite feststecken. Überstehende Enden abtrennen.

Ofen auf 180° vorheizen.

Olivenöl in einer weiten Pfanne erhitzen, Hühnerbrüste mit der Hautseite nach unten hineinsetzen und bräunen. Anschließend in den vorgeheizten Ofen schieben und 20 Minuten garen.

Nach Belieben mit gedünstetem Paprika und Champignonkappen servieren.
Für 6 Personen

Pochierte Birnen mit Eldorado-Gold-Sauce

Die Eldorado-Gold-Sauce würde meiner Ansicht nach auch zu allen anderen pochierten Früchten oder zu jeder Geschmackssorte Eis passen.

6 Birnen
3/4 l Wasser
1 Flasche Fumé Blanc oder ein anderer trockener Weißwein
Schale und etwas Saft von 4 Zitronen
2 Teelöffel Vanilleextrakt
500 g Zucker

FERRARI-CARANO VINEYARDS AND WINERY

4–6 Eßlöffel Himbeerhonig
(ersatzweise einfacher Blütenhonig)

Eldorado-Gold-Sauce
(s. folgendes Rezept)

Nach Belieben frische Beeren, Minzeblätter,
Schlagsahne zum Garnieren

Birnen sorgfältig schälen. Dabei den Stiel dranlassen. Birnen unten gerade abschneiden, damit sie nicht umfallen können, und mit Zitronensaft einreiben.

Wasser, Wein, Zitronenschale, Vanilleex-

Aprikosen

138 FERRARI-CARANO VINEYARDS AND WINERY

trakt, Zucker und Honig in einen tiefen Topf gießen und rasch aufkochen lassen. Hitze zurücknehmen, bis die Flüssigkeit nur noch leise köchelt. Birnen vorsichtig hineinsetzen und ohne Deckel pochieren (ca. 15 Minuten). In der Pochierflüssigkeit abkühlen lassen, dann herausheben und abtropfen lassen.

Eldorado-Gold-Sauce auf die Teller verteilen. Darauf die Birnen setzen und nach Belieben mit frischen Beeren, Minze und einem Klecks Schlagsahne garnieren.
Für 6 Personen

Pochierte Birne mit Eldorado-Gold-Sauce

Eldorado-Gold-Sauce

400–500 g Himbeeren
125 ml Wasser
375 g Zucker
125 ml Ferrari-Carano Eldorado Gold (ersatzweise Sauternes)
1 Eßlöffel frisch gepreßter Zitronensaft
Nach Belieben Kirschwasser

Beeren pürieren und durch ein Sieb streichen, damit die Kerne zurückbleiben. 1/4 l Püree abmessen und beiseite stellen.

Zucker mit 4 Eßlöffel Wasser in einem Topf einweichen. Dann bei lebhafter Flamme unter ständigem Rühren goldbraun werden lassen. Sobald der Zucker nach Karamel riecht, vom Herd nehmen und den Topf ins Wasserbad stellen. Das restliche Wasser langsam einrühren. Topf wieder auf den Herd stellen und den Wein hinzugießen. Unter ständigem Rühren den Karamel auflösen. Vom Herd nehmen und löffelweise das Himbeerpüree unterrühren. Mit Zitronensaft und Kirschwasser abschmecken.
Ergibt 375 Milliliter

Tor zum Weingut

Die Weine

Rhonda Carano hat dieses Menü aus ihren umfangreichen Unterlagen für uns zusammengestellt. Sie weiß genau, welche Weine ihre Speisen am besten zur Geltung bringen, so daß sie im Lauf der Jahre ihre Rezepte auf die Weine abgestimmt hat.

»Unser 88er Fumé Blanc und die frischen Austern auf der Schale sind meiner Ansicht nach eine ideale Zusammenstellung. So einfach und doch exquisit: Die zart nussigen Aromen der Austern harmonieren wunderbar mit den Melonen- und Feigentönen in diesem Wein.
Die Nudeln und das Huhn wurden als Ergänzung zu unserem 87er Alexander Valley Chardonnay ausgewählt. Ich nenne mein Nudelgericht ›Pastorella‹, was wörtlich übersetzt ›Schäferin‹ bedeutet. Die Zutaten machen ›Pastorella‹ so frisch wie Morgentau.
Die Röstaromen der Eichenfässer, die Gewürznoten und der frische Zitruston in unserem 87er Chardonnay lassen diese einfachen und zarten Speisen schön zur Geltung kommen.
Das leicht fruchtige Birnenaroma in unserer 86er Spätlese Eldorado Gold Sauvignon Blanc mit ihrem typischen Honig- und Karamelgeschmack macht den Wein zum idealen Begleiter für die pochierten Birnen. Die Himbeeren bilden dazu einen schönen Kontrast und schaffen eine wunderbare Kombination.«

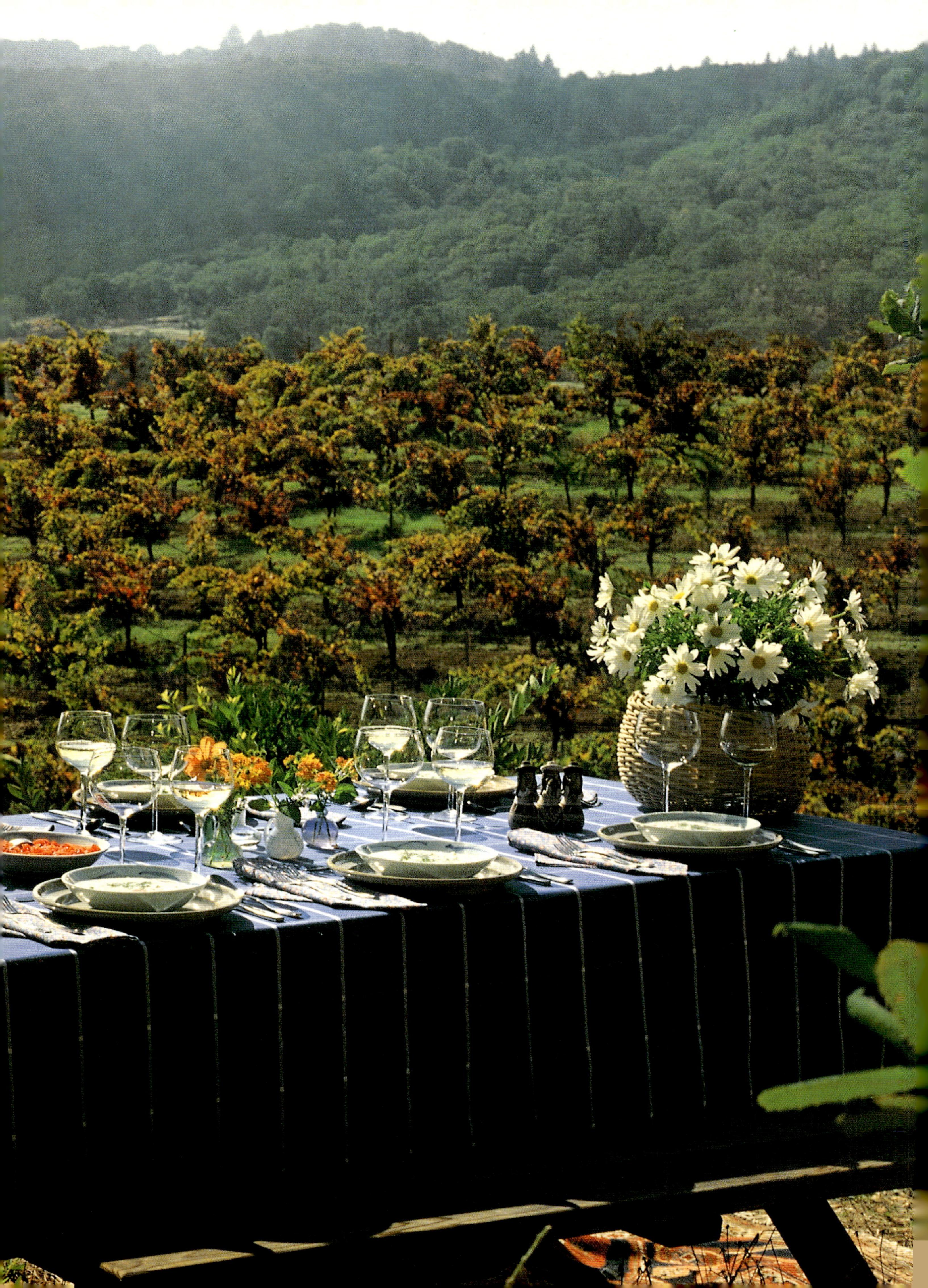

Indian Summer Supper

Henry und Holly Wendt gründeten Quivira Vineyards 1981. Ihr romantischer wie auch praktischer Sinn hat sie dazu bewogen. Die romantische Seite kommt bei der Namensgebung zum Tragen: Landkarten der Neuen Welt aus dem 16. und 17. Jahrhundert verzeichneten ein »Königreich von Quivira«, das eine blühende Kultur gehabt und wohlhabend gewesen sein soll. Der Reichtum kam zumindest teilweise durch den schwunghaften Handel mit China zustande. Kaum ein Europäer hatte damals Quivira gesehen, allenfalls China. Dieses kleine Hindernis dämpfte jedoch nicht ihren Enthusiasmus. Über zweihundert Jahre lang soll es Entdecker und Eroberer nach Nordamerika gelockt haben.

Das entscheidende Moment für die Wendts war aber die Tatsache, daß die Kartographen des 17. Jahrhunderts das Königreich im Dry Creek Valley mitten im Sonoma County ansiedelten, wo auch ihr heutiger Besitz liegt. Und in der Tat, blickt man von dem Kamm, an dem die Wendtschen Weinberge beginnen und das Wohnhaus steht, hinunter auf die Kellerei und die wunderbar friedlichen Hügel in der Ferne, so mag man den alten Kartographen recht geben. Dieses Fleckchen Erde sieht aus wie das Paradies.

Etwas prosaischer ist da die Geschichte der Landwirtschaft in diesem Tal. Die Wendts fanden heraus, daß die wichtigsten Rebsorten hier hervorragende Ergebnisse zeitigen, und das paßte wunderbar zu ihrem gar nicht so prosaischen Ziel: Spitzenweine ausschließlich aus dem Rebgut zu keltern, das in ihren Weingärten gedeiht.

Neben den angestammten Sorten Sauvignon Blanc, Zinfandel und Cabernet Sauvignon pflanzen sie inzwischen auch Sorten für Mischsätze. Die Flächen, die mit Sémillon, Petit Syrah, Cabernet Franc und Merlot bestockt sind, sind von dreißig auf 36 Hektar gestiegen.

Ein weiterer Aspekt läßt Quivira zu einer Besonderheit in dieser Gegend werden. Henry Wendt ist Vorstandsvorsitzender von einem internationalen Arzneimittelkonzern mit Milliardenumsätzen. Auf die Frage, wie ein Manager mit zahlreichen Verpflichtungen ein Weingut führen kann, erklärt er: »Das Geheimnis sind gute Leute. Die Grundvoraussetzung für Management über solche Entfernungen sind die richtigen Leute, denen man klare Anweisungen gibt und deutlich macht, wer der Chef ist. Das Quivira-Team besteht aus engagierten Profis.«

So gut Wendts Managementplan auch durchdacht sein mag, eine Frage bleibt doch: Warum? Warum sich noch eine Verpflichtung mehr aufhalsen? Henry Wendts Antwort ist natürlich so vernünftig und überlegt wie seine Wirtschaftspläne. Obwohl er noch nicht an Rente denkt, ist ihm und Holly doch klar, daß sie irgendwann einmal etwas anderes machen wollen. Er sagt dazu: »Auch in unserem nächsten Lebensabschnitt wollen wir eine anregende und interessante Beschäftigung haben – und so haben wir uns für Wein entschieden.«

Das Menü, das uns an jenem sonnigen Herbstnachmittag geboten wurde – Holly in der Küche und Henry am Grill –, war so köstlich und großzügig wie die beiden Gastgeber. Wir aßen reichlich und genossen die wunderbaren Weine.

Die Weingärten in herbstlichen Farben

Menü

Gekühlte Buttermilchsuppe
Käsetoasts
Truthahnbrust mit Erdnußsauce
Salat aus roten Kartoffeln
Maisbrötchen mit Schnittlauch
Avocado-Melonen-Salat
Limetteneis mit Brombeersauce
Schokoladenplätzchen

Quivira Sauvignon Blanc
Quivira Zinfandel
Quivira Cabernet Sauvignon

Gekühlte Buttermilchsuppe

Diese kräftige Suppe wird Ihnen sicher schmecken. Sie können die Suppe später auch mit anderen Gemüsesorten variieren.

2 Eßlöffel Butter
1 große Zwiebel
3 Äpfel, geschält, entkernt und grob gewürfelt
3/4 l Wasser
1 Eßlöffel Instant-Hühnerbrühe
600 ml Buttermilch
1/4 Salatgurke, geschält, entkernt und fein gewürfelt
2 Tomaten, gehäutet, entkernt und fein gewürfelt
Körner von 3 Maiskolben, gedämpft (oder 1 kleine Dose Maiskörner)
1 1/2 Teelöffel Salz
1 Handvoll Dillspitzen zum Garnieren
2 Eßlöffel fein gehackter roter Paprika zum Garnieren

Butter in einer Pfanne erhitzen und die Zwiebel darin glasig dünsten (ca. 5 Minuten). Äpfel dazugeben, Wasser angießen und mit Instant-Hühnerbrühe würzen. Äpfel weich dünsten (5–10 Minuten). Mit dem Mixer pürieren. (Diese Mischung läßt sich gut vorbereiten und einfrieren.)

Mit Buttermilch aufgießen, Gemüse unterrühren und salzen. Abdecken und in den Kühlschrank stellen. Gut gekühlt servieren und mit Dill und rotem Paprika garnieren.
Für 6–8 Personen

Käsetoasts

Die Toasts schmecken so gut, daß Sie sie auch zu vielen anderen Suppen servieren werden.

200 g frisch geriebener Parmesan
100 g Mayonnaise
1 Baguette, in dünne Scheiben geschnitten

Käse mit der Mayonnaise verrühren und die Baguettescheiben damit bestreichen. Unter dem Grill im Backofen backen, bis die Creme bräunt und Blasen wirft (1–2 Minuten). Sofort servieren.
Ergibt ca. 20 Stück

Truthahnbrust mit Erdnußsauce

Die Truthahnbrust können Sie ebenso unter dem Grill im Backofen braten (ca. 15 cm Abstand vom Grill).

125 g Erdnußbutter mit Erdnußstückchen
4 Eßlöffel Sojasauce
4 Eßlöffel Sesamöl
1 große Knoblauchzehe, fein gehackt
2 Teelöffel Zucker
4 Eßlöffel Apfelessig
1 1/2 Eßlöffel scharfes Chiliöl
250 g saure Sahne
Milch
1–1 1/2 kg Truthahnbrust

Bis auf die Milch und das Fleisch alle Zutaten sorgfältig vermengen. Notfalls mit etwas Milch verdünnen, denn die Sauce soll die Konsistenz von leicht geschlagener Sahne besitzen. Beiseite stellen.

Truthahnbrust sorgfältig parieren. In Haushaltsfolie wickeln und mit einem Fleischklopfer oder einem Nudelholz auf eine Stärke von 2 1/2 cm klopfen. Mit der Hälfte der Erdnußsauce bestreichen, abdecken und einige Stunden oder über Nacht kalt stellen.

Auf dem Holzkohlengrill eine Aschenglut vorbereiten. Truthahnbrust bei mittlerer Hit-

Truthahnbrust mit Erdnußsauce

Gekühlte Buttermilchsuppe mit roten Paprika und Käsetoasts

ze 15 Minuten auf jeder Seite grillen. In Scheiben schneiden und mit der restlichen Erdnußsauce servieren.
Für 6–8 Personen

Salat aus roten Kartoffeln

Anmerkung: Sie können die Truthahnbrust auch im voraus zubereiten und dann mit der Sauce kalt servieren.

Salat aus roten Kartoffeln

Wieder eine neue Variante für eine allseits beliebte Beilage.

Gut 1 kg kleine (rote) Kartoffeln
1 Eßlöffel Zitronensaft
125 g saure Sahne
125 g Mayonnaise
1 Handvoll Basilikum, in feine Streifen geschnitten
1 Handvoll Petersilienblätter, fein gehackt
1 Knoblauchzehe, fein gehackt
2 Eßlöffel Essig
1 Teelöffel Worcestershiresauce
1/2 Teelöffel Dijonsenf
1 Messerspitze frisch gemahlener Pfeffer
1/2 Teelöffel Salz

Kartoffeln mit leicht gesalzenem Wasser bedecken, Zitronensaft dazugießen und rasch zum Kochen bringen. Hitze herunterschalten und Kartoffeln weich kochen (ca. 15 Minuten). Abgießen und auskühlen lassen.

Inzwischen die übrigen Zutaten zu einem Dressing verrühren.

Ausgekühlte Kartoffeln mit der Schale in mundgerechte Stücke schneiden und mit dem Dressing vermengen. Bis zum Servieren kalt stellen.
Für 6–8 Personen

Maisbrötchen mit Schnittlauch

Der Schnittlauch verleiht den Maisbrötchen Pfiff.

200 g Mehl
150 g Maismehl
1/2 Teelöffel Natriumbikarbonat (Soda)
1 Eßlöffel Zucker
1 Messerspitze Salz

2 Eßlöffel fein gehackter Schnittlauch
1/4 l Buttermilch
2 Eier, verquirlt
4 Eßlöffel Butter
Backpulver

Ofen auf 220° vorheizen und 12 Backförmchen einfetten.

Beide Mehlsorten mit Soda, Zucker, Salz und Schnittlauch vermengen. Buttermilch, verquirlte Eier und Butter unterrühren. Zum Schluß das Backpulver dazugeben. Teig auf die 12 Förmchen verteilen (oder zu 12 Brötchen formen und auf ein gefettetes Backblech setzen). 18–20 Minuten backen, bis die Brötchen leicht gebräunt sind.
Ergibt 12 Brötchen

Avocado-Melonen-Salat

Eine typisch kalifornische Zusammenstellung.

1 Avocado, geschält, entsteint, in dünne Scheiben geschnitten und mit Zitronensaft beträufelt
1 kleine bis mittelgroße Melone, geschält, entkernt, in dünne Scheiben geschnitten und mit Zitronensaft beträufelt
4 Eßlöffel Himbeeressig
1/2 Teelöffel Salz
1/2 Teelöffel Dijonsenf

Maisbrötchen mit Schnittlauch

Zutaten für den Avocado-Melonen-Salat

125 ml Walnußöl
Schwarzer Pfeffer aus der Mühle
1 Eßlöffel Estragon, fein gehackt

Avocado- und Melonenscheiben auf Tellern hübsch anordnen. Die restlichen Zutaten zu einer Vinaigrette verrühren und über das Obst träufeln.
Für 6–8 Personen

Limetteneis mit Brombeersauce

Eigentlich heißt dieses Dessert »Laura's Lime Ice Cream«, denn es stammt von Wendts Tochter Laura, die laut Holly eine wunderbare Köchin ist. Wenn Sie das Eis probieren, werden Sie feststellen, daß da nicht nur Mutterstolz im Spiel ist.

Eis:
250 g Crème double oder Sahne
1 Ei
250 g Zucker
Abgeriebene Schale einer mittleren bis großen Limette
5–6 Eßlöffel frisch gepreßter Limettensaft
1 Prise Salz
300 ml Milch
Nach Belieben grüne Speisefarbe
Sauce:
Püree aus 250 g frischen oder tiefgekühlten Brombeeren
1 Eßlöffel Butter
1 Eßlöffel frisch gepreßter Limettensaft
5–6 Eßlöffel Zucker
180 ml trockener Weißwein
4 Eßlöffel Crème de Cassis (schwarzer Johannisbeerlikör)
1 Eßlöffel Speisestärke

Eisbereitung: Sahne und Ei schaumig schlagen, langsam den Zucker dazugeben und weiterschlagen, bis die Sahne fast steif ist. Nun Limettenschale und -saft, Salz, Milch und nach Wunsch die Speisefarbe in die Masse rühren. In der Eismaschine gefrieren lassen.

Sauce: Brombeerpüree, Butter, Limettensaft, Zucker und Wein in einen Topf geben. Cassis mit Speisestärke verrühren und zur Brombeermasse geben. Unter ständigem Rühren bei mittlerer Hitze eindicken lassen

Limetteneis mit Brombeersauce und Schokoladenplätzchen

(höchstens 3–5 Minuten). Vollständig abkühlen lassen.

Sie können die Sauce auch im voraus zubereiten und einfrieren. Dann langsam im Kühlschrank auftauen lassen.
Für 6–8 Personen

Schokoladenplätzchen

Im Wendtschen Haushalt sind sie auch als die »legendären Schokoladenplätzchen« bekannt.

250 g Butter oder Margarine, zimmerwarm
125 g brauner Zucker
125 g Kristallzucker
2 Eigelbe
200 g Mehl
200 g Instant-Hafergrütze (Oatmeal)
350 g Vollmilchschokolade
120 g Walnußkerne, fein gehackt

Ofen auf 180° vorheizen.

Von der Butter 2 Eßlöffel abnehmen und beiseite stellen. Die restliche Butter mit dem Zucker schaumig rühren. Die Eigelbe, dann das Mehl und Oatmeal dazugeben. In eine leicht gefettete Auflaufform oder in die Saftpfanne des Ofens streichen. 20 Minuten backen. In der Zwischenzeit Schokolade und Butter verschmelzen lassen.

Sobald der Plätzchenteig gar ist, mit der Schokoladenmischung bestreichen und mit den gehackten Walnüssen bestreuen. In Quadrate schneiden.
Ergibt ca. 40 Plätzchen

Die Weine

Da Holly Wendt für dieses Menü nur bewährte Familienrezepte ausgesucht hat, kennt sie sämtliche Geschmacksnuancen genau und kann ohne Schwierigkeiten die passenden Weine dazu aussuchen.

»Sauvignon Blanc paßt gut zu den ersten beiden Gängen, und der Zinfandel trinkt sich vorzüglich zur Hauptspeise und zum Dessert. Der Cabernet Sauvignon bildet zusammen mit den Schokoladenplätzchen ein schönes Finale.

Die kräftige Buttermilchsuppe und die Gemüse in der Suppe werden durch die Zitrusnoten und die seidige Struktur des Sauvignon Blanc ergänzt.

Die robusten Beerenaromen im Zinfandel bringen jedes gegrillte Fleisch schön zur Geltung, besonders gut passen sie aber zu gegrilltem Putenfleisch und der würzig-nussigen Erdnußsauce.

Die Kirsch- und Johannisbeernoten im Cabernet Sauvignon sind eine klassische Begleitung zu Schokolade. Diese Aromen kommen zusammen mit unserer Schokolade voll zum Tragen.

Ein Glas Cabernet Sauvignon mit einem Schokoladenplätzchen ist auch nach dem Abendessen ein willkommener Genuß.«

Dem ist wohl nichts mehr hinzuzufügen.

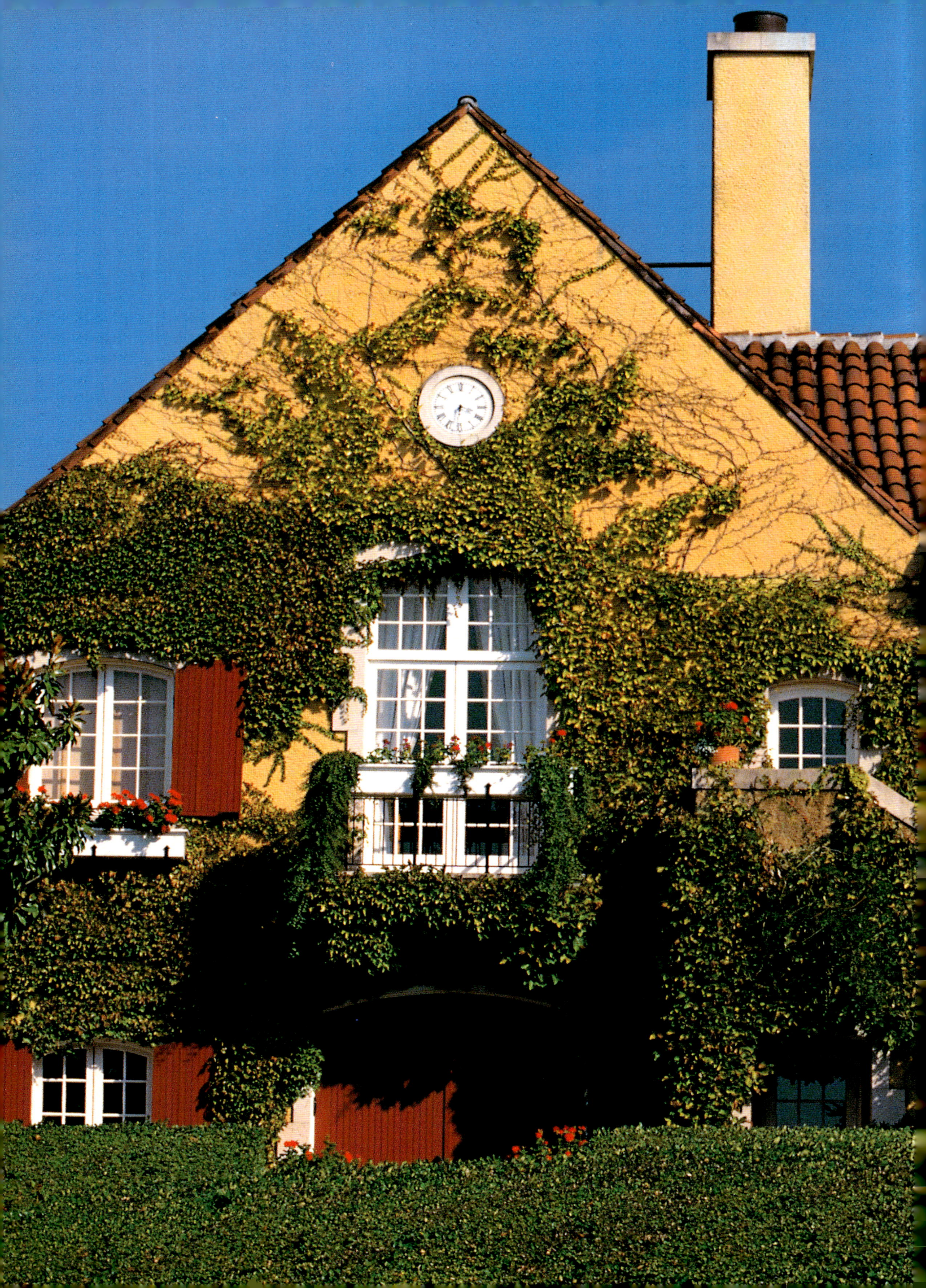

Ein festliches Dinner zu Hause

Spricht man über die Kellerei Jordan, so denkt man sofort an die herrschaftlichen Gebäude und die gepflegten Gärten. Nichts im nördlichen Weinland Kalifornien kommt diesem schönen Weingut gleich.

Die Gebäude, die Gärten, die wunderbare Lage wären natürlich nichts weiter als ein schöner Anblick, gäbe es da nicht die Spitzenweine, die dem Ganzen noch eine ganz andere Bedeutung verleihen. Keine Angst, die Weine gibt es – fein, geschmeidig und unverwechselbar.

Aber wie ist das alles entstanden? Hat irgendein adeliger Franzose Bordeaux zugunsten von Sonoma den Rücken gekehrt? Ja und nein. Es gab zwar keinen Adeligen, aber Bordeaux ist mit im Spiel.

Fangen wir vorne an: Tom und Sally Jordan, glühende Frankreichfans, lebten in Denver. Jahrelang aßen sie französische Spezialitäten, tranken französischen Wein und träumten dabei von einem französischen Weingut. Tom Jordan, Geologe und einst Öl- und Gassucher, sagt dazu heute: »Ich dachte mir, wenn ich einmal das große Geld mache, kaufe ich ein Weingut in Frankreich.«

Und er machte das große Geld – er entdeckte eine Reihe gewaltiger Öl- und Gasvorkommen im westlichen Neuguinea. Das war Anfang der siebziger Jahre, und auf einmal war es sehr wahrscheinlich, daß Tom und Sally ihren Traum verwirklichen würden. Und so machten sie sich auf die Suche.

Aber die Jordans hatten nicht mit der französischen Regierung gerechnet, die nicht gerade darauf erpicht war, ein Premier-Grand-Cru-Weingut an Ausländer zu verkaufen. Und die Alternative, ein weniger exklusives Weingut, wollten die Jordans nicht.

Das Schicksal verschlug sie eines Tages in ein bekanntes Restaurant in San Francisco. Dort servierte man ihnen einen 68er Cabernet Sauvignon, Beaulieu Vineyards, Georges de Latour Private Reserve. Das gab den Ausschlag. Tom erkannte, daß er und Sally in Kalifornien fündig werden könnten. Kurz darauf hatte man passendes Land gefunden – inzwischen über vierhundert Hektar –, Tom war aus dem Öl- und Gasgeschäft ausgestiegen, und der Aufbau einer Spitzenkellerei wurde in Angriff genommen. Die Ergebnisse sprechen für sich.

Selbst wenn die Geschichte von dem wunderbaren Traum, der wahr wurde, hier endete, wäre sie immer noch interessant. Aber es geht weiter. Es geht weiter mit Judy Jordan, der Tochter von Tom und Sally. Sie wollte ursprünglich Geologin werden und mit ihrem Vater nach Öl und Gas suchen. Sie machte wie ihre Mutter ihren Abschluß in Stanford. Aber, wie Tom sagt, »Judy erkannte recht bald, daß es Jahre dauern würde, bis sie so erfahren sein würde wie meine Kollegen. Da meinte sie, daß sie im Weingut vielleicht nützlicher sein könnte. Das ist sie – und mehr Spaß macht es mit ihr auch.«

Inzwischen hat Judy großes Fachwissen angesammelt und ist ein wichtiges Glied im Unternehmen. Sie wird sicherstellen, daß das, was Tom und Sally begonnen haben, auch in der nächsten Generation Bestand haben wird – wie in vielen großen französischen Weingütern.

Die hübsche weinüberwucherte Fassade der Kellerei

Menü

Nudeln mit Erbsenpüree, garniert mit Miesmuscheln
Lammfilet in Cabernetsauce
Gebackene Knoblauchcreme
Eingelegter Ziegenkäse
Frische Feigen mit Walderdbeersauce

86er Jordan Chardonnay
85er Jordan Cabernet Sauvignon

Eingelegter Ziegenkäse

Ein festliches Abendessen im Speisezimmer

JORDAN VINEYARD & WINERY 149

Lammfilet in Cabernetsauce und gebackene Knoblauchcreme

Nudeln mit Erbsenpüree, garniert mit Miesmuscheln

Bereiten Sie zuerst die Muscheln, dann die Erbsen und erst zum Schluß die Nudeln zu. Wenn Sie die Nudeln jedoch selbst machen wollen, sollten Sie sie bereits ein paar Stunden im voraus vorbereiten.

Gedämpfte Muscheln:

2 Eßlöffel Butter
2 Eßlöffel Olivenöl
3 Schalotten, fein gehackt
3 Knoblauchzehen, fein gehackt
1 Handvoll Sellerie, fein gehackt
1 kg Miesmuscheln, geputzt
375 ml Chardonnay

Erbsenpüree:

300 g geschälte, frische feine Erbsen
2 Schalotten, fein gehackt
1/4 l Chardonnay
2 Thymianzweige oder 1 knapper Teelöffel getrockneter Thymian
6 Basilikumblätter
250 g eiskalte Butterflöckchen
Hartweizennudeln nach dem folgenden Rezept oder 500 g abgepackte Nudeln

Butter und Öl in einer Pfanne langsam erwärmen. Schalotten, Knoblauch und Sellerie ca. 5 Minuten darin weich dünsten. Miesmuscheln und Wein dazugeben. Zudecken und dämpfen, bis sich die Muscheln öffnen (ca. 5 Minuten). Ungeöffnete Muscheln wegwerfen. Kochflüssigkeit durchseihen und 125 ml davon aufheben. Muscheln beiseite stellen und abkühlen lassen.

Erbsen mit Salzwasser bedecken und rasch zum Kochen bringen. Bei mittlerer Hitze köcheln lassen, bis sie sehr weich sind (6–8 Minuten). Abgießen und mit dem Mixer pürieren. Dann durch ein feines Sieb streichen und beiseite stellen.

Schalotten und Wein in einem kleinen Edelstahltopf aufkochen und auf 2 Eßlöffel reduzieren (ca. 8 Minuten). Muschelsud sowie Kräuter dazugeben und weitere 5 Minuten bei lebhafter Hitze wieder auf 2 Eßlöffel einkochen lassen. Bei milder Hitze mit einem Schneebesen die Butterflöckchen einzeln einarbeiten. Wenn die gesamte Butter verarbeitet ist, Sauce vom Herd nehmen und durch ein Sieb streichen. Erbsenpüree unterrühren, bis eine gleichmäßig hellgrüne Creme entsteht. Mit Wachspapier oder Haushaltsfolie in Form pressen und beiseite stellen.

Hartweizennudeln

Für dieses Rezept benötigen Sie besonders viele Eier und eine robuste Nudelmaschine, die den Hartweizengrieß verarbeiten kann.

500 g feines Hartweizenmehl und etwas Mehl zum Bestäuben
5 ganze Eier und 5 Eigelb
1 Eßlöffel Olivenöl
1 Prise Salz

Hartweizenmehl in eine große Schüssel geben, in der Mitte eine Vertiefung formen und alle anderen Zutaten hineingeben. Vermengen und den Teig in einer Nudelmaschine durchkneten. Mit der Maschine oder von Hand zurechtschneiden.

Die Nudeln halten sich einige Stunden, wenn Sie sie mit etwas Hartweizengrieß bestäuben und auf einem Tablett ausbreiten. Mit Haushaltsfolie abdecken und kühl stellen.

Nudeln in einem großen Topf Salzwasser bißfest kochen. Nudeln abgießen und in etwas Butter schwenken. Erbsenpüree in vorgewärmte tiefe Teller streichen, Nudeln darübergeben und mit 4–6 Miesmuscheln garnieren

Für 6–8 Personen

Lammfilet in Cabernetsauce

Besser können Sie Lammfleisch nicht zubereiten.

Sauce:
1 Flasche Cabernet Sauvignon
1 Zwiebel, fein gehackt
2 Knoblauchzehen, grob gehackt
3 Schalotten, in feine Scheiben geschnitten
1–2 kleine Karotten, in feine Scheiben geschnitten
3 Zweige Petersilie
1 Lorbeerblatt
2 Zweige frischer oder 1 Teelöffel getrockneter Thymian
3/4 l Kalbs-, Lamm- oder Geflügelbrühe
120 g eiskalte Butterflöckchen

Frische Feigen mit Walderdbeersauce

Fleisch:
4 Lammfilets à ca. 250 g
Salz und Pfeffer aus der Mühle
6 Eßlöffel Butter

Für die Sauce Wein, Zwiebel, Knoblauch, Schalotten, Karotten und Kräuter in einem Edelstahltopf zum Kochen bringen. Flüssigkeit auf etwa die Hälfte einkochen (ca. 20 Minuten). Brühe aufgießen und auf 1/2 l reduzieren (ca. 30 Minuten). Durchseihen und in einen zweiten Topf gießen. Bei milder Hitze nach und nach die Butterflöckchen mit dem Schneebesen einarbeiten. Sauce warm stellen.

Ofen auf 230° vorheizen. Fleisch großzügig mit Salz und Pfeffer einreiben. Einen schweren ofenfesten Bräter kräftig vorheizen, Butter darin schmelzen und bräunen. Lammfleisch hineingeben und rundum anbraten (3 Minuten auf jeder Seite). Filet mit dem Bräter in den Ofen schieben und bis zum gewünschten Grad garen: innen roh 7–10 Minuten, medium 12 Minuten.

Mit der Weinsauce servieren.

Für 6–8 Personen

Gebackene Knoblauchcreme

Hier ist etwas für Knoblauchfans. Sie können die Creme ein paar Stunden im voraus zubereiten.

6 ganze Eier und 3 Eiweiße
500 g Crème double
Salz und weißer Pfeffer
3–4 gebratene Knoblauchknollen (s. Seite 71)

Ofen auf 120° vorheizen und einen Kessel Wasser aufsetzen. 10 Portionsförmchen aus Metall (s. Anmerkung) großzügig ausbuttern und beiseite stellen. Eier und Eiweiß sorgfältig verquirlen, Crème double unterrühren und gut vermengen. Knoblauchmark vorsichtig aus den Knollen pressen und zur Eimischung geben. Verrühren und die Masse durch ein feines Sieb streichen. Die gebutterten Förmchen zu etwa drei Viertel mit der Creme füllen. Förmchen in eine weite ofenfeste Form setzen. Kochendes Wasser hineingießen, so daß die Förmchen zur Hälfte im Wasser stehen. In

Die hübsche weinüberwucherte Fassade der Kellerei

den Ofen schieben und garen, bis die Creme fest wird (ca. 75 Minuten). Mit einer Messerklinge testen: in die Creme tauchen und herausziehen. Die Creme ist gar, wenn nichts mehr an der Klinge haftet.

Vor dem Servieren die gebackene Creme im Wasserbad auf dem Herd 7–10 Minuten anwärmen.
Für 8–10 Personen

Anmerkung: Wenn Sie Förmchen aus Keramik verwenden, kann sich die Garzeit etwas verlängern.

Eingelegter Ziegenkäse

Wie Sie auf dem Foto (s. Seite 148) erkennen, sehen die kleinen Ziegenkäse hübsch aus, wenn sie eingelegt sind. Für das Foto haben wir allerdings sehr viel mehr Käse eingelegt, als Sie für dieses Menü benötigen. Sie können aber auch größere Mengen davon zubereiten und kühl lagern. Verwenden Sie leicht gealterten Ziegenkäse (10–14 Tage alt), denn frischer Ziegenkäse saugt zuviel Öl auf.

6 kleine Ziegenkäse

2 Knoblauchzehen

6 schwarze Pfefferkörner

2 getrocknete Chilischoten, zerstoßen

3 Salbeiblätter, grob gehackt

2 Zweige frischer oder 1 knapper Teelöffel getrockneter Thymian

1 Zweig frischer oder 1/2 Teelöffel getrockneter Rosmarin

1 Lorbeerblatt, zerstoßen

Gutes Olivenöl

2 rote Paprikaschoten, gebraten (s. Seite 113)

Ziegenkäse in ein kleines Gefäß geben. Mit Knoblauch, Pfefferkörnern, Chili und Kräutern würzen und mit Olivenöl bedecken. Abdecken und im Kühlschrank zwei Wochen

ziehen lassen. Vor dem Servieren Käse auf Raumtemperatur erwärmen und auf einem Bett aus gebratenen Paprikaschoten anrichten.
Für 6 Personen

Frische Feigen mit Walderdbeersauce

Walderdbeeren unterscheiden sich von gewöhnlichen Erdbeeren ein wenig in Geschmack und Konsistenz. Wenn Sie keine Walderdbeeren bekommen können, verwenden Sie die üblichen Erdbeeren. Frische Himbeeren schmecken übrigens genauso gut.

500 g frische Erdbeeren

Zucker

9 große frische Feigen

Nach Belieben Minze- oder Erdbeerblätter zum Garnieren

Die Hälfte der Erdbeeren pürieren und süßen. Wenn Sie gewöhnliche Erdbeeren verwenden, die restlichen Beeren in dicke Scheiben schneiden, Walderdbeeren ganz lassen.

Zum Servieren die Feigen längs halbieren und auf Teller setzen. Erdbeeren in die Mitte häufen und mit etwas Püree umgießen. Nach Wunsch mit Blättern garnieren.
Für 6 Personen

Die Weine

Die Auswahl der Weine ist bei Jordans stets Teamarbeit. Als dieses Menü geplant wurde, setzten sich Sally Jordan, Gästebetreuerin Jean Reynolds und Koch John Caputo zusammen und wählten die Weine aus:

»Der Kombination von Speisen und Wein liegt eine einfache Überlegung zugrunde: Zwischen den Speisen und den Weinen soll ein harmonisches Zusammenspiel geschaffen werden. Jordan Chardonnay und Cabernet Sauvignon sind weiche, volle, elegante und sehr ausgewogene Weine. Ihr Aroma ergänzt die Speisen, ohne sie zu übertönen.

Die Fruchtigkeit und Komplexität des Chardonnays kommen mit leichten Fisch- und Muschelgerichten schön zur Geltung. Die natürliche Säure betont die zarten Aromen der Meeresfrüchte und die Fülle der Buttersauce.

Das weiche Tannin und die Samtigkeit im Cabernet Sauvignon unterstreichen die geschmackliche Fülle des Lammfilets. Der lebhafte Cassiston macht diesen Fleischgang noch interessanter. Die leicht sahnige Knoblauchcreme ergänzt nicht nur das Lamm, sondern auch die Weichheit unseres Bordeaux-ähnlichen Weins und paart sich mit seinem reichen und lang anhaltenden Abgang.«

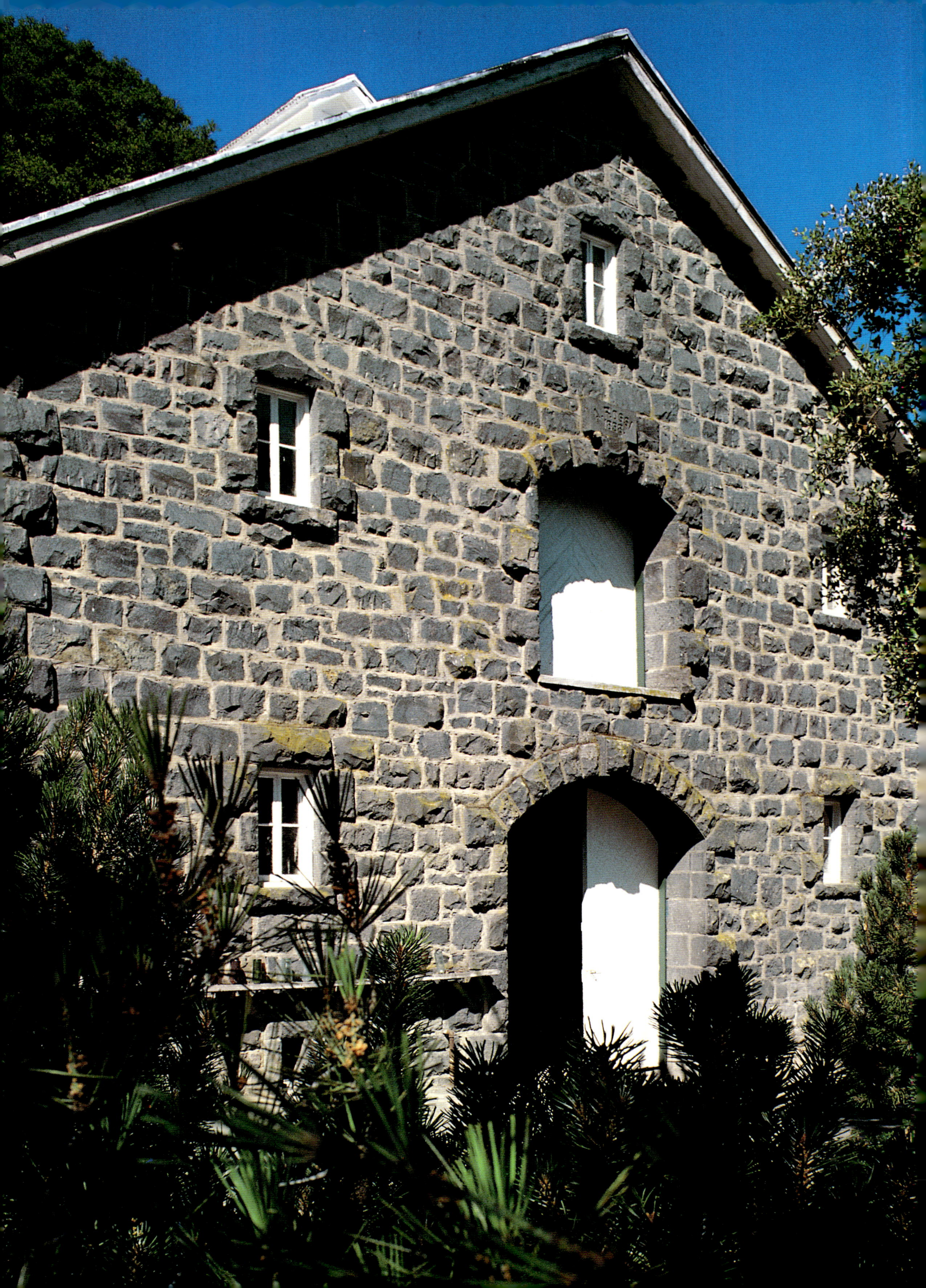

Rollies Leibgerichte

Eine kleine Broschüre über Heitz Wine Cellar beschreibt die Anfänge der Kellerei und ihre Weine. Dort steht geschrieben: »Eine Familienkellerei, die seit 1961 im Napa Valley hochwertige Weine keltert.« Dieser Satz drückt meiner Ansicht nach am besten aus, worum es hier geht. Denn Heitz ist vor allem ein Familienunternehmen. Alle Familienmitglieder sind daran beteiligt und setzen sich dafür ein, in einem überschaubaren Maßstab den bestmöglichen Wein zu machen.

Es begann mit Joe und Alice Heitz. Ihr ältester Sohn David ist heute stellvertretender Geschäftsführer und Kellermeister. Er kelterte den 74er Jubiläumswein Martha's Vineyard Cabernet Sauvignon ganz alleine, nachdem er seine Stelle in der Kellerei angetreten hatte. Vier Jahre später stieg Kathleen in das Unternehmen ein und zeichnet nun für Marketing und allgemeine Verwaltung verantwortlich. Nach seinem Examen an der University of Santa Clara trat auch der jüngste Sohn Rollie in den Betrieb ein, in dem er bereits seit seiner Grundschulzeit gearbeitet hatte.

Nun zurück zu Joe und Alice. Joe stammt aus Illinois und kam während des Zweiten Weltkriegs mit dem Weingeschäft in Berührung. Damals arbeitete er beim Bodenpersonal für eine Fliegerschwadron. Zwischen zwei Arbeitsschichten verdiente er sich als Schwarzarbeiter bei der San Joaquin Valley Winery als Kellergehilfe ein paar Dollar dazu. Als er seinen Militärdienst beendet hatte, wußte er, was er werden wollte, und ging dazu erst einmal auf die Weinbauschule der Universität Davis. 1961 begannen er und Alice in ganz bescheidenen Dimensionen ihren Traum zu verwirklichen: ein kleines Haus am St. Helena Highway, das heute als Verkaufsraum dient, und eine Parzelle Land für die Reben.

Entschlossenheit, Fleiß und Zielstrebigkeit ermöglichten Joe und Alice, 1964 die Spring Valley Ranch östlich von St. Helena zu erwerben, die in den achtziger Jahren des 19. Jahrhunderts erbaut wurde. In dem alten Steingebäude werden heute die Weißweine vergoren. 1972 und 1979 wurden weitere Gebäude dazugekauft. Dort ist Platz, um knapp 500 000 Flaschen Wein jährlich zu keltern und abzufüllen.

Im Lauf der Jahre erwarb Heitz auch weitere Rebflächen, doch nach wie vor kauft er auch Lesegut von ausgesuchten Weinbauern der Gegend. Dazu gehören Bella Oaks Vineyard in der Nähe von Rutherford und der vielgepriesene Martha's Vineyard in der Nähe von Oakville, woher die Cabernet-Sauvignon-Trauben stammen.

Heitz zieht den größten Teil seiner Chardonnayreben auf der berühmten Lage »Z« an der Zinfandel Lane und auf den Parzellen neben dem Verkaufsraum.

Obwohl Alice einen unschätzbaren Beitrag zu den denkwürdigen Familienmahlzeiten geleistet hat, ist Rollie der Mann bei Heitz, der am liebsten kocht – und wie gut! Bei diesem Menü kommt der mexikanische Einfluß, der in der letzten Zeit in der kalifornischen Küche zunimmt, schön zur Geltung.

Diese Leute, die ihre Weine am liebsten gemeinsam machen, feiern auch am liebsten gemeinsam. Probieren Sie die Weine und das Essen, und Sie werden verstehen, warum.

Das alte Kellereigebäude

Menü

Phyllotäschchen
Eintopf mit Schweinefleisch und Tomatillos
Reis mit Pilzen
Sorbet vom Grignolino Rosé

86er Chardonnay
84er Cabernet Sauvignon
Grignolino

Phyllotäschchen

Diese Teigtäschchen sind bei der ganzen Familie sehr beliebt. Sie schmecken köstlich und ergeben zusammen mit einem Salat und dem Sorbet ein vollständiges Mittagessen.

Teigtäschchen:

2 Hähnchenbrüste, halbiert und gehäutet

120 g geriebener Monterey-Jack-Käse (ersatzweise Parmesan oder Pecorino Romano)

1 Dose (120 g) gewürfelte grüne Chilischoten

1/2 gebratene rote Paprikaschote, gewürfelt (s. Seite 113)

200 g Salsa aus dem Glas (mild oder scharf)

1 Packung (ca. 500 g) Phylloteig (gibt's in orientalischen Delikatessengeschäften; ersatzweise Strudelblätter)

250–350 g zerlassene Butter

Beilagen:

Saure Sahne

Guacamole

Hühnerbrüste knapp mit Wasser bedecken und 20 Minuten garen, aber nicht zu weich kochen. Vom Herd nehmen und in der Flüssigkeit abkühlen lassen. Herausnehmen und vom Knochen lösen. Fleisch mit einer Gabel zerpflücken und mit dem Käse, den Chilischoten, dem Paprika und der Salsa in einer großen Schüssel vermengen. Gut durchmischen und kalt stellen.

Ofen auf 180° vorheizen.

Phylloteig öffnen und sofort mit Wachspapier und einem feuchten Küchentuch abdecken, damit der Teig nicht austrocknen kann. Füllung aus dem Kühlschrank nehmen und die zerlassene Butter bereitstellen. 1 Teigblatt auf einer Arbeitsfläche der Länge nach ausbreiten und mit Butter einpinseln. Ein zweites Teigblatt darauflegen und ebenfalls mit Butter bestreichen. Mit einem dritten Teigblatt genauso verfahren. Die restlichen Phylloblätter abgedeckt liegen lassen.

Mit einem scharfen Messer den Phyllo der Länge nach dritteln. Einen Eßlöffel Füllung auf das eine Ende des ersten Streifens setzen und den Teig zu einem Dreieck darüberfalten. Dann den Teig weiter um das Dreieck falten, bis das Ende des Teigstreifens erreicht ist. Mit den beiden anderen Streifen genauso verfahren. Die Dreieckstäschchen auf ein gefettetes Backblech setzen. Dreiecke formen, bis Teig und Füllung aufgebraucht sind.

Phyllotäschchen 8 Minuten goldgelb backen. Sicherheitshalber ein paar Minuten vorher kontrollieren, ob sie schon gar sind.

Die Phyllotäschchen lassen sich auch im voraus zubereiten. Dazu auf ein leicht gefettetes Backblech setzen und mit dem Backblech einfrieren. Sobald sie gefroren sind, vom Blech nehmen und in Plastikbeutel füllen. Die gefrorenen Täschchen nicht auftauen, sondern direkt 10 Minuten backen.

Mit saurer Sahne und Guacamole als Beilagen servieren.

Ergibt ca. 18 Stück

Phyllotäschchen

Eintopf mit Schweinefleisch und Tomatillos, daneben Reis mit Pilzen

Eintopf mit Schweinefleisch und Tomatillos

Laut Rollie kann man diesen Eintopf auch mit Rindfleisch zubereiten, er verwendet jedoch lieber Schweinefleisch.

750 g frische Tomatillos
2 Fleischtomaten
1 1/2 kg Schweinelende
3 Chilischoten (vorzugsweise Jalapeños), geputzt, entkernt und fein gehackt
1/2 Teelöffel Salz
1/2 Teelöffel Pfeffer
50–100 g Mehl
4 Eßlöffel Butter
180 ml Rinderconsommé
125 g scharfe Salsa
4 Eßlöffel Wasser (nach Bedarf)
1–2 Eßlöffel Speisestärke (nach Bedarf)

Ofen auf 150° vorheizen.

Die papierähnlichen Hüllen der Tomatillos entfernen und Tomatillos in sprudelndem Wasser 5–6 Minuten kochen. Abgießen und häuten. Stielansatz mit einem scharfen Messer herausschneiden. Wenn sich einige Tomatillos nicht häuten lassen, dann das Mark mit den Händen herauspressen und die Haut wegwerfen.

Tomaten in kochendes Wasser tauchen und häuten. Halbieren, entkernen und Fruchtfleisch würfeln.

Schweinefleisch in zentimeterdicke Scheiben schneiden. Jede Scheibe zu mundgerechten Quadraten zurechtschneiden. Chilischoten mit Salz und Pfeffer vermengen. Die Gewürze auf das Fleisch streichen. Fleischstückchen gleichmäßig mit Mehl bestäuben. Butter in einer weiten Pfanne erhitzen und die Fleischstückchen auf beiden Seiten bräunen; nicht zuviel Fleisch auf einmal in die Pfanne geben.

Das gebräunte Fleisch in eine ofenfeste Form schichten. Das Fett aus der Pfanne gießen und den Bratfond mit Consommé loskochen. Über das Fleisch gießen, Tomatillos und Salsa dazugeben. Mit einem festsitzenden Deckel abdecken und rund 1 1/2 Stunden im Ofen garen, bis das Fleisch weich ist. Wenn der Eintopf zu flüssig geraten sollte, etwas

Sorbet vom Grignolino Rosé

Speisestärke mit Wasser verrühren und damit den Eintopf eindicken. Tomaten dazugeben und heiß werden lassen. Mit Salz und Pfeffer abschmecken.

Sie können den Eintopf schon im voraus zubereiten und kalt stellen. Die Tomaten erst beim Aufwärmen dazugeben.
Für 6–8 Personen

Reis mit Pilzen

Im Handel sind die verschiedensten Reissorten erhältlich. Wir haben hier gemischten Reis verwendet.

60 g Butter
4 Eßlöffel Olivenöl
500 g frische gemischte Pilze (Shiitake, Austernpilze, junge Pilze), fein gehackt
1 große rote Zwiebel, fein gehackt
500 g Reis
625 ml doppelte Rinderkraftbrühe (oder 1 1/4 l Rinderkraftbrühe, auf die Hälfte reduziert)
Salz und Pfeffer
2 Eßlöffel Petersilie, fein gehackt

Butter und Olivenöl in einem großen Topf erhitzen und Pilze darin dünsten, bis ein Gutteil der Flüssigkeit verdampft ist (10–15 Minuten). Zwiebel dazugeben und anglasen. Reismischung in den Topf geben und bei mittlerer Hitze 5 Minuten rösten; dabei ab und zu wenden. Brühe aufgießen, Topf gut verschließen und bei milder Hitze 45–60 Minuten garen. Salz und Pfeffer einrühren, Petersilie unterheben und servieren.
Für 6–8 Personen

Sorbet vom Grignolino Rosé

180 g Zucker
180 ml Wasser
1 Flasche Grignolino Rosé

Zucker langsam bei milder Hitze in Wasser auflösen. Dabei ab und zu umrühren. Abkühlen lassen.

Sirup zum Wein gießen und das Gemisch in der Eismaschine gefrieren lassen.
Ergibt ca. 1 Liter

Die Weine

Rollie ist herzerfrischend direkt, wenn es um die Qualität seiner Weine geht. Das macht es einfach, seine Auswahl zu verstehen.

»Die Fülle unseres 86er Chardonnays kommt bei den Phyllotäschchen schön zur Geltung. Er paßt gut zum Phylloteig und kann auch neben den kräftigen Aromen der Füllung bestehen. Ein leichter und frischer Wein – eine perfekte Kombination.

Unser 84er Cabernet Sauvignon ist kräftig, 100% reinsortig vergoren und dreieinhalb Jahre im Holzfaß ausgebaut. Er paßt hervorragend zu dem Eintopf. Er eignet sich auch zu anderen herzhaften Eintöpfen, rotem Fleisch und Wildgerichten und ist dabei dennoch weich und angenehm zu trinken.«

Zum Grignolino, der hier für das Sorbet verwendet wurde, sagt er: »Er besitzt sortentypische Eigenschaften. Er hat viel Frucht, die einen förmlich anspringt.«

Alice und Joe Heitz

Die ausgefallene Wetterfahne

HEITZ WINE CELLARS

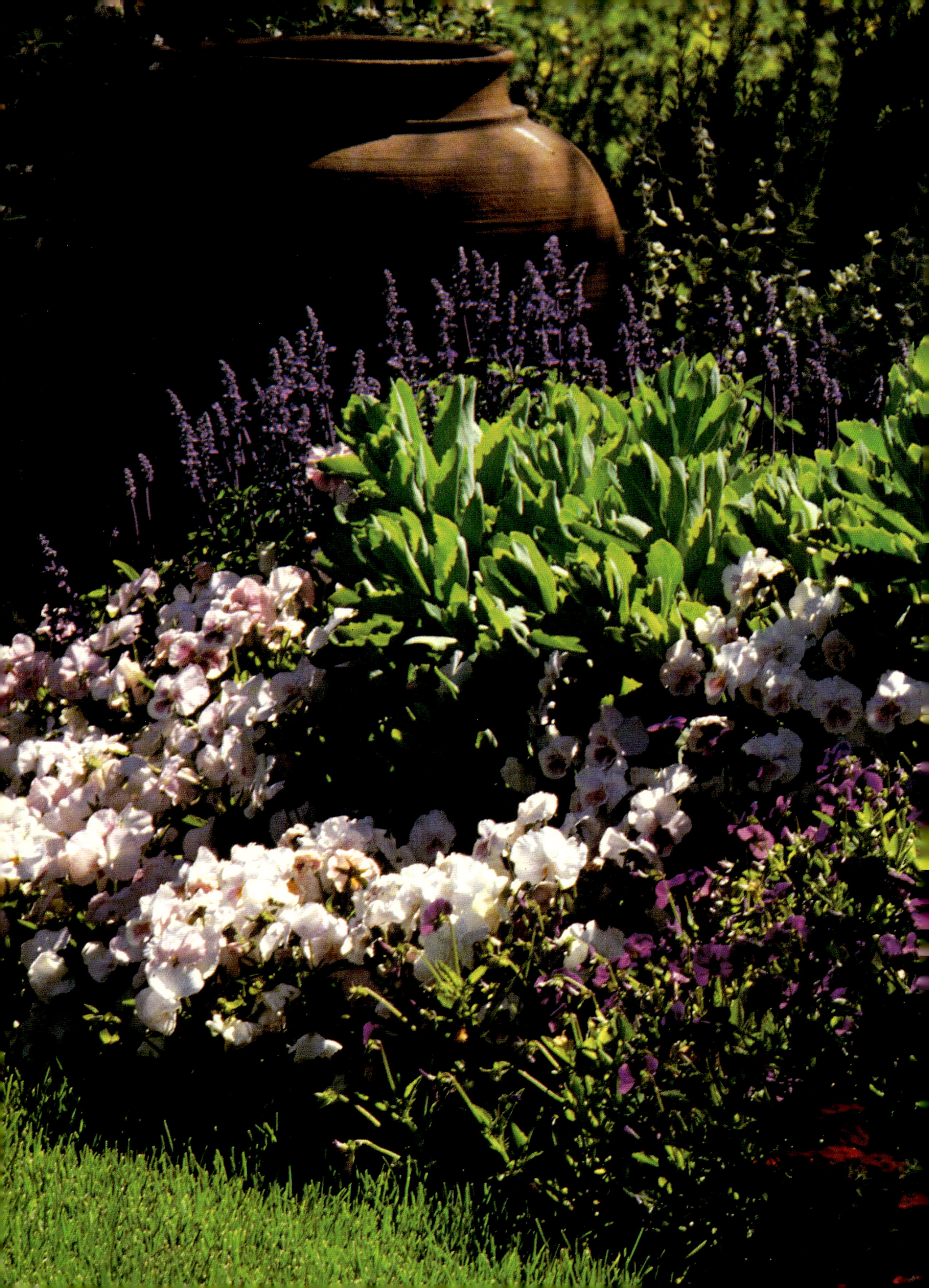

Ein besonderes Dinner für Freunde

Während man in den ganzen USA die Enthüllung der New Yorker Freiheitsstatue feierte, ließ man an der Westküste auch noch aus einem anderen Grund die Gläser klingen. Die Gebrüder James und George Goodman stießen auf die Fertigstellung ihrer neuen Kellerei im Napa Valley an. Das war im Jahre 1886, und die Kellerei wurde auf den Namen »Eschol« getauft, nach dem Fluß, an dessen Ufern Moses wunderbare Trauben fand.

Die Goodmans hatten große Hoffnungen in ihr Weingut gesetzt, denn aus ihren eigenen Reben hatten sie bereits hochwertige Weine gekeltert. Zwei Jahre später gewannen sie mit ihren Weinen die ersten Preise. Sie besaßen also das richtige Gespür für den jeweiligen Trend und jede Menge Geschäftstüchtigkeit; doch um die Jahrhundertwende entschlossen sie sich zum Rückzug aus dem Weingeschäft. Und auch dabei scheinen sie das richtige Gespür besessen zu haben. Denn wenig später erlitt die Weinszene einen Rückschlag nach dem anderen. Es begann mit der Dezimierung der Reben durch Reblausbefall. Prohibition und Weltwirtschaftskrise taten das Ihre, um den Weinbau fast völlig sterben zu lassen.

Die alte Kellerei wurde 1968 von Gene und Katie Trefethen gekauft. Sie waren Walnußfarmer, wollten der Landwirtschaft aber zugunsten des Weinmachens den Rücken kehren. Zu jenem Zeitpunkt hatte die Weinproduktion im Napa Valley gerade ihren Tiefpunkt überschritten, und das drei Kilometer entfernte Napa war nicht mehr als ein kleines verschlafenes Städtchen.

Mit dem Erwerb des Weinguts stellten die beiden sich eine enorme Aufgabe. Abgesehen von all den Unwägbarkeiten, die jede neue Unternehmung mit sich bringt, ist die Wiederherstellung von 130 Hektar verwilderten Wein- und Obstgärten ein wagemutiges Unterfangen. Aber ihr Sohn John glaubte fest an das Potential, das in dem Weingut steckte, und ließ sich auch nicht davon abbringen. Es war ein langer und mühsamer Weg, doch 1973 konnten John und seine Frau Janet ihren ersten Wein keltern: 24 000 Flaschen von inzwischen knapp 250 Hektar. Heute liegt ihre Jahresproduktion bei über 900 000 Flaschen und soll noch weiter steigen.

Als die Trefethens das Weingut kauften, stand das alte Gebäude aus dem Jahre 1886 noch. Es wurde eigens für die Goodmans entworfen und ist heute – vollständig renoviert – ein denkmalgeschütztes Gebäude, da es die ersten Kellereien Kaliforniens repräsentiert.

Bei all den Aufgaben, die anfangs auf die jungen Trefethens einstürmten, wird man sich kaum vorstellen können, daß die beiden viel Zeit für Gäste übrig hatten. Doch im Lauf der Jahre haben sie einen persönlichen Stil entwickelt, der ihre Parties zu etwas Besonderem und zugleich zu einer Familienangelegenheit macht: John übernimmt den Holzkohlengrill, während Janet in der Küche die Beilagen zubereitet.

Dieses Menü ist in seiner wohlschmeckenden Einfachheit eine typische Mahlzeit für gute Freunde. Da möchte man am liebsten um die Ecke wohnen, damit man öfter eingeladen wird.

Im Garten der Kellerei

Menü

Parmaschinken mit Zitronen und Dill
Austernhäppchen mit
Schaumweinvinaigrette
California Sunset Soup
Täubchen im Kräutermantel
Brauner und wilder Reis
Grüne Bohnen
Grüner Salat mit Rotweinvinaigrette
Würzige Käsequiche
Brombeerpyramiden

Trefethen Chardonnay
Trefethen Pinot Noir

*Parmaschinken mit
Zitronen und Dill*

*Austernhäppchen mit
Schaumweinvinaigrette*

TREFETHEN VINEYARDS 163

California Sunset Soup

Parmaschinken mit Zitronen und Dill

Zitrone und Dill machen aus einer einfachen Scheibe Parmaschinken eine köstliche – und einfache! – Vorspeise.

24 dünne Scheiben Parmaschinken
1 Eßlöffel fein gehackter Dill
1 Teelöffel fein gehackte Zitronenschale
2 Limetten, in schmale Spalten geschnitten

Schinkenscheiben zu einer dekorativen Form rollen – Trompete, Zylinder oder Blüte. Dill und Zitronenschale vermengen und über den Schinken streuen. Mit Limettenspalten servieren.
Ergibt 24 Röllchen

Austernhäppchen mit Schaumweinvinaigrette

Diese Vorspeise läßt sich gut vorbereiten und im Kühlschrank aufbewahren.

24 Austern, geschält (Schalen aufheben)
125 ml Champagneressig
125 ml Sekt
2 Teelöffel fein gehackte Schalotten
1 Teelöffel fein gehackter Estragon
Schwarzer Pfeffer aus der Mühle
4 hart gekochte Eier, geschält, Eigelb und Eiweiß getrennt fein gehackt
Nach Belieben Estragonblättchen zum Garnieren

Strenge Fasern von den Austern entfernen, dann Austernfleisch fein würfeln. Die unteren Schalen sorgfältig ausspülen und kalt stellen.

Essig, Sekt, Schalotten, Estragon und Pfeffer zu einer Vinaigrette verrühren und beiseite stellen.

Austernwürfel möglichst gleichmäßig auf die Schalen verteilen. Jede »Auster« mit einem Teelöffel Sauce beträufeln. Gut kühlen und in den Schalen auf zerstoßenem Eis servieren. Jede Portion mit gehacktem Ei und Estragonblättchen garnieren.
Ergibt 24 Häppchen

California Sunset Soup

Janet Trefethen nennt diese Suppe »California Sunset Soup«. Sie brauchen sich nur die Abbildung anzusehen, und Sie wissen warum.

1 kg Cocktailtomaten
6 Eßlöffel Geflügelfond
2 Teelöffel Weißweinessig
2 Eßlöffel Olivenöl
Zucker
Salz und Pfeffer
1 kg gelbe Tomaten
Nach Belieben Crème fraîche zum Garnieren

Cocktailtomaten halbieren und portionsweise mit 3 Eßlöffel Geflügelfond, 1 Teelöffel Essig, 1 Eßlöffel Öl, 1 Prise Zucker, Salz und Pfeffer würzen. Pürieren und durch ein Sieb in eine große Schüssel streichen. Die gelben Tomaten mit den restlichen Zutaten genauso vorbereiten und in eine zweite Schüssel geben.

Zum Servieren zwei gleich große Kellen verwenden und mit der gelben bzw. roten Suppe füllen. Gleichzeitig in einen Suppenteller gießen. Crème fraîche in eine Spritztülle füllen und damit die Suppe verzieren (s. Abbildung).
Für 6 Personen

Täubchen im Kräutermantel, grüne Bohnen, brauner und wilder Reis

Täubchen im Kräutermantel

Wenn Sie Kräuter unter die Haut der Tauben stecken, bekommt das Fleisch einen intensiven Geschmack. Dazu unbedingt frische Kräuter verwenden. Sie können dieses Rezept auch auf anderes Federwild (z.B. Rebhühner) anwenden.

3 Bund frischer Oregano

2 Eßlöffel frischer Thymian

2 Knoblauchknollen (s. Seite 71)

125 ml Olivenöl

6 fleischige Täubchen

Grill vorheizen. Oregano, Thymian und Knoblauchmark in die Rührschüssel der Küchenmaschine geben und mixen. In einem dünnen Strahl das Öl hinzugießen, bis eine gleichmäßige Paste entsteht. Kräuterpaste unter die Haut der Tauben streichen.

Tauben auf einen Bratspieß stecken und 30–40 Minuten grillen. Das Fleisch sollte im Innern eine Temperatur von etwa 70° erreicht haben.
Für 6 Personen

Anmerkung: Sie können die Tauben auch im Ofen bei 200° braten. Dabei einmal wenden. Bratdauer insgesamt ca. 20 Minuten.

Brauner und wilder Reis

Die Trefethens nennen dieses Gericht »Dad's Rice«, da Mrs. Trefethens Vater im Sacramento Valley Reis anbaut und ihn nach diesem Rezept kocht. Nehmen Sie hierfür nur braunen Rundkornreis und wilden Reis.

200 g brauner Rundkornreis

100 g wilder Reis, gewaschen und verlesen

1 l kochendes Wasser

1 Teelöffel Salz

1 Eßlöffel Öl

Beide Reissorten in einen großen Topf schütten und kochendes Wasser darübergießen. Salz und Öl einrühren. Rasch wieder zum Kochen bringen, mit einem gut schließenden Deckel abdecken und bei milder Hitze 20 Minuten garen, bis die Flüssigkeit fast verbraucht ist, und weitere 15 Minuten ausquellen lassen.

Läßt sich gut aufwärmen.
Für 6 Personen

Würzige Käsequiche und grüner Salat mit Rotweinvinaigrette

Grüne Bohnen

Der Trick hierbei besteht darin, die Bohnen so lange zu kochen, bis sie weich sind, aber dennoch noch etwas »Biß« haben.

500 g junge grüne Bohnen, geputzt

2 Eßlöffel fein gehackte Schalotten

1 Eßlöffel Butter

Salz und Pfeffer

Bohnen je nach Größe und Alter 5 Minuten oder länger dämpfen.

In der Zwischenzeit die Schalotten in der Butter dünsten. Wenn die Bohnen gar sind, unter kaltem Wasser abschrecken, damit sie nicht weiterkochen. Trocknen und in den Schalotten schwenken. Anschließend salzen und pfeffern.
Für 6 Personen

Grüner Salat mit Rotweinvinaigrette

Hierfür ist jeder grüne Blattsalat geeignet. Salatblätter nicht zu stark würzen.

3–4 kleine bis mittelgroße Salatköpfe
2 Eßlöffel Rotwein
4 Eßlöffel Sherryessig
5–6 Eßlöffel Olivenöl
2 Eßlöffel Erdnußöl
1 Teelöffel Zitronensaft
1 Prise Zucker
Salz und Pfeffer
1 große Knoblauchzehe

Salatblätter in eine große Schüssel geben und bis zum Servieren kalt stellen. Unterdessen Wein, Essig, Öle, Zitronensaft, Salz und Pfeffer zu einer Vinaigrette verrühren. Knoblauch durch die Presse drücken und über die Vinaigrette streuen.

Knoblauch herausfischen und die Vinaigrette unter den Salat heben. Mit einem Stück Käsequiche (s. folgendes Rezept) servieren.
Für 6 Personen

Würzige Käsequiche

Wie ich bereits bei dem Lauch-Käse-Kuchen von Mondavi angemerkt habe, ergibt diese Quiche, vielleicht mit einem kleinen Salat, eine herrliche Vorspeise. Sie schmeckt auf jeden Fall köstlich.

180 g geröstete Semmelbrösel
150 g Walnußkerne, fein gehackt und geröstet
3 Eßlöffel zerlassene Butter
300 g geriebener Asiagokäse
500 g Frischkäse, zimmerwarm
4 Eier
1 Knoblauchzehe, fein gehackt oder zerstoßen
1 Messerspitze getrockneter oder 1 Eßlöffel frischer Estragon
Salz und Pfeffer

Ofen auf 180° vorheizen.

Semmelbrösel, Walnüsse und Butter im Mixer sorgfältig vermischen. Boden und Wände einer Springform von 20 cm Durchmesser damit auskleiden und fest andrücken. Beiseite stellen.

Asiago und Frischkäse mit dem Handmixer zu einer glatten Creme verrühren. Eier nacheinander hinzugeben und sorgfältig unterrühren. Knoblauch und Estragon untermengen. Salzen und pfeffern. Teig mit der Käsecreme füllen und 45–60 Minuten bakken, bis der Kuchen goldbraun und luftig, aber in der Mitte noch fest ist. Aus dem Ofen nehmen und vor dem Anschneiden 30 Minuten ruhen lassen.
Für 6–8 Personen

Brombeerpyramiden

Brombeerpyramiden

Dieses Schlemmerdessert ist wunderbar einfach und zergeht auf der Zunge. Außerdem kann es zum Teil bereits im voraus zubereitet werden.

Mascarponecreme:
125 g Crème fraîche
2 1/2 Eßlöffel Mascarpone
1 Eßlöffel Zucker

Pyramiden:

700 g Brombeeren

125 g Zucker

2 Eßlöffel Sauternes

3 Blätter Phylloteig (ersatzweise Strudelteig)

2 Eßlöffel zerlassene Butter

1 Eßlöffel geriebene Mandeln

1 Eßlöffel Puderzucker

Creme: Crème fraîche leicht schaumig schlagen und Mascarpone und Zucker einarbeiten. Bis zum Servieren kalt stellen. Die Creme kann bereits einen Tag im voraus zubereitet werden. Vor dem Servieren kurz aufrühren.

Pyramiden: 300 g Brombeeren in einen Topf geben, mit etwas Zucker bestreuen und mit Sauternes beträufeln. Verrühren und unter leichtem Rühren bei mittlerer Hitze zum Kochen bringen. 20 Minuten weiterkochen und eindicken lassen; dabei darauf achten, daß der Brombeersirup nicht anbrennt. Vom Herd nehmen, abkühlen lassen und in den Kühlschrank stellen. Der Sirup hält sich lange frisch.

Ofen auf 180° vorheizen.

Ein Phylloblatt mit zerlassener Butter einpinseln. Mit Zucker und geriebenen Mandeln bestreuen. Ein zweites Blatt darauf legen, buttern und mit Zucker und Mandeln bestreuen. Ein drittes Teigblatt darauf legen und mit Puderzucker bestäuben.

Aus den Teigschichten Kreise ausschneiden und Tortelettförmchen (ca. 10 cm Durchmesser) damit auslegen. 5–7 Minuten im Ofen goldgelb backen.

Teigkreise abkühlen lassen und auf Teller setzen. Mit Mascarponecreme bestreichen. Die restlichen Beeren einzeln in den Sirup tauchen und kleine Brombeerpyramiden auf die bestrichenen Teigblätter häufen.

Für 6 Personen

Die Weine

Janet Trefethen hat ihre Rezepte im Laufe der Zeit immer weiter verfeinert und hat Spaß daran, sie mit den passenden Weinen zu kombinieren. Ihre Ausführungen sind informativ, kenntnisreich und zugleich amüsant.

»Wein zum Essen ist etwas ganz Natürliches. Selbst zu Alltagsgerichten läßt sich relativ einfach ein passender Wein finden. Wenn man jedoch ein etwas aufwendigeres Menü für eine besondere Gelegenheit kocht, möchte man Weine, die dieser Gelegenheit angemessen sind.

Bei diesen besonderen Festessen nehmen wir uns mehr Zeit in der Küche und anschließend bei Tisch mehr Zeit für unsere Freunde. Daher empfiehlt es sich – und es macht auch mehr Spaß –, ein paar Gedanken auf die Kombination von Wein und Essen zu verwenden. Der Wein sollte das Essen betonen, und das Essen sollte den Wein ergänzen. Wenn man eine solche himmlische Kombination entdeckt, dann entwickeln sich Wein und Essen zu einem kulinarischen Höhepunkt, wie ihn eines von beiden alleine nie erreichen würde.

Als ich dieses Menü zusammenstellte, wußte ich, welche Weine ich servieren wollte. Zugleich wußte ich, was gerade in meinem Garten reif war.

Die Tomatensuppe gehört zu meinen Lieblingsgerichten. Sie fängt das ganze Aroma herrlich frischer Tomaten ein. Ich würze die Suppe mit Estragon, der gut zu Chardonnay paßt. Die beiden mögen sich einfach. Der Klecks Crème fraîche verbindet alles zu einer wunderbar harmonischen Zusammenstellung.

Tauben, Hühner und Federwild passen so gut zum Wein, weil sie so vielseitig sind. Die Sauce oder die Beize bestimmt, welcher Wein dazu getrunken wird. In diesem Fall wollte ich unseren Pinot Noir vorstellen, so würzte ich das Geflügel mit Oregano, Thymian und Knoblauch. Diese Aromen holen aus jedem das Beste heraus. Der Reis schmeckt leicht nussig, was die Nußtöne im Wein betonen hilft.

Das Rezept für die würzige Quiche sollte jeder Weinfan in seinem Repertoire haben. Die Aromen passen zu fast allen gealterten und zu jungen Rotweinen mit vollem Körper. Der Käse macht das Tannin weicher und bereitet den Gaumen für den Wein vor. Köstlich!«

John Trefethen

Ein Ausflug in die kalifornische Spitzengastronomie

Wunderbares Klima, Obst und Gemüse in Hülle und Fülle, sagenhafte Weine, ein gemütlicher Lebensstil und eine wachsende Fangemeinde haben das Weinland Kalifornien auch zu einem Mekka für Feinschmecker gemacht.

Den Anfang machten die Kellereien, dann kamen immer mehr Leute, um sie zu besichtigen und ihre Weine zu probieren. Die immer feineren Gaumen, die sich in der Folge entwickelten, führten schließlich zu einer starken Nachfrage nach hochwertigen Speisen.

Starköche, die von der lebendigen Gastroszene angezogen wurden, sowie die Verflechtungen innerhalb ihrer immer stärker werdenden Gruppe Gourmets sind verantwortlich für die wunderbar vielfältige Küche der Gegend. So eigenständig diese Köche auch sein mögen, ihre gemeinsame Anstrengung hat doch so etwas wie einen gemeinsamen Geist geschaffen, der diesen Teil des Weinlands Kalifornien mit einem eigenen Stil prägt.

Hier stellen wir eine kleine Auswahl dessen vor, was diese engagierten Köche kreieren.

Dabei habe ich die Köche ausdrücklich gebeten, für dieses Kapitel auf die besondere Situation von durchschnittlich begabten Hobbyköchen Rücksicht zu nehmen. Alle Rezepte sind demnach von jedem von uns umsetzbar, auch wenn kein Schwarm von Hilfsköchen um uns herumschwirrt, der Saucen reduziert und Gemüse schnitzt.

Cassandra Mitchell

The Diner

**6476 Washington Street
Yountville, California 94599
(707) 944-2626**

Cassandra Mitchell ist Vertreterin einer ganz seltenen Spezies: Sie ist gebürtige Kalifornierin, und außerdem kam sie an einem Weihnachtstag zur Welt.

Im Lauf der Jahre ist das Essen im »The Diner« raffinierter geworden, aber das Lokal ist dasselbe geblieben: »Wir sind ein Diner, eine einfache Kneipe. Und die betreiben wir, so gut wir können.«

Maispfannkuchen

Diesen herzhaften Pfannkuchen können Sie noch ein wenig Pfiff verleihen, indem Sie 2 Teelöffel fein gehackten Knoblauch und 1 Handvoll zerpflückten Schafskäse bzw. geriebenen Asiago unterrühren.

Sie können die Maispfannkuchen zum Frühstück servieren. Reichen Sie dann – nach amerikanischer Art – Butter, Ahornsirup und Bratwürste (und Eier) dazu. Als Imbiß oder Vorspeise werden sie mit Maisgemüse und Crème fraîche gereicht. Beim Abendessen dienen sie als Beilage zu mexikanischem Eintopf mit Schweinefleisch.

250 g gelbes oder dunkles Maismehl (vorzugsweise aus der Steinmühle, mittelfein gemahlen)
1/2 Teelöffel Salz
1/2 Teelöffel Natriumbikarbonat (oder 1/2 Päckchen Backpulver)
4 Eßlöffel Weizenmehl
2 Eier
5-6 Eßlöffel Maisöl
375 ml Buttermilch
2 kleine Zucchini, fein gerieben
1 kleine Dose Maiskörner

Maismehl, Salz, Natriumbikarbonat (wenn Sie statt dessen Backpulver verwenden, das Backpulver erst ganz zum Schluß unter den Teig rühren) und Weizenmehl vermengen. In einer zweiten Schüssel Eier, Maisöl und Buttermilch zu einer gleichmäßigen Masse verrühren. Die geriebenen Zucchini und Maiskörner dazugeben, dann die Mehlmischung einrühren. Zu einem geschmeidigen Teig vermengen.

Eine schwere Pfanne mit etwas Öl benetzen und nacheinander etwa handtellergroße Pfannkuchen ausbacken.
Für 4-6 Personen

Maisgemüse

1 weiße Zwiebel, fein gewürfelt
1 Eßlöffel fein gehackter Knoblauch
4 Eßlöffel Reisessig
Saft und abgeriebene Schale einer Limette
2 Eßlöffel grob gehacktes Koriandergrün
2 Eßlöffel fein gewürfelter roter Paprika
1 Chilischote (vorzugsweise Jalapeño), geputzt, entkernt und fein gehackt
1 kleine Dose Maiskörner
1 mittlere bis große Avocado, geschält, entsteint und zentimetergroß gewürfelt

Alle Zutaten bis auf die Avocado in eine Glasschüssel geben und gut vermengen. Avocadowürfelchen unterheben und gut durchmischen. Achtung: Avocado dabei nicht zerdrücken!
Ergibt 3-4 Beilagenportionen

Hausgemachtes Brät

Hier zeigen wir Ihnen das Grundrezept für etwa 6 Frikadellen aus Wurstbrät. Wenn Sie »richtige« Würste machen wollen, sollten Sie mindestens die doppelte Menge einplanen.

Maispfannkuchen, Mexikanischer Eintopf mit Schweinefleisch und Maisgemüse

KALIFORNISCHE SPITZENGASTRONOMIE

Maispfannkuchen und Frikadellen aus hausgemachtem Brät

Laut Mrs. Mitchell läßt sich das Wurstbrät auch gut einfrieren.

500 g grobes Hack aus der Schweineschulter
1 gehäufter Teelöffel Salz
1 1/2 Teelöffel gerebelter Salbei
1/2 Teelöffel grob gemahlener schwarzer Pfeffer
1 Messerspitze Nelkenpulver
1 Messerspitze geriebenes Muskat
1 Hauch gemahlener Piment
2 Teelöffel brauner Zucker
1/2–1 Teelöffel zerstoßene Chilischoten (je nach gewünschtem Schärfegrad)

Schweinehack in eine Keramikschüssel geben und die Gewürze darüber streuen. Mit den Händen sorgfältig vermengen. Gut abdecken und im Kühlschrank nach Möglichkeit mehrere Tage ziehen lassen.

Zum Braten aus dem Wurstbrät Frikadellen (handtellergroß, ca. 1 cm dick) formen und in einer heißen Pfanne 2–3 Minuten pro Seite bräunen.
Ergibt 4–6 Frikadellen

Mexikanischer Eintopf mit Schweinefleisch

Zu Eintopf mit Schweinefleisch serviert man am besten braunen Reis oder die oben beschriebenen Maispfannkuchen.

500 g Tomatillos (frisch oder aus der Dose) ohne Hülle, gewaschen
4 Eßlöffel Maisöl
1 große weiße Zwiebel, gewürfelt
1 Eßlöffel dünne Knoblauchscheiben
2 Chilischoten (vorzugsweise Jalapeño), geputzt, entkernt und fein gehackt
2 Eßlöffel fein gehacktes Koriandergrün
8 Blätter Romanasalat, in mundgerechte Stücke gerissen
1/2 l Hühnerbrühe
1 1/2 kg Schweinefleisch aus der Keule, in 2 1/2 cm große Würfel geschnitten
1/2 Teelöffel getrockneter Oregano
Mehl zum Wenden
Salz

Frische Tomatillos 10 Minuten in heißem Wasser pochieren. Abgießen und beiseite stellen.

2 Eßlöffel Öl in einem großen Topf langsam erhitzen und Zwiebel, Knoblauch und Chilischote 10 Minuten darin bräunen. Koriandergrün und Romanasalat (wichtig für die Farbe, nicht so sehr für den Geschmack) hineingeben, mit Brühe aufgießen. Aufwallen und 3–5 Minuten durchkochen lassen. Mit der Küchenmaschine pürieren. Tomatillos hinzufügen und ebenfalls pürieren. In eine Schüssel gießen und beiseite stellen.

Fleischwürfel auf ein Backblech legen und mit Oregano bestreuen. Mit Mehl bestäuben und sorgfältig darin wenden.

Das restliche Öl in dem Topf, in dem vorher die Gemüse gedünstet wurden, erhitzen und die Fleischwürfel bei lebhafter Flamme rundum anbräunen. Wenn das Fleisch eine schöne Farbe bekommen hat, die Tomatillosauce darüber gießen. Dabei den Bratfond vom Topfboden lösen und einarbeiten. Rasch aufkochen lassen, dann 45–60 Minuten leise schmoren, bis das Fleisch zart ist. Wenn die Sauce zu dick wird, etwas Brühe nachgießen. Von Zeit zu Zeit umrühren. Mit Salz abschmecken.
Für 8 Personen

Mark Malicki

Truffles Restaurant & Bar

**234 South Main Street
Sebastopol, California 95472
(707) 823-8448**

Mark Malicki fährt jedes Jahr mit seiner Frau nach Thailand, um die Thaiküche besser kennenzulernen, und bietet auf seiner Speisekarte stets ein viergängiges Thaimenü an. Er verwendet am liebsten die Erzeugnisse von Bauern aus der Gegend – wenn möglich Biogemüse – und exotische Pilze, die sein Partner Bryan Lau züchtet.

Er arbeitet außerdem seit einiger Zeit mit der American Heart Association zusammen und kreiert Menüs für gesundheitsbewußte Esser.

Darüber hinaus stellte Mark das phantasievolle Menü bei Sonoma-Cutrer (s. Seite 74–79) zusammen.

Ragout von Pilzen, Fenchel und Artischocken

3 Eßlöffel Olivenöl
3 große Schalotten in feinen Scheiben
3 Knoblauchzehen in feinen Scheiben
1 Karotte, geputzt und fein gehackt
3 Eßlöffel Butter
250 g frische Steinpilze, 2 1/2 cm groß gewürfelt
250 g Matsutage-Pilze in feinen Scheiben
250 g Pfifferlinge in dicken Scheiben
250 g Shiitake-Pilze in dicken Scheiben
1 kleine Fenchelknolle in Scheiben, 5 Minuten in Salzwasser blanchiert
3 große gekochte Artischockenherzen, geviertelt
1/2 Teelöffel Fenchelsamen, 30 Sekunden ohne Fett in einer heißen Pfanne geröstet
1/2 Teelöffel frischer Thymian, fein gehackt
Salz und Pfeffer

Öl in eine weite Pfanne geben und bei milder Hitze Schalotten, Knoblauch und Karotten darin weich dünsten (ca. 7 Minuten). Butter hinzufügen und kräftig erhitzen. Pilze, Fenchel und Artischockenherzen in die geschmolzene Butter geben. Mehrmals wenden und dünsten, bis die gesamte Flüssigkeit der Pilze verdampft ist. Bei starker Hitze sind die Pilze in wenigen Minuten weich. Zum Schluß Fenchelsamen und Thymian untermischen. Mit Salz und Pfeffer abschmecken.
Vorspeise für 6–8 Personen

Ragout von Pilzen, Fenchel und Artischocken

Gourmetpfannkuchen mit Garnelen und Gurkensauce

Gourmetpfannkuchen mit Garnelen und Gurkensauce

400 g Reismehl
1/2 l Wasser
1 Prise Safranfäden
3 Eßlöffel gehacktes Koriandergrün
3 Eßlöffel gehackte Frühlingszwiebeln
200 g gekochtes Garnelenfleisch, fein gehackt
3 Eßlöffel Erdnußöl und Öl zum Backen
6 Eßlöffel fein gehackte Schalotten
6 Eßlöffel fein gehackter Knoblauch
150 g Bohnensprossen
100 g fein gehackte Wasserkastanien
3 Kaisergarnelen, längs halbiert und gegrillt, zum Garnieren
Gurkensauce (s. folgendes Rezept)

Reismehl, Wasser und Safran verrühren. Koriandergrün, Frühlingszwiebeln und fein gehacktes Garnelenfleisch in den Teig rühren und eine Stunde ruhen lassen.

3 Eßlöffel Erdnußöl in einer Pfanne mit Antihaftbeschichtung (20 cm Durchmesser) langsam erwärmen. Je 1 Eßlöffel Schalotten und Knoblauch hineingeben und eine Kelle voll Teig in die Pfanne gießen. Unter ständigem Schütteln backen, bis der Pfannkuchen am Rand knusprige Wellen bekommt (7–8 Minuten).

Auf einen vorgewärmten Teller gleiten lassen und eine Pfannkuchenhälfte mit Bohnensprossen und 1 Eßlöffel Wasserkastanien bestreuen. Zusammenklappen und warm stellen.

Im restlichen Öl (notfalls noch 1 Eßlöffel Öl dazugeben) 5 weitere Pfannkuchen ausbacken.

Pfannkuchen mit je einer halben Garnele garnieren und mit Gurkensauce aromatisieren.
Vorspeise für 6 Personen

Gurkensauce

Auf unserem Foto wurde der Pfannkuchen mit Currysauce serviert, die sehr leicht herzustellen ist, wenn man die richtigen Zutaten dafür hat. Da das aber nur selten der Fall ist, habe ich Mark gebeten, eine andere Sauce vorzuschlagen. Die Gurkensauce läßt sich auch gut im voraus zubereiten.

3 Eßlöffel Weißweinessig
1 Eßlöffel Zucker
125 ml Wasser
1 Chilischote (vorzugsweise Serrano), entkernt und hauchdünn aufgeschnitten
1 Salatgurke, entkernt und hauchdünn gehobelt

Essig und Zucker in einen kleinen Topf geben und bei milder Hitze den Zucker auflösen (1–2 Minuten). Vom Herd nehmen, Wasser, Chilischote und Gurkenscheiben einrühren und auskühlen lassen.
Ergibt ca. 1/4 Liter

Hiro Sone

Terra

**1345 Railroad Avenue
St. Helena, California 94574
(707) 963-8931**

Nach seiner Eröffnung hat sich das »Terra« in dieser an Bedeutung gewinnenden Feinschmeckerregion schnell einen Namen gemacht. Mr. Sone und seine Frau Lissa Doumani, ebenfalls Profiköchin, sind die Besitzer.

Hiro ist an neuen Strömungen in der modernen Küche interessiert, und so probiert er zur großen Freude seiner stetig wachsenden Klientel ständig etwas Neues aus und verfeinert seine Spezialitäten.

Acqua cotta

Hiros Acqua cotta ist die beste Version dieses toskanischen Klassikers, die ich kenne. Probieren Sie sie ruhig aus. Ich bereite übrigens gleich immer die doppelte Menge Croûtons vor und friere sie ein.

1/2 kleines Baguette
1 große Knoblauchzehe, zerstoßen
Olivenöl
6 mittlere bis große Tomaten, grob gewürfelt
10–12 Eßlöffel gehackte Zwiebeln
3 Eßlöffel grob gehacktes Basilikum
4 Eßlöffel Balsamessig
125 ml Olivenöl

Ofen auf 150° vorheizen.

Baguette längs halbieren und eine Hälfte auf der Schnittfläche großzügig mit Knoblauch einreiben. Dann mit reichlich Olivenöl einpinseln. Diese Brothälfte wieder längs halbieren und in mundgerechte Stückchen zerteilen. Croûtons mit der Rinde nach unten auf ein Backblech setzen. Goldbraun rösten (30 Minuten oder länger).

Wenn die Croûtons im voraus geröstet werden, Tomaten kurz vor dem Servieren in eine große Schüssel geben und abtropfen lassen.

Zum Servieren die Tomaten mit den Brotwürfeln, den Zwiebeln und dem Basilikum vermengen. Essig und Öl verrühren und über die Acqua cotta geben. Gut durchmischen.
Für 6 Personen

Pastetchen mit Bauchspeck und wilden Pilzen

Blätterteigpastetchen können Sie selbst herstellen (ich selbst mache das nie) oder fertig tiefgekühlt oder bei einem guten Bäcker kaufen.

Man serviert sie im Restaurant meist als Vorspeise, doch zusammen mit einem Salat und etwas Obst reichen sie auch für ein kleines Mittagessen.

6 Pastetenhäuschen
1 verquirltes Ei
1 Eßlöffel Butter
6 Scheiben Bauchspeck, 1 cm groß gewürfelt
350 g gemischte frische Pilze (Pfifferlinge, Shiitake,

Pastetchen mit Bauchspeck und Pilzen

Acqua cotta

172 KALIFORNISCHE SPITZENGASTRONOMIE

Donna Scala

Ristorante Piatti

6480 Washington Street
Yountville, California 94599
(707) 944-2070

Als Donna Scala als junges Mädchen von ihrem Geburtsort in Virginia nach Texas übersiedelte, war sie von den Garmethoden am Elektro- und Holzkohlengrill und den Brattechniken so begeistert, daß sie damit zu experimentieren begann und ihre ersten Gerichte damit komponierte.

Dann heiratete sie Giovanni Scala und eröffnete zusammen mit ihm das »Ristorante Piatti«, wo sie als Küchenchefin verantwortlich zeichnet. Giovannis italienischer Einfluß paarte sich vortrefflich mit ihren Gerichten. Viele der beliebtesten Speisen im »Piatti« entspringen ihrer Zusammenarbeit.

Risotto mit Räucherlachs und Spinat

Eine verführerische Kombination!

2 Eßlöffel Butter
1/4 Zwiebel, gehackt
500 g Risotto-Reis (Sorten Arborio oder Carnaroli)
1/4 l trockener Weißwein
650 ml Hühnerbrühe
100 g Blattspinat, geputzt und in streichholzschmale Streifen geschnitten
1 Handvoll Schnittlauchröllchen
180 g Räucherlachs, fein geschnitten
180 g Mascarpone
Salz und Pfeffer
60 g Tobiko (japanischer Fischrogen) oder Lachskaviar

Die Hälfte der Butter langsam in einem schweren und großen Topf erhitzen. Zwiebel 3 Minuten darin dünsten. Reis hinzufügen und 30 Sekunden lang energisch umrühren. Wein hinzugießen und umrühren. 1/4 l Brühe

---

Austernpilze usw.), geputzt und in grobe Stücke geschnitten
1/2 Teelöffel fein gehackter Thymian
1/2 Teelöffel fein gehackter Knoblauch
Salz und Pfeffer
750 g Crème double oder Sahne
5–6 Eßlöffel Geflügel- oder Kalbsfond
Thymian zum Garnieren

Ofen auf 200° vorheizen. Tiefkühlpasteten auf ein Backblech setzen. Das Ei mit 1 Eßlöffel Wasser verquirlen und Häuschen damit einpinseln. Pastetchen nach der Packungsanleitung aufbacken. Sobald sie goldgelb sind, warm stellen.

Butter in einer weiten Pfanne erhitzen und Speckwürfel darin glasig dünsten. Pilze, Thymian, Knoblauch, Salz und Pfeffer hinzugeben. Temperatur leicht erhöhen und 3–5 Minuten weiterdünsten, bis die Pilze bräunen. Sahne und Fond einrühren. Auf die Hälfte reduzieren (gut 10 Minuten).

Abschmecken, wenn nötig. Deckel von den Pasteten abnehmen und die Schalen im heißen Ofen aufwärmen. Auf Teller setzen und mit der Pilzmischung füllen. Deckel wieder aufsetzen und jede Pastete mit einem Thymianzweig garnieren.
Für 6 Personen

Risotto mit Räucherlachs und Spinat

KALIFORNISCHE SPITZENGASTRONOMIE

Pizza mit Räucherlachs und Kaviar

hineingießen und rasch aufkochen lassen. Hitze zurückschalten und Risotto leicht köcheln lassen. Dabei mit einem Holzlöffel etwa einmal pro Minute umrühren. Wenn die Flüssigkeit verkocht ist, wieder Brühe dazugießen und so fortfahren, bis die ganze Brühe aufgebraucht ist (ca. 13 Minuten). Der Reis sollte beim Kochen stets von einem Hauch Brühe bedeckt sein. Spinat, die Hälfte des Schnittlauchs und den Räucherlachs untermengen und 3–4 Minuten durchwärmen. Dabei ständig umrühren, damit sich der Reis nicht anlegt. Vom Herd nehmen und den Käse mit der restlichen Butter einarbeiten. Salzen und pfeffern.

Risotto auf vorgewärmte Teller häufen und mit Tobiko bzw. Kaviar und den restlichen Schnittlauchröllchen garnieren. Sofort servieren.
*Vorspeise für 4–6,
Appetithappen für 8–10 Personen*

Pizza mit Räucherlachs und Kaviar

Die gleichen Zutaten wie beim Risotto (abgesehen vom Spinat) – anders zubereitet und genauso köstlich!

Pizzateig:

300 g Mehl

Frische Hefe (oder Trockenhefe)

1 1/2 Teelöffel Salz

160 ml lauwarmes Wasser

2 Eßlöffel Olivenöl

Belag:

350 g Mascarpone

1 Handvoll Schnittlauchröllchen

4 Schalotten, fein gehackt

2 Eßlöffel frisch gepreßter Zitronensaft

Salz und Pfeffer

180 g Räucherlachs, in schmale Streifen geschnitten

60 g Tobiko oder Lachskaviar

Teigbereitung: Wenn Sie den Teig mit der Küchenmaschine zubereiten, Mehl in eine Rührschüssel geben. Hefe und Salz in lauwarmem Wasser auflösen und ein paar Minuten gehen lassen. Mit dem Knethaken auf langsamer Stufe die Hefemischung mit dem Mehl verkneten. Olivenöl hinzufügen und weiterkneten. Wenn die Zutaten gut vermengt sind, auf mittlerer Stufe 3 Minuten durchkneten. Mixer wieder auf die langsame Stufe herunterschalten und weitere 3 Minuten kneten. Teig auf eine bemehlte Arbeitsfläche geben und mit einem feuchten Küchentuch bedecken. 1 Stunde gehen lassen, dann in drei gleiche Teile teilen. Teigportionen zu Kugeln formen. Die Teigkugeln müssen sich glatt und zugleich elastisch anfühlen. In drei Plastikbeutel füllen und gut verschließen. Über Nacht im Kühlschrank gehen lassen.

Wenn Sie den Teig mit der Hand verarbeiten, das Mehl auf eine Arbeitsfläche häufen und in der Mitte eine Vertiefung formen. Hefemischung und Olivenöl hineingießen und nach und nach mit dem Mehl vermengen. 6–7 Minuten durchkneten, dann wie oben beschrieben fortfahren.

Belag: Bis auf Lachs, Kaviar und 1 Eßlöffel Schnittlauch alle Zutaten vermengen und bei Zimmertemperatur ruhen lassen. Den Mascarpone nicht zu kräftig verrühren, da er sonst seine Konsistenz verliert.

Backen: Ofen auf 250° vorheizen. Wenn Sie einen sogenannten Back- oder Pizzastein besitzen, der sich stark aufheizen läßt, gelingt die Pizza noch einfacher. Teig aus dem Kühlschrank nehmen und einige Minuten bei Zimmertemperatur ruhen lassen. Mit den Händen weich kneten und mit Mehl bestäuben. Überschüssiges Mehl abklopfen. Eine glatte Arbeitsfläche (am besten eine Marmorplatte, Resopal tut es aber auch) bemehlen. Teig mit einem Nudelholz ausrollen, aber nicht zu fest aufdrücken. In der Mitte beginnen und stets in einer Richtung vom Körper weg arbeiten; dafür den Teig jeweils um neunzig Grad drehen. Wenn die Teigkreise einen Durchmesser von ca. 18 cm erreicht haben, nochmals bemehlen und dann mit den Fingern weiterarbeiten. Hände 1 cm vom Rand auf den Teig legen und vorsichtig auseinanderspreizen, so daß sich der Teig unter ihnen dehnt. Auch hierbei den Teig stets um einige Zentimeter weiterdrehen. Dadurch bleibt die Pizza rund. Die fertige Pizzascheibe sollte einen Durchmesser von etwa 25 cm besitzen, eine dünne Mitte und einen 1 cm hohen Rand haben.

Pizza auf eine Pizzaschaufel oder einen leicht bemehlten Karton legen (am leichtesten löst sich der Teig von Maismehl oder Hartweizengrieß, aber einfaches Mehl geht auch). Eine dünne Schicht Mascarponemischung auf die Pizza streichen, den Rand aber immer frei lassen. Pizza mit der Unterlage auf den Stein oder ein Backblech legen und 8–10 Minuten backen, bis der Teig goldbraun ist. Aus dem Ofen nehmen und auf einen Teller gleiten lassen.

Mit Räucherlachs und Kaviar sowie den restlichen Schnittlauchröllchen garnieren. Rand mit Olivenöl einpinseln und in acht Stücke teilen. Sofort servieren.
Ergibt 3 Pizzas

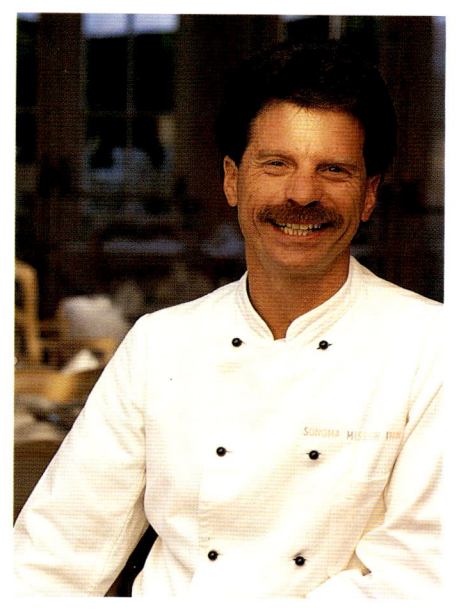

Charles Saunders

Sonoma Mission Inn & Spa

**18140 Sonoma Highway 12
Boyes Hot Springs, California 95416
(707) 938-9000**

Charles Saunders hat mit den beiden Restaurants in seinem »Inn« das richtige Betätigungsfeld gefunden. Im »The Grill« bietet er sowohl Regionalküche als auch die beim Establishment so beliebte kalorienarme Kost an. Das »Big Three Cafe« dagegen hat sich auf italienische Küche spezialisiert.

Charles hat außerdem das köstliche Ballonfahrer-Menü für Buena Vista (s. Seite 54–61) zubereitet.

Krabbenkuchen mit Chilimayonnaise

Saunders' Version der klassischen Krabbenkuchen

4 Eßlöffel Erdnußöl
60 g Butter
200 g Zwiebeln, fein gewürfelt
200 g Sellerie, fein gewürfelt
500 g frisches Krabbenfleisch
1 Ei, leicht verquirlt
1 1/2 Eßlöffel Dijonsenf
1 Eßlöffel grob gehackte Petersilie
1 Eßlöffel grob gehackter Thymian
Salz, schwarzer Pfeffer und Cayennepfeffer
350 g Semmelbrösel
Chilimayonnaise (s. folgendes Rezept)

Die Hälfte des Öls und der Butter in einer kleinen Pfanne erhitzen und Zwiebel und Sellerie 5 Minuten darin weich dünsten. In die Küchenmaschine geben und etwas feiner hacken. Krabbenfleisch in eine Schüssel geben und gründlich verlesen. Das gedünstete Gemüse dazugeben und leicht verrühren. Ei und Senf einrühren, dann Kräuter und Gewürze sowie die Hälfte der Semmelbrösel untermengen. Gut vermischen, aber nicht zu fest verrühren. Mit möglichst wenig Handgriffen aus der Krabbenmasse 12 Frikadellen formen und in den restlichen Semmelbröseln wenden.

Ofen auf 180° vorheizen. Restliches Öl und Butter in einem Bräter erhitzen. Krabbenkuchen auf beiden Seiten insgesamt 2–3 Minuten darin bräunen. In den Ofen schieben und 3 Minuten fertiggaren. Mit der Chilimayonnaise servieren.
*Appetithappen für 12,
Vorspeise für 6 Personen*

Chilimayonnaise

6 Safranfäden
125 ml trockener Weißwein
3 Eigelb
3 Eßlöffel frisch gepreßter Limettensaft (1 Limette)
1/2 Teelöffel Dijonsenf
1 Teelöffel feingehackte Chilischote (vorzugsweise Jalapeño)
1/2 l Erdnußöl
Salz, schwarzer Pfeffer und Cayennepfeffer

Safran und Wein in einen kleinen Topf geben und bei milder Hitze auf etwa 1 Eßlöffel einkochen lassen (8–10 Minuten). Durch ein Sieb gießen und beiseite stellen.

Eigelb, Limettensaft, Senf und Chilischote in eine kleine Schüssel füllen und das Öl in einem ständigen Strahl unterschlagen, bis eine dicke Mayonnaise entsteht. Sie können dafür auch die Küchenmaschine benutzen. Abschmecken und den reduzierten Wein unterrühren.
Ergibt ca. 1/2 Liter

Antilopenmedaillons mit Rotweinsauce und Ingwerchutney

Antilopenfleisch sollten Sie wirklich einmal probieren. Es schmeckt wunderbar und hat weniger Kalorien als Hähnchenfleisch. Sie können es über Spezialgeschäfte bestellen.

4 Eßlöffel Olivenöl
Salz und Pfeffer
12 Antilopenmedaillons à 100 g
Rotweinsauce (s. folgendes Rezept)
Ingwerchutney (s. übernächstes Rezept)

Olivenöl in einen großen Bräter geben oder eine Grillplatte damit einpinseln. Stark aufheizen. Unterdessen die Medaillons salzen und großzügig pfeffern. Wenn der Bräter bzw. die

Krabbenkuchen mit Chilimayonnaise

KALIFORNISCHE SPITZENGASTRONOMIE 175

Platte heiß ist, das Fleisch etwa 1 Minute oder etwas mehr auf jeder Seite garen. Wenn Sie Ihr Fleisch nicht medium, sondern besser durchgebraten essen wollen, in den 180° heißen Ofen schieben und bis zum gewünschten Grad weitergaren.

Mit Rotweinsauce und Ingwerchutney servieren.

Für 6 Personen

Rotweinsauce

2 Eßlöffel Olivenöl
500 g Antilopenknochen, Fleischreste und Sehnen
1 Handvoll grob gehackter Lauch
1 Handvoll grob gehackte Zwiebel
1 Handvoll grob gehackter Sellerie
1 Handvoll grob gehackte Karotte
2 Eßlöffel gehackter Knoblauch
2–3 Tomaten, gehäutet, entkernt und gewürfelt
1/4 l trockener Rotwein
1 l Kalbs- oder Hühnerbrühe bzw. Fond
10 Salbeiblätter
1/2 Teelöffel zerstoßene Pfefferkörner

Olivenöl in einen großen Topf geben und Antilopenreste leicht bräunen (10 Minuten). Alle Gemüse bis auf die Tomaten dazugeben und 10–15 Minuten mitdünsten. Tomaten hinzufügen und den Bratfond mit dem Rotwein loskochen. Brühe bzw. Fond aufgießen und bei lebhafter Hitze auf die Hälfte reduzieren (ca. 15 Minuten). Salbei und Pfeffer dazu geben und 1 Stunde schmoren lassen. Dabei regelmäßig das Fett abschöpfen. Falls nötig nachwürzen.

Ergibt ca. 3/4 Liter

Ingwerchutney

1 Eßlöffel frischer Ingwer, grob gehackt
1/2 l naturtrüber Apfelsaft
4 Eßlöffel Apfelessig
1 Messerspitze gemahlenes Kardamom
4 Eßlöffel Melasse
180 g Qumquats, halbiert
300 g Pfirsiche, gehäutet, entsteint und in grobe Scheiben geschnitten
100 g Schalotten
1 Eßlöffel grüne Pfefferkörner
Salz und Pfeffer
Nach Belieben 2 Eßlöffel Mandelblättchen, geröstet

Ingwer, Apfelsaft, Essig, Kardamom und Melasse in einen Topf geben. Rasch aufkochen lassen, dann die Hitze zurücknehmen, bis die Mischung nur noch köchelt. Qumquats, Pfirsiche und Schalotten nacheinander jeweils 1 Minute in dem Sirup pochieren. Mit einer Schaumkelle herausheben. Grüne Pfefferkörner dazugeben und abschmecken. Flüssigkeit bei mittlerer Hitze 10 Minuten eindicken lassen. Abkühlen. Das pochierte Obst und Gemüse nach Belieben mit den Mandeln vermengen und mit Sirup übergießen. Gut durchmischen und bis zum Servieren beiseite stellen.

Ergibt ca. 3/4 Liter

Antilopenmedaillons mit Rotweinsauce und Ingwerchutney

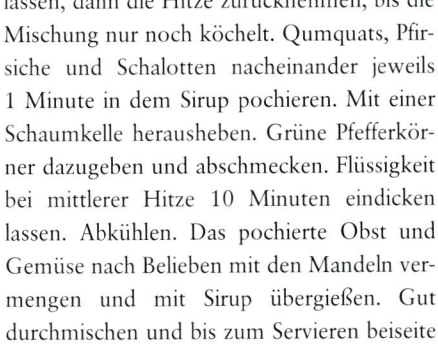

Michael Chiarello

Tra Vigne

**1050 Charter Oak Avenue
St. Helena, California 94574
(707) 963-4444**

Michael Chiarello wuchs in einer italienischen Großfamilie auf, in der sich alles um das Anbauen, Kochen und Einkochen von gutem, einfachem Essen drehte. Er begann seine Karriere in der Gastronomie bereits mit 14, hält aber die Familientradition hoch. Denn neben seinem Hauptberuf, in dem er von einer starken und anscheinend nimmermüden Crew unterstützt wird, trocknet er auch Schinken, Fleisch, Salami, Oliven und macht Olivenöl.

Gegrillter Radicchio

Diese köstliche Vorspeise braucht etwas Zeit, aber die Sauce und die Pochierflüssigkeit können vorbereitet werden.

1/2 l roter Zinfandel
6 mittlere bis große Schalotten, gehackt
3/4 l Hühnerbrühe
3/4 l Kalbsbrühe
2 Lorbeerblätter

2 Zweige Thymian

1 l Wasser

1/4 l Champagneressig

1/4 l trockener Weißwein

4 Eßlöffel Zitronensaft

4 Radicchio, geviertelt

Olivenöl

Salz und Pfeffer

2 Eßlöffel schwarze Olivenpaste

10 Basilikumblätter

3 Eßlöffel gekühlte Butterflöckchen

Grob gehackte Petersilie zum Garnieren

Rotwein und Schalotten in einen großen Topf geben und bei lebhafter Hitze auf gut 1/4 l einkochen (10–15 Minuten). Mit Brühe aufgießen, Lorbeerblätter und Thymian hineingeben und auf etwa 3/4 l reduzieren (gut 20 Minuten). Durchseihen und beiseite stellen.

Wasser, Essig, Weißwein und Zitronensaft mischen und kurz aufwallen lassen. Radicchioviertel in die leicht köchelnde Flüssigkeit geben und 1 Minute pochieren. Der Radicchio muß dabei vollständig von Flüssigkeit bedeckt sein. Vorsichtig herausheben und in eine Schüssel mit Eiswasser legen, damit der Garvorgang unterbrochen wird. Abgießen und leicht mit Olivenöl einpinseln. Mit Salz und Pfeffer bestreuen und kurz auf dem Rost grillen, bis der Radicchio durch und durch heiß ist und man das Grillmuster sehen kann. Locker abdecken und beiseite stellen.

Sauce aufkochen. Mit Olivenpaste und Basilikum würzen. Nach 5 Minuten mit Butterflöckchen verfeinern. In tiefe Teller geben und Radicchio obenauf setzen. Mit Petersilie garnieren.
Für 8 Personen

Anmerkung: Olivenpaste ist in italienischen Feinkostläden erhältlich.

Gegrillter Radicchio

Pizzette mit Knoblauch und Kräutern

Etwas für alle Knoblauchfans. Wenn Sie keinen Knoblauch mögen, werden Ihnen diese Pizzette auch nicht schmecken. Vergleichen Sie dieses Teigrezept mit dem von Donna Scala auf Seite 174 und arbeiten Sie nach dem, das Ihnen besser liegt.

1 Eßlöffel Olivenöl

2 Teelöffel Salz

1 Ei

1/4 l lauwarmes Wasser

1 1/2–2 Päckchen Trockenhefe

600 g Mehl (vorzugsweise doppelgriffiges Mehl)

Olivenöl

Rosmarinblättchen

Geriebener Parmesan

3 Knoblauchzehen, fein gehackt

3 Knoblauchknollen mit frischen Kräutern (s. folgendes Rezept)

Öl, Salz, Ei und lauwarmes Wasser in eine Rührschüssel geben. Hefe hineinbröckeln und kurz umrühren oder 30 Sekunden mit dem Knethaken vermengen. Mehl hinzufügen und so lange verrühren, bis sich der leicht feuchte Teig von der Schüssel löst. Auf eine leicht bemehlte Arbeitsfläche geben und ca. 1 Minute durchkneten. 45–60 Minuten auf die doppelte Größe aufgehen lassen. In drei gleiche Teile teilen und zu Kugeln formen. Leicht mit Olivenöl bepinseln und wieder 45–60 Minuten auf die doppelte Größe aufgehen lassen.

Ofen auf 250° vorheizen. Teigkugeln von der Mitte nach außen kneten: Zwischen Daumen und Zeigefinger klemmen und durch

Pizzette mit Knoblauch und Kräutern

Drehbewegungen eine etwa 15 cm große Scheibe formen. Mit Olivenöl einpinseln und mit Rosmarin, Parmesan, gehacktem Knoblauch gleichmäßig bestreuen.

5 Minuten backen, dann eine Knoblauchknolle in die Mitte jeder Pizza setzen und weitere 5 Minuten backen, bis der Teig goldbraun ist. Etwas abkühlen lassen, die Knoblauchknollen auspressen und das Mark und den Saft auf der Pizza verteilen. Sofort servieren.

Ergibt 3 Pizzette

Knoblauchknollen mit Kräutern

3 Knollen roter Knoblauch
1/4 l Olivenöl
1 1/2 Teelöffel fein gehackter Thymian
1 Eßlöffel fein gehackter Rosmarin
Salz und weißer Pfeffer

Ofen auf 180° vorheizen.

Die Knollen oben abschneiden und die freiliegenden Zehen großzügig mit Olivenöl einpinseln. Mit dem restlichen Öl in eine flache Form setzen. Mit Kräutern und Gewürzen bestreuen, abdecken und 1 Stunde im heißen Ofen garen. Der Knoblauch muß weich sein, damit man ihn auf die Pizza streichen kann.

Schweinelende in Senfkruste

John Ash

John Ash & Co

4330 Barnes Road
Santa Rosa, California 95403
(707) 527-7687

Die Kindheit auf der großelterlichen Farm in Kalifornien ließ in John Ash die Liebe zur Natur erwachen – und die Liebe zu gutem Essen.

Daraus machte er seinen Beruf und eröffnete 1987 das »John Ash & Co« in Santa Rosa. Wenn Sie sich die Bilder von Johns Kreationen ansehen, werden Sie außerdem entdecken, daß John seine Karriere als Künstler begann, der er heute noch ist.

Schweinelende in Senfkruste

Die Schweinelende wird so mariniert, daß sie nach Wildschwein schmeckt, und kann sehr gut zimmerwarm oder kalt bei einem Picknick gegessen werden.

Braten und Beize:
2 Eßlöffel Olivenöl
3 Karotten, grob gehackt
1 große Zwiebel, grob gehackt
2 große Schalotten, gehackt
3 Knoblauchzehen, fein gehackt
1 1/4 l kräftiger Rotwein
125 ml guter Rotweinessig
4 Lorbeerblätter
6 Zweige Petersilie, grob gehackt
16 Wacholderbeeren
2 Teelöffel Salz
12 schwarze Pfefferkörner
2 1/2–3 kg schiere Schweinelende (eine dünne Fettschicht kann dranbleiben)
Senfkruste:
3 große Knoblauchzehen, grob gehackt
5–6 Eßlöffel grob gehackte Frühlingszwiebeln
4 Eßlöffel trockener Weißwein
1/2 Teelöffel getrockneter Salbei
1/2 Teelöffel getrockneter Thymian
250 g Dijonsenf
4 Eßlöffel Oliven- oder leichtes Salatöl
1 Teelöffel Salz
1/2 Teelöffel schwarzer Pfeffer aus der Mühle
2 Eßlöffel Olivenöl

Beize: Öl langsam erhitzen und das Gemüse 3–4 Minuten darin dünsten. Wein und Essig aufgießen und würzen. Aufwallen und 10 Minuten weiterköcheln lassen, dann abkühlen. Fleisch in eine Keramikschüssel legen und mit der Beize bedecken. 2–3 Tage im Kühlschrank ziehen lassen. Ein- oder zweimal wenden.

Kalifornischer Nußkuchen

Senfkruste: Knoblauch, Frühlingszwiebeln, Wein und Kräuter in der Küchenmaschine rasch zu einer glatten Sauce verrühren. Restliche Zutaten hinzufügen und untermengen. Die Mischung sollte die Konsistenz einer dicken Creme besitzen.

Zum Braten den Ofen auf 200° vorheizen. Fleisch aus der Marinade heben und trockentupfen. Olivenöl in einem Bräter erhitzen und das Fleisch 5 Minuten darin bräunen. Wenn Ihr Bräter dafür nicht groß genug ist, die Schweinelende halbieren.

Das gebräunte Fleisch auf den Rost über der Saftpfanne legen und mit reichlich Senfcreme bestreichen. Das Fleisch 30 Minuten im heißen Ofen saftig und leicht rosa braten (das Fleisch hat dann innen eine Temperatur von ca. 70°). Vor dem Anschneiden 5 Minuten ruhen lassen.
Für mindestens 12 Personen

Kalifornischer Nußkuchen

Wohl einer der besten Nußkuchen, den ich je gegessen habe – und dabei habe ich schon eine ganze Menge vertilgt.

Teig:
100 g Haselnüsse, mittelfein gemahlen
100 g Mandeln, geröstet und mittelfein gemahlen
3 1/2 Eßlöffel Mehl
2 1/2 Eßlöffel Kristallzucker
5–6 Eßlöffel Butterflöckchen
Füllung:
250 g und 2 1/2 Eßlöffel brauner Zucker
2 ganze Eier und 1 Eigelb
300 g Walnüsse, grob gehackt
200 g Kokosraspel
100 g Mehl
1 Prise Backpulver
Puderzucker zum Bestäuben
Englische Creme (s. Seite 17) oder Schlagsahne

Ofen auf 180° vorheizen.

Teigbereitung: Haselnüsse, Mandeln, Mehl, Zucker und Butter mit der Küchenmaschine vermengen, bis ein grießartiger Teig entsteht. Eine runde Kuchenform (5 cm hoch, 20 cm Durchmesser) damit auskleiden. Dabei einen etwa fingerbreiten Rand formen.

Füllung: Braunen Zucker, Eier und Eigelb im Mixer verrühren. Restliche Zutaten einschließlich Backpulver einarbeiten und die Mischung auf den Teigboden streichen. 50 Minuten backen, bis der Kuchen außen goldgelb und innen weich und elastisch ist. Abkühlen lassen und anschließend auf eine Kuchenplatte stürzen.

Mit Puderzucker bestäuben und mit Englischer Creme oder Schlagsahne servieren.
Für 8–10 Personen

Aaron Bowman

La Placita Restaurant

1304 Main Street
St. Helena, California 94574
(707) 963-8082

Man könnte meinen, der Weg von den Amish-People in ein schickes kalifornisch-mexikanisches Restaurant sei weit. Aber Spitzenkoch Aaron Bowman, der im Studentenalter viel durch Europa, den Mittleren Osten und Asien gereist ist, hat es verstanden, die kulinarischen Traditionen seiner Familie, die auf Überfluß, Frische und Großzügigkeit basieren, mit der gastronomischen Erfahrung seiner Reisen zu paaren und daraus eine unverwechselbare Küche zu schaffen.

Karameltortillas

Eine knusprige Überraschung. Aaron hat mir zwar das Rezept für die Weizentortillas gegeben, aber ich denke, daß Sie genauso wie ich die gekauften Tortillas verwenden.

Tortillas:
3 Tomatillohüllen (nach Belieben)
1/4 l und 4 Eßlöffel Wasser
300 g Mehl
Backpulver (nach Belieben)
2 Eßlöffel Maisöl
Zubereitung:
1/4 l und 6 Eßlöffel Maisöl
500 g Pilonsillo (s. Anmerkung)
125 ml Wasser
Zimtpulver

Tortillas: Sie können die Tortillas auf zwei verschiedene Arten zubereiten. Für die erste Version die Tomatillohüllen mit dem Wasser bedecken und aufkochen lassen. 5 Minuten simmern, bis knapp die Hälfte der Flüssigkeit verkocht ist. Abkühlen lassen und Tomatillohüllen herausfischen. Dieses Wasser mit dem Mehl verrühren und nach Anleitung weiterarbeiten. Damit brauchen Sie kein Backpulver, da die Tomatillohüllen die gleiche Wirkung haben. Wenn Sie statt dessen Backpulver verwenden, nach Anleitung einen Teig bereiten.

180 ml Wasser und Öl mit dem Mehl rasch zu einem weichen und elastischen Teig verrühren. Nach Bedarf zum Schluß das Backpulver untermengen. Walnußgroße Portionen vom Teig abstechen und zu Scheiben mit etwa 25 cm Durchmesser ausrollen. Tortillas aufeinanderschichten, dabei Wachspapier dazwischen legen.

Zubereitung: Öl in einer weiten Pfanne erhitzen und die – hausgemachten oder gekauften – Tortillas bei kräftiger Hitze goldbraun ausbacken (ca. 30 Sekunden). Auf Küchenkrepp abtropfen lassen.

Pilonsillo oder braunen Zucker mit Wasser

Karameltortillas

verrühren. Bei schwacher Hitze ein paar Minuten köcheln lassen, dann die Tortillas einzeln in den Sirup tauchen. Mit Zimt bestäuben und auf Wachspapier auskühlen lassen, damit die Tortillas schön knusprig werden.
Ergibt mehrere Dutzend Tortillas

Anmerkung: Pilonsillo ist eine Art brauner Zucker, den man auf den Märkten Lateinamerikas und in Spezialgeschäften kaufen kann. Ersatzweise handelsüblichen braunen Zucker verwenden.

Gefüllte Chilischoten

Die Hauptarbeit läßt sich gut im voraus erledigen, so daß man für ein schnelles Mittagessen nur noch ein paar Avocadoscheiben und Salsa benötigt.

Gefüllte Chilischoten mit Avocado und rotem Basilikum

Chilis:

6–8 große Pasilla-Chilis (s. Anmerkung)

4 Knoblauchzehen, gehackt

3 Eßlöffel gehackte Frühlingszwiebeln oder Schalotten

3 getrocknete Tomaten, fein gehackt

2 Handvoll gehacktes Koriandergrün

1 Handvoll gehacktes Basilikum

100 g milder Ziegenkäse, zerpflückt

200 g geriebener Monterey-Jack-Käse (ersatzweise Gouda)

1/2 Teelöffel getrockneter Thymian

1/2 Teelöffel getrockneter Dill

Salz und Pfeffer

Zubereitung:

1 Ei

2–3 Eßlöffel Crème double

250 g gelbes oder dunkles Maismehl

2–3 Eßlöffel Erdnußöl

Schoten wie Paprika (s. Seite 113) braten und häuten. Haut abziehen, Stiel dranlassen. Vorsichtig der Länge nach aufschlitzen und entkernen. Beiseite stellen.

Alle übrigen Zutaten gründlich vermengen. Jede Schote vorsichtig mit der Käsemasse füllen (nicht zuviel!) und die Hälften wieder übereinanderklappen. Die gefüllten Schoten auf eine Platte legen und bis zur Verwendung kalt stellen.

Schoten mindestens 30 Minuten vor der Zubereitung aus dem Kühlschrank nehmen.

Zubereitung: Ei und Crème double leicht miteinander verrühren. Maismehl auf Wachspapier ausstreuen. Jede Schote in die Sahnemischung tauchen und die überschüssige Flüssigkeit abtropfen lassen. Im Maismehl wenden und überschüssiges Mehl abschütteln. Panierte Schoten auf eine Platte oder auf Wachspapier legen.

Öl in einer weiten Pfanne erhitzen und die Schoten rundum leicht bräunen. Wenn die Käsefüllung weich wird und durch und durch warm ist, herausheben. Nicht zu kräftig bräunen, sonst verbrennen die Schoten außen, bevor die Füllung richtig warm ist. Sofort servieren.

Für 6–8 Personen

Anmerkung: Für dieses Rezept wurden die länglichen und relativ großen Pasillaschoten verwendet. Man kann sie in gut sortierten Gemüsegeschäften kaufen oder durch andere Paprikasorten ersetzen.

Diane Pariseau

Trilogy

1234 Main Street
St. Helena, California 94574
(707) 963-5507

Gleich um die Ecke von Hiro Sones Restaurant »Terra« hat ein weiterer Newcomer seine Zelte aufgeschlagen. Das Restaurant, das von Diane Pariseau und ihrem Mann Don zusammen mit Partner Tim Masher geführt wird, hat sich sehr schnell zum tonangebenden Trendsetter entwickelt.

Diane zeichnet als Küchenchefin für die sehr eleganten Gerichte verantwortlich, die einen Besuch im »Trilogy« zum »Muß« einer Reise durchs Weinland Kalifornien machen.

Salat aus Kammuscheln

Salat aus Kammuscheln

Dianes Rezepte halten, was die Köchin verspricht. Dieser Salat ist schnell und einfach zuzubereiten und schmeckt ausgesprochen köstlich.

700 g Kammuscheln (gut 100 g pro Person)

Saft von 4 Limetten

4 Eßlöffel fein gewürfelte rote Zwiebeln

4 Tomaten, gehäutet, entkernt und fein gewürfelt

2 Eßlöffel fein gehacktes Koriandergrün

6 Eßlöffel Olivenöl

Schwarzer Pfeffer aus der Mühle

6 Zweige Koriandergrün zum Garnieren

Den schmalen Muskel an der Seite der Kammuscheln entfernen und wegwerfen. Muscheln 3 Stunden im Limettensaft marinieren und in den Kühlschrank stellen.

Muscheln aus der Marinade heben, abtropfen lassen und in Scheiben schneiden. Auf Tellern kreisförmig anrichten, so daß sich die einzelnen Scheiben ein wenig überlappen. Einige Zwiebelwürfelchen in die Mitte der Kreise häufen und die Tomaten um die Muscheln herum drapieren. Mit Koriandergrün bestreuen. 1 Eßlöffel Olivenöl über jede Portion träufeln und mit frisch gemahlenem schwarzem Pfeffer würzen. Mit einem Korianderzweig garnieren.

Für 6 Personen

Geräucherte Forelle mit Bohnensalat

Dieser köstliche Salat gibt eine wunderbare Vorspeise ab; er läßt sich in etwas größerem Umfang aber auch wunderbar als Hauptgang eines leichten Mittagessens vorstellen.

6 geräucherte Forellenfilets
750 g sehr feine grüne Böhnchen
Salz
125 ml Haselnußöl
4 Eßlöffel grobkörniger Senf
1 Eßlöffel Champagneressig
1 Eßlöffel gehacktes Estragon
3 Eßlöffel fein gewürfelte rote Zwiebeln
12 geröstete und gepellte Haselnüsse
Schnittlauchblüten zum Garnieren

Forellenfilets sorgfältig auf Grätenreste untersuchen und diese mit einer Pinzette entfernen.

Bohnen in Salzwasser blanchieren (1 Minute) und in Eiswasser abschrecken. Abgießen und beiseite stellen.

Öl, Senf, Essig und Estragon verrühren. Unter Umständen vor dem Anrichten noch einmal kräftig durchmischen.

Bohnen auf 6 Teller verteilen, die Forellenfilets in mundgerechte Stücke teilen und die Bohnen damit umkränzen. Bohnen mit einem Eßlöffel oder mehr Dressing würzen. Mit Zwiebelwürfelchen und Haselnüssen bestreuen. Nach Belieben mit Schnittlauchblüten garnieren.
Für 6 Personen

Geräucherte Forelle mit Bohnensalat, hier mit rosa Blüten garniert

Sally Schmitt

French Laundry

**6640 Washington Street
Yountville, California 94599
(707) 944-2380**

Das »French Laundry« war eine Idee von Sally Schmitt und ihrem Mann Don. Das Restaurant ist in einem wunderschönen, alten und denkmalgeschützten Steinhaus untergebracht, das in der Tat einst als Waschhaus diente. In Sallys Küche hat sich ein ganz persönlicher Stil durchgesetzt, gleichwohl ist der französische Einfluß nicht zu leugnen.

Tomatillosuppe mit Koriandergrün und Orangen

Ein paar von Sallys Tips vorweg: Wenn Sie die Suppe gerne schärfer essen, einfach mehr Chilischoten dazugeben. Ich bevorzuge eine milde Schärfe.

Je kräftiger die Brühe, desto kräftiger auch die Suppe. Ich verwende etwas Schweine- und Entenbrühe zusammen mit Hühnerbrühe, wenn ich sie gerade zur Hand habe.

1 1/2 l kräftige Hühnerbrühe
Salz und schwarzer Pfeffer aus der Mühle
1 Eßlöffel Olivenöl
1 kleine Zwiebel, gehackt
1 Knoblauchzehe, in Scheiben
1/2 Chilischote (vorzugsweise Jalapeño), in feinen Scheiben
250 g Tomatillos, geschält und grob gehackt (s. Seite 157)
1 Teelöffel Orangenschale, grob gehackt
5–6 Eßlöffel frisch gepreßter Orangensaft
3 Maistortillas
200 g grob geriebener Monterey-Jack-Käse (ersatzweise Gouda)
Koriandergrün zum Garnieren

Brühe in einem großen Topf zum Kochen bringen. Salzen und pfeffern.

Unterdessen Olivenöl in einer weiten Pfanne erhitzen und Zwiebel, Knoblauch und Chili darin weich dünsten (ca. 5 Minuten). Tomatillos dazugeben, salzen und pfeffern. Zudecken und 5 Minuten schmoren. Kochende Brühe aufgießen, dann Orangenschale und Saft hinzufügen und nochmals abschmecken.

Bei sehr milder Hitze ohne Deckel 15 Minuten köcheln. Herd ausschalten, Deckel aufsetzen und Suppe bis zum Servieren (höchstens 2 Stunden) nachziehen lassen.

Zum Servieren wieder zum Köcheln bringen. In der Zwischenzeit Tortillas über einer offenen Flamme bei ständigem Wenden rösten, bis sie Blasen werfen und braune Flecken bekommen. (Wenn Sie keinen Gasherd besitzen, auf einer Grillplatte oder in einer schweren Pfanne rösten.) Tortillas in schmale Streifen schneiden.

Suppenteller vorwärmen und die Tortillastreifen darauf verteilen. Suppe einfüllen und mit geriebenem Käse bestreuen. Mit Koriandergrün garnieren.
Für 6 Personen

Tomatillosuppe mit Koriandergrün und Orangen

Shortcake mit warmer Sahnesauce

Das Dessert schmeckt wirklich so gut, wie es aussieht.

Shortcake:
200 g Mehl
1 Messerspitze Salz
4 Eßlöffel Zucker
1 Prise Muskat
4 Eßlöffel Butter, zimmerwarm
1 kleines Ei
4 Eßlöffel Milch
1/2 Päckchen Backpulver
Sahnesauce:
4 Eßlöffel Butter
4 Eßlöffel Zucker
500 g Crème double oder Sahne
Anrichten:
3 große Pfirsiche, geschält, entsteint und in Scheiben geschnitten
2 Schälchen gemischte Beeren

Ofen auf 200° vorheizen.

Shortcake: Mehl, Salz, Zucker und Muskat in einer Schüssel vermengen. Butter einarbeiten, bis der Teig die Konsistenz von Grieß hat. Ei in der Milch verquirlen, im Teig eine Vertiefung formen und die Milch mit dem Ei hineingießen.

Mit einer Gabel vermengen. Mit einem Eßlöffel 6 großzügige Portionen auf ein ge-

Shortcake mit warmer Sahnesauce

fettetes Backblech häufen und 15 Minuten backen.

Sahnesauce: Zutaten in einem schweren Topf vermengen. Bei milder Hitze köcheln lassen, bis die Sahne aufkocht. (Einen ausreichend großen Topf verwenden, damit die Sahne nicht überkochen kann!) Unter ständigem Rühren mit einem Schneebesen abkühlen, dann ein zweites und gegebenenfalls noch ein drittes Mal aufkochen lassen. Zuletzt leise ein paar Minuten weiterköcheln lassen.

Die Sahne kann auch schon ein paar Stunden im voraus vorbereitet werden. Wenn Sie eine dickere Sauce bevorzugen, länger als insgesamt 20 Minuten kochen. Ist die Sauce zu dick geraten, mit etwas Sahne verdünnen.

Anrichten: Shortcakes wieder anwärmen, bis sie oben schön knusprig sind. Quer halbieren und die Böden auf Teller setzen. Die Shortcakes mit Pfirsichscheiben belegen, obere Hälfte wieder aufsetzen und mit Beeren garnieren. Mit der warmen Sahnesauce servieren.

Für 6 Personen

Gary Danko

The Restaurant at Chateau Souverain

**400 Souverain Road
Geyserville, California 95441
(707) 433-3141**

Der ehrenwerte Harvey Steiman schrieb in einem Artikel im »Wine Spectator« über Gary Danko und seine neue Küche im Chateau Souverain: »Die Küche unter Gary Danko zeichnet sich vor vielen anderen durch meisterliches Können, Kreativität und herzerfrischende Kost aus. Hier waltet Finesse ohne eine Spur von Überspanntheit. Dankos Küche bevorzugt kräftige Aromen, sein Stil jedoch ist beherrscht und bemerkenswert kultiviert.« Dem ist wohl nichts mehr hinzuzufügen.

Polentaauflauf

Polenta:
4 Eßlöffel Butter
1/2 Zwiebel, fein gehackt
200 g Polentamehl
1 Eßlöffel grobkörniges Salz
1 Teelöffel zerstoßene schwarze Pfefferkörner
Kochendes Wasser

Tomatenmousse:
1 Eßlöffel Butter
4 Eßlöffel Olivenöl extravergine
1 Knoblauchzehe, gehackt
2 Schalotten, gehackt
750 g Tomatenconcassé (entspricht 3–4 Tomaten, gehäutet, entkernt und fein gehackt)
1 Eßlöffel Tomatenmark
1/4 Lorbeerblatt
1 Eßlöffel Zucker
Salz und Pfeffer

Anrichten:
180 g geriebener Sonoma-Jack-Käse (ersatzweise Parmesan)
375 g Crème double

Ofen auf 180° vorheizen.

Polenta: Butter in einer ofenfesten Form zerlassen. Zwiebel bei milder Hitze darin glasig dünsten, vom Herd nehmen und das Maismehl hineinrühren. Das kochende Wasser (ca. 1 l; dazu die Packungsanleitung des Polentamehls beachten) salzen und pfeffern und über das Maismehl gießen. Leicht verrühren, in den Ofen schieben und etwa 30 Minuten backen (oder laut Herstellerangaben auf dem Herd verrühren). Die Polenta muß zwar fest, aber noch streichfähig sein. Polenta in eine etwa 25 x 40 cm große Form streichen (ca. 1 cm dick) und mit einem Spatel glätten. Abdecken und kalt stellen. Sie können die Polenta bereits bis zu 2 Tage im voraus zubereiten.

Tomatenmousse: Butter und Olivenöl in eine Pfanne geben und erhitzen. Schalotten 5 Minuten darin glasig dünsten. Restliche Zutaten hinzufügen und 20 Minuten schmoren. Salzen und pfeffern; zum Schluß das Lorbeerblatt wieder herausfischen.

Anrichten: Ofen auf 180° vorheizen. Eine Auflaufform (ca. 20 cm Seitenlänge) einfetten und den Boden mit etwas Tomatenmousse bestreichen. Die gekühlte Polenta in 8 Streifen von etwa 6 x 20 cm schneiden (s. Anmerkung). Den ersten Streifen in die Auflaufform legen und mit Tomatenmousse bestreichen. An der Außenseite etwa 1 cm Rand frei lassen. Käse über die Tomaten streuen und den nächsten Polentastreifen so in die Form legen, daß er die Tomaten-Käse-Schicht bedeckt. (Achtung: Der Rand bleibt immer frei). Den Arbeitsablauf wie oben beschrieben, solange wiederholen, bis alle Polentastreifen aufgebraucht sind und sich jeweils überlappen. Falls die Streifen nicht genügend Platz haben sollten, etwas enger aneinandersetzen, damit sie alle in die Form passen. Crème double über Polenta und Tomaten geben und in den heißen Ofen schieben. 35–40 Minuten

Polentaauflauf

Schokoladenmoussekuchen

backen, bis die oberste Schicht goldbraun ist und Blasen wirft.

Wenn Sie noch etwas Käse übrig haben, vor dem Backen über die Polenta streuen.

Reste von der Tomatenmousse mit dem Polentaauflauf servieren.
Für 6 Personen

Anmerkung: Sie können die kalte Polenta natürlich in jede beliebige Form schneiden. Die Stücke müssen nur groß genug sein, damit sie sich überlappen. Danko nimmt manchmal Polentadreiecke, was sehr hübsch aussieht.

Schokoladenmoussekuchen

Ein sündhaft köstliches Dessert. Ein Genuß für alle Schokoladenfans!

180 g Zucker
180 ml Wasser
1 Schokoladenboden, etwa 1 cm dick
500 g Zartbitterschokolade, fein zerrieben
10 Eier, getrennt
4 Eßlöffel Likör (zum Beispiel Grand Marnier)

Zucker und Wasser zu einem einfachen Sirup verkochen (kurz aufwallen lassen, dann 5 Minuten leise köcheln).

Den Boden einer Springform mit 22 oder 24 cm Durchmesser mit dem Schokoladenboden auslegen und anschließend beiseite stellen.

Schokolade und 1/4 l Sirup im Wasserbad schmelzen. In eine Rührschüssel gießen und mit den Eigelben vermengen. Dabei die Eigelbe einzeln hineingeben und jeweils gut verrühren. Zusammen mit dem letzten Eigelb auch den Likör einrühren. Eiweiß zu Schnee schlagen und unter die Schokoladenmasse heben. Vorsichtig in die Form füllen und über Nacht kalt stellen. (Der Kuchen läßt sich auch gut einfrieren.)

Vor dem Servieren mit einem warmen Messer den Rand lockern, dann erst den Verschluß der Springform öffnen. Auf eine Kuchenplatte setzen und nach Belieben mit Schlagsahne und frischem Obst garnieren.

Mit einem warmen Messer aufschneiden.
Für 12 Personen

Brother Juniper's Bakery

6544 Front Street, Box 1106
Forestville, California 95436
(707) 887-7908

Vor Jahren gründete ein gewisser Bruder Juniper die Bäckerei, die heute von drei Ordens-Bäckern weitergeführt wird. Damit wird allerdings auch ein guter Zweck erfüllt. Denn fast der gesamte Erlös aus den gastronomischen Projekten des Ordens geht an ein Fürsorgeheim in San Francisco. Das »Raphael House« ist das einzige Heim für obdachlose Familien im gesamten Einzugsgebiet der Stadt; darüber hinaus wird hier Altenpflege und Nachbarschaftshilfe betrieben.

Das »Raphael House« besteht inzwischen seit rund zwanzig Jahren, und mit der Hilfe von Brother Juniper's eifrigen Gefolgsleuten kann es vielleicht bestehen, solange es gebraucht wird.

Wenn Brot das Symbol für Leben und Nächstenliebe ist, so gelingt es diesen engagierten Bäckern, damit nicht nur Nahrung, sondern auch Genuß zu verschaffen.

*Pater Stephen Steineck,
Schwester Geraldine Foster,
Bruder Allan Richardson*

Buttermilch-Landbrot

Das Brot mit dem herzhaften und festen Teig ist ein Klassiker.

1/2 l lauwarmes Wasser
3 Eßlöffel Honig
2 Päckchen Trockenhefe
650 g Mehl

KALIFORNISCHE SPITZENGASTRONOMIE

350 g Vollkorn-Weizenmehl
1 Eßlöffel Salz
1/4 l Buttermilch, zimmerwarm
1 Ei
1/4 l Wasser
Nach Belieben Mohn

Wasser, Honig und Hefe in einer Schüssel verrühren und an einem warmen, vor Zugluft geschützten Ort 5 Minuten gehen lassen. In einer großen Schüssel Mehl und Salz vermengen. Buttermilch zur Hefemischung gießen und in das Mehlgemisch einrühren. 10 Minuten auf einer bemehlten Arbeitsfläche durchkneten (oder in der Küchenmaschine mit Knethaken), bis der Teig weich und elastisch ist und nicht mehr klebt. In eine gefettete Schüssel legen, mit einem Küchentuch abdecken und an einem warmen und geschützten Ort ca. 1 1/2 Stunden zur doppelten Größe aufgehen lassen. Zusammenfallen und eine weitere Stunde wieder bis zur doppelten Größe aufgehen lassen.

Teig zu 2 Kugeln und anschließend zu Wecken formen. In gefettete Backformen setzen und so lange gehen lassen, bis der Teig gerade über den Rand der Form ragt.

Ofen auf 180° vorheizen.

Ei mit Wasser verquirlen und die Brote damit einpinseln. Nach Belieben mit Mohn bestreuen. Ca. 45 Minuten backen, bis die Brote goldbraun sind. Sie müssen hohl klingen, wenn man auf den Boden der Form klopft.

Vor dem Anschneiden mindestens 45 Minuten abkühlen lassen.
Ergibt 2 Wecken

Scharfes Paprikabrot

Dieses scharf würzige Brot schmeckt mit Butter bestrichen und zu einer heißen Suppe einfach wunderbar.

1 1/2 kg Mehl
150 g grobes Maismehl
150 g gebratene rote Paprika (s. Seite 113), fein gehackt
4 Eßlöffel Tabascosauce
2 Eßlöffel getrocknete Petersilie
2 Eßlöffel Knoblauchsalz
3 Päckchen Trockenhefe
1 3/4 Eßlöffel Salz
1 Teelöffel schwarzer Pfeffer
3/4 l Wasser

Alle trockenen Zutaten sorgfältig vermengen, dann fast das ganze Wasser hinzugießen. Gut vermischen und 8 Minuten durchkneten, bis ein weicher und zäher Teig entsteht. Wenn nötig, das restliche Wasser (ca. 1/8 l) hinzufügen. Der Teig soll zäh, aber nicht klebrig sein.

Teig in eine gefettete Schüssel legen, mit einem Küchentuch abdecken und an einem warmen und geschützten Ort ca. 1 1/2 Stunden zur doppelten Größe aufgehen lassen. Zusammenfallen und eine weitere Stunde bis zur doppelten Größe aufgehen lassen.

Teig zu 4 Kugeln formen und zu Rechtecken ausrollen. Jedes Rechteck dreimal übereinanderfalten, Nahtstellen zusammendrücken und mit der Nahtseite nach unten auf die Arbeitsfläche legen. Ausrollen und wieder zusammenfalten. Die Rechtecke müssen dadurch länger werden. Nochmals ausrollen, zusammenfalten und Nahtstellen fest zusammendrücken. Die Brote müssen jetzt lang wie eine Baguette sein. 2 Backbleche mit Maismehl bestreuen und mit genügend Abstand jeweils 2 Brote auf ein Blech setzen. Abdecken und 1 Stunde gehen lassen.

Ofen auf 220° vorheizen.

Jedes Brot mit einem Sägemesser dreimal schräg einkerben und mit etwas Wasser aus dem Zerstäuber besprühen. Brot in den Ofen schieben und noch dreimal im Abstand von je 2 Minuten mit Wasser besprühen. 10 Minuten nach dem letzten Sprühen den Ofen abschalten (die Brote sind dann goldbraun). Mindestens 10 Minuten nachbacken und dann erst aus dem Ofen holen. Vor dem Anschneiden 15 Minuten oder länger ruhen lassen.
Ergibt 4 Wecken

Oreganobrot

Wieder ein würziges Brot, das sich gut zu Suppe und für Sandwiches eignet.

1 1/2 kg Mehl
150 g grobes Maismehl
3 Eßlöffel getrockneter Oregano
1 1/2 Eßlöffel getrocknete Petersilie
2 Eßlöffel Knoblauchsalz
1 Eßlöffel gemahlener schwarzer Pfeffer
3 Päckchen Trockenhefe
2 Eßlöffel Salz
Knapp 1 l Wasser

Wie das Paprikabrot zubereiten.
Ergibt 4 Wecken

Oreganobrot, scharfes Paprikabrot, Buttermilch-Landbrot

Tips rund um den Wein
Kalifornischer Wein und kalifornische Spezialitäten

Jamie Morningstar von der Kellerei Inglenook hat uns freundlicherweise ihre eigenen Richtlinien für die Kombination von Speisen und Wein zur Verfügung gestellt. Sie sollten darüber jedoch nicht vergessen, daß es immer noch genügend Spielraum gibt für Ihren eigenen Geschmack und Ihre eigenen Vorlieben.

Wenn Sie Wein zum Essen servieren, sollten Sie zuerst den Wein probieren, um mit seinem Aroma und seinem Charakter vertraut zu werden. Probieren Sie dann erst das Essen. Trinken Sie anschließend wieder vom Wein, um zu sehen, wie sich seine Komponenten (Säure, Tannin, Zucker, Frucht und Konsistenz) durch den Einfluß des Essens verändern.

Schmeckt der Wein jetzt süßer oder saurer? Fühlt er sich im Mund voller oder dünner an? Diese Veränderungen ergeben sich durch die Kombination mit Essen. Einige Aromen verbessern den Wein, so daß Sie diesen Wein wiederum zu diesem Essen reichen werden, andere wiederum werden den Wein weniger attraktiv erscheinen lassen.

Die Garmethode entscheidet ebenfalls darüber, welchen Wein Sie zum Essen reichen können. Wird das Essen geräuchert, gebraten oder gegrillt? Welche Kräuter werden eingesetzt? Die Hauptzutat im Essen transportiert auch die übrigen Aromen, und auf diese Aromen müssen Sie sich konzentrieren, wenn Sie einen Wein auswählen, der Ihr Essen optimal ergänzen soll.

Bedenken Sie auch das Gewicht des Weins im Verhältnis zu den Speisen. Ein voller, buttriger Chardonnay paßt einfach besser zu Speisen, die genauso üppig sind. Ein knackiger Sauvignon mit Kräutertönen verlangt nach Leichtigkeit und Frische.

Das Wichtigste aber ist, daß es kein allgemein gültiges Geschmacksempfinden gibt. Es gibt also keine richtigen und falschen Regeln. Speisen und Wein geben die Kulisse ab für einen Abend mit guten Freunden und besondere Gelegenheiten. Wir wollen Ihnen hier nur ein paar einfache Anleitungen geben, wie Sie diese Gelegenheiten noch mehr genießen können.

Chardonnay

Zu empfehlen

1. Üppige Zutaten mit vollem, aber dennoch feinem Geschmack: geröstete Pinienkerne, Pistazien, Pilze, Safran
2. Üppiges Fleisch und Geflügel mit vollem Aroma: Kalb, Schweinelende, Wachteln, Ente, Fasan
3. Üppiger Fisch und Meeresfrüchte mit vollem Aroma: Hummer, Garnelen, Lachs, Kammuscheln, Schwertfisch, Krabben, Forellen
4. Orangen, Zitronen und Äpfel in üppigen Cremes oder Saucen, die die Obstsäure ausgleichen
5. Gewürzkräuter: Estragon, Salbei, Rosmarin, gerösteter Knoblauch, Dill, Basilikum
6. Senf, Melone, Pfirsich, Aprikose, kleine Mengen Ingwer

Nicht zu empfehlen

1. Säurehaltige Zutaten ohne fette Grundlage wie Sahne, Butter oder Mayonnaise
2. Essig, Tomaten, Paprika
3. Koriandergrün, Oregano, roher Knoblauch und kräftige Gewürze
4. Stark geräucherte und salzige Speisen
5. Käse ohne eine frische Zutat, die das Butterfett durchdringen kann; Äpfel oder Senf genügen
6. Speisen mit stechendem Aroma

Gravion

Zu empfehlen

1. Säurehaltiges: Tomaten, Zitronen, Limetten, Grapefruit, Orangen, Ziegen- und Schafskäse
2. Intensive Kräuteraromen: Koriandergrün, Thymian, Oregano, Knoblauch, Minze
3. Meeresfrüchte und Fisch mit niedrigem Fettgehalt: Miesmuscheln, Venusmuscheln, Austern, Schnapper, Seezunge, Barsch, Tintenfisch
4. Huhn oder Schweinefleisch, vor allem vom Grill
5. Oliven, gebratene Paprika, milde Currys, Melonen, schwarzer Pfeffer
6. Mexikanische oder Cajun-Spezialitäten mit Tomaten und nicht zu scharfen Gewürzen

Nicht zu empfehlen

1. Sahne oder andere fette Zutaten ohne ein säurehaltiges Gegengewicht
2. Stark geräucherte oder salzige Speisen
3. Süßes
4. Käse mit hohem Fettgehalt
5. Dill, Ingwer, Zimt oder andere blumige Aromen
6. Stark essighaltige Speisen

Gewürztraminer Spätlese

Zu empfehlen

1. Das Dessert sollte nie so süß sein wie der Wein und ein ausgewogenes Verhältnis von Säure und Süße besitzen. Auf die Zuckermenge im Dessert achten.
2. Fruchtige Desserts passen am besten: Obstkuchen, frische Beeren, Aprikosen, Birnen oder im Wein pochierte Äpfel
3. Gewürze zum Pochieren oder zum Verfeinern von Schlagsahne sind ebenfalls gut geeignet: Zimt, Muskat, Nelken, Piment, Vanille, Ingwer, Lorbeer, Kardamom
4. Crème caramel oder Crème brûlée mit einem Zitrushauch
5. Käse mit einem leichten Salz- oder Räucheraroma: milde Blauschimmelkäse und Brie, geräucherter Cheddar oder Gouda. Auch Obst zum Käse verträgt der Gewürztraminer im Gegensatz zu den meisten anderen Weinen gut.

Nicht zu empfehlen

1. Üppige Buttercremedesserts
2. Schokolade in jeglicher Form
3. Essig, intensive Kräuter, stark säurehaltige Speisen

Muskateller

Zu empfehlen

1. Das Dessert sollte nie so süß sein wie der Wein und ein ausgewogenes Verhältnis von Säure und Süße besitzen. Auf die Zuckermenge im Dessert achten.
2. Fruchtige Desserts passen am besten: Obstkuchen, frische Beeren, Aprikosen, Birnen oder im Wein pochierte Äpfel u.ä.
3. Gewürze zum Pochieren oder zum Verfeinern von Schlagsahne sind ebenfalls gut geeignet: Zimt, Muskat, Nelken, Piment, Vanille, Ingwer, Lorbeer, Kardamom
4. Crème caramel oder Crème brûlée mit einem Zitrushauch
5. Käse mit einem leichten Salz- oder Räucheraroma: milde Blauschimmelkäse und Brie, geräucherter Cheddar oder Gouda. Auch Obst zum Käse verträgt der Muskateller im Gegensatz zu den meisten anderen Weinen gut.

Nicht zu empfehlen

1. Üppige Buttercremedesserts
2. Schokolade in jeglicher Form
3. Essig, intensive Kräuter, stark säurehaltige Speisen

Sauvignon Blanc

Zu empfehlen

1. Säurehaltiges paßt am besten: Tomaten, Zitronen, Limetten, Grapefruit, Ziegen- und Schafskäse
2. Intensive Kräuteraromen: Rosmarin, Thymian, Oregano, Knoblauch
3. Magerer Fisch und Meeresfrüchte: Miesmuscheln, Kammuscheln, Austern, Schnapper, Seezunge, Barsch, Tintenfisch
4. Huhn oder Schweinefleisch, vor allem vom Grill
5. Oliven, gebratene Paprika, milde Currys, schwarzer Pfeffer
6. Mexikanische oder Cajun-Spezialitäten mit Tomaten und scharfen Gewürzen

Nicht zu empfehlen

1. Sahne oder andere fetthaltige Zutaten ohne ein säurehaltiges Gegengewicht
2. Stark geräucherte oder salzige Speisen

3. Süßes
4. Käse mit hohem Fettgehalt
5. Dill, Ingwer, Zimt oder andere blumige Aromen
6. Essighaltige Speisen

Cabernet Sauvignon

Zu empfehlen

1. Cabernet mit gut entwickeltem und weichem Tannin verlangt nach einfachen, aber eleganten Speisen:
– Fleisch mit kräftigem Aroma in einfachen Weinsaucen: Lamm, durchwachsenes Rind, Ente oder Taube
– Volle, erdige Töne: Oliven, gerösteter Knoblauch, Walnüsse, Senf und Pilze
– Intensive Kräuter und Gewürze: Rosmarin, Thymian, Knoblauch, Minze, Pfefferkörner und Petersilie
– Käse: Cheddars, die in ihrer Schärfe der Intensität des Weins entsprechen; Weichkäse wie Brie und Camembert und Hartkäse wie trockener Monterey Jack, Parmesan und Pecorino Romano
2. Cabernet mit wuchtigem Tannin braucht stark gewürzte und üppige Speisen, die die beißende Gerbsäure abmildern:
– Speisen, die den Akzent auf die Gewürze setzen; gleich beim Zubereiten großzügig mit intensiven Gewürzen umgehen
– Gewürze und Beeren in schweren braunen Saucen: Kirschen, Brombeeren, Johannisbeeren mit Piment, Muskat, Macis und Wacholder

Nicht zu empfehlen

1. Meeresfrüchte, Essig, salzige Speisen
2. Zartes Fleisch und Geflügel: Schweinefilet, Kalb, Huhn, Truthahn
3. Beißender Käse: Gorgonzola, Gruyère, junger Ziegenkäse
4. Blumige Kräuteraromen: Dill, Koriandergrün, Ingwer

Merlot

Zu empfehlen

1. Fleisch und Geflügel mit kräftigem Aroma in einfachen Weinsaucen: Lamm, durchwachsenes Rind, Taube, Ente, Wachtel, Kaninchen
2. Beeren – z. B. Brombeeren, Himbeeren, Schwarzkirschen – in Butter, Sahne oder kräftigem Sud
3. Volle, erdige Aromen: Pilze, karamelisierte Zwiebeln, gerösteter Knoblauch, Senf, Walnüsse, Oliven
4. Intensive Kräuter: Lorbeer, Thymian, Sommerbohnenkraut, Minze, Petersilie, Pfefferkörner, roher Knoblauch
5. Gewürze wie Piment, Muskat, Macis
6. Käse: Cheddars, die in ihrer Schärfe der Intensität des Weins entsprechen; Weichkäse wie Brie und Camembert und Hartkäse wie trockener Monterey Jack, Parmesan und Pecorino Romano

Nicht zu empfehlen

1. Säurehaltige Zutaten ohne ein fetthaltiges Gegengewicht wie Sahne, Butter oder Brühe
2. Blumige Kräuteraromen: Dill, Koriandergrün, Basilikum, Ingwer
3. Stark gesalzene Speisen, Fisch und Meeresfrüchte
4. Essig
5. Stechender Käse: Blauschimmelkäse, Emmenthaler, Schafskäse usw.

Pinot Noir

Zu empfehlen

1. Geräuchertes Fleisch und Geflügel: Schinken, Kalb, Rind, Ente, Huhn, Wachtel, Truthahn
2. Beeren – z. B. Brombeeren, Himbeeren, Schwarzkirschen, Erdbeeren – mit einem fetthaltigen Gegengewicht wie Butter, Sahne oder Brühe
3. Erdige, volle Aromen: Pilze, karamelisierte Zwiebeln, Tomaten, Paprika, Senf, Walnüsse
4. Kräftige Kräuter und Gewürze: Rosmarin, Thymian, Sommerbohnenkraut, Estragon, Pfefferminze, Grüne Minze, Pfefferkörner
5. Gewürze wie Piment, Muskat, Nelken, Zimt
6. Forelle oder Lachs, über Kräutern und Hickoryholz geräuchert oder mit einer Zitronenscheibe in Pinot pochiert
7. Wild: Lamm, Kaninchen, Wachtel, Ente, Taube
8. Milder und fetthaltiger Käse: Havarti, Monterey Jack, Gouda, alter Cheddar, Brie, Camembert

Nicht zu empfehlen

1. Säurehaltige Zutaten ohne fetthaltiges Gegengewicht wie Sahne, Butter oder Brühe
2. Blumige Kräuteraromen: Dill, Koriandergrün, Basilikum, Ingwer
3. Stark gesalzene Speisen oder salziger Fisch: Makrelen, Sardellen u.ä.
4. Essig
5. Stechender Käse: Blauschimmelkäse, Emmenthaler, Schafskäse

Zinfandel

Zu empfehlen

1. Intensive Kräuter und Gewürze: Rosmarin, Knoblauch, Thymian, Oregano, Fenchel, Salbei, Pfefferkörner
2. Fleisch und Geflügel mit kräftigem Aroma: Reh, Rind, Wildschwein, Lamm, Kaninchen, Ente, Taube, Wachtel
3. Volle, erdige Aromen: gebratene Paprika, gebratener Knoblauch, Pilze, Tomaten, Oliven, Auberginen
4. Italienische Spezialitäten: Lasagne, Auberginenauflauf, Polenta, Würste, Pizza
5. Cajun-Spezialitäten
6. Gealterter Hartkäse: Parmesan, Monterey Jack, Cheddar, Gouda

Nicht zu empfehlen

1. Zartes Fleisch und Geflügel – Schwein, Kalb, Huhn, Truthahn – ohne kräftige Kräuter und Gewürze aus der obengenannten Liste
2. Blumige Kräuter und Gewürze: Dill, Koriandergrün, Zimt, Piment, Muskat
3. Meeresfrüchte, Fisch, Essig
4. Stark gesalzene Speisen
5. Stechender Käse: Blauschimmelkäse, Emmenthaler, Schafskäse

Danksagung

Mein aufrichtigster Dank geht an alle Weingutbesitzer, denn ohne ihre großzügige Unterstützung wäre dieses Buch nicht zustande gekommen. In alphabetischer Reihenfolge: Alexander Valley und der ganze Wetzel-Clan, vor allem Maggie, Katie und die beiden Hanks; Beaulieu, Heublein Inc.: die Sullivans und die Eschers; Beringer, Wine World Inc.; Buena Vista: Marcus und Anna Moller-Racke; Cain Cellars: Jerry und Joyce Cain; Cakebread: Jack und Dolores Cakebread, ihre Söhne Bruce und Dennis; Ferrari-Carano: Don und Rhonda Carano; Fetzer: Kathleen Fetzer und die ganzen übrigen Geschwister; Heitz: Joe und Alice Heitz sowie ihre Söhne David und Rollie, ihre Tochter Kathleen und Rollies Frau Sally; Hess: Donald Hess; Inglenook, Heublein Inc; Iron Horse: Barry und Audrey Sterling; Jordan: Tom und Sally Jordan und ihre Tochter Judy; Martini: Louis und Liz Martini sowie ihre Kinder Michael, Carolyn und Patricia; Matanzas: Sandra und Bill MacIver; Mondavi: Robert Mondavi und seine Frau Margrit Biever, die Kinder Michael, Tim und Marcia; Monticello: Jay und Marilyn Corley; Newton: Peter und Su Hua Newton; Quivira: Henry und Holly Wendt; Schramsberg: Jack und Jamie Davies; Sonoma-Cutrer: Brice Jones; Stag's Leap: Warren und Barbara Winiarski; Trefethen: John und Janet Trefethen.

Mein Dank gilt außerdem folgenden Personen: Alexander Valley: Randi Middleton; Beaulieu: Charlotte Combe und Craig Root; Beringer: Toni Allegra, Tor und Susan Kenward, Maxine Seidenfaden und Joseph Costanzo; Buena Vista: Sharon Lydic, Stuart Tracy, Don Surplus und seine Crew von Napa Valley Balloons, Inc.; Cain Cellars: Michael Osborn; Cakebread: Brian Streeter; Ferrari-Carano: Marie Gewirtz, Donna Freitas, Shannon Beglin und Elaine Reese; Fetzer: Rusty Eddy; Hess: Elizabeth Pressler, Jean Mazza und Denis Corey; Inglenook: Jamie Morningstar; Jordan: Jean Reynolds, Barbara Bowman und Maria Mondrigan; Martini: Mr. und Mrs. Olivia Piero und Susan Smith; Matanzas: Marc Roumiguiere und Judy Ortiz; Mondavi: Ada Moss, Linda Borelli, Estefana und ihr Pudel Fume; Monticello: Kathleen Clark und Roger Thoreson; Newton: Claudia Schmidt und John Kongsgaard; Quivira: Jan Mettler; Schramsberg: Robert Kaspar und Rita Escalante; Sonoma-Cutrer: Leslie Litwak, Nancy Freeman und Robert Reboschatis; Stag's Leap: Mary Jane Bowker; Trefethen: John Bonick.

Mein Dank und meine Bewunderung gelten außerdem Bob und Harolyn Thompson, Belle und Barney Rhodes sowie Penni Wisner für ihre wertvolle fachliche Unterstützung.

Ich möchte mich auch bei John Nyquist, Charles Gautreaux und Kathy Vanderbilt von Vanderbilt Inc., St. Helena für ihre großzügige Hilfsbereitschaft bedanken.

In loser Reihenfolge weitere Personen, ohne deren Unterstützung ich nicht weitergekommen wäre: Claudia Appleby, Michael Florian, John Duff, Bill und Lila Jaeger, Scott Chappell, Howard Lane, Susan Contesini, Elaine Bell, Joan Comendant, Anne Grace, Cynthia Lindway, Gil Roders, Arthur Foster und Bill Blum.

Mein ganz besonderer Dank geht an meinen alten Freund Lee Klein, der meine Leidenschaft für gutes Essen teilt und mir über die Jahre hinweg gezeigt hat, was sich im Wine Country tut und unseren Aufenthalt in Kalifornien organisiert hat. Ich kann mir gar nicht vorstellen, wie wir das ohne dich geschafft hätten! Danke, daß alles so gut geklappt hat!

Wie immer verneige ich mich vor dem Können von Tom Eckerle, der für diesen Band zusammen mit seinen Assistenten Bill Keene und Jimmy Eckerle wirklich sensationelle Photos geliefert hat.

Dank auch allen meinen fleißigen Freunden bei Clarkson Potter, vor allem meinem neuen Lektor Roy Finamore, der für eine reibungslose und angenehme Realisierung des Projektes sorgte, und meiner Freundin und Agentin Pam Bernstein.

Ich nehme nicht gern Abschied von Alan Mirken, der nicht nur mich, sondern jeden seiner Autoren so verläßlich betreute. Dein warmes, sympathisches Wesen wird uns allen in Erinnerung bleiben.

Register

Gerichte

Acorn-Squash, gebackene 90
Acqua cotta 172
Ananas-Bananen-Sorbet 114
Ananaskuchen, gestürzter 91
Antilopenmedaillons mit Rotweinsauce und Ingwerchutney 175
Apfel
– Birnen-Chutney 46
–, gedünstet, und rote Zwiebeln 83
– kuchen Napa Valley 31
– mus, frisches, mit ganzen Apfelstücken 102
Aprikoseneis 86
Artischockenböden 38
Artischockensalat 51
Auflauf
  Lauch-Kräuter- 58
  Polenta 184
Austern
–, frische, mit Orangensauce 136
– häppchen in Schaumweinvinaigrette 164
– in Rucolacreme 27
– Suppe, mit Chilicreme 56
Avocado-Melonen-Salat 144

Balsamessig-Vinaigrette 52
Beerensauce 73
Birne
– Apfel-Chutney mit Champagnerkaninchen 43
– mit Cambozolakäse 96
– mit bunter Salatmischung, Blauschimmelkäse und Portweinvinaigrette 59
–, pochierte 122
–, pochierte, mit Eldorado-Gold-Sauce 137
Blattgemüse 21
Blattsalate und Blattgemüse, gemischte, mit Honig-Zitronen-Dressing 15
Blattsalate und neue Kartoffeln mit Dill-Chardonnay-Vinaigrette 85
Bohnen
  Elefanten-, mit Kartoffeln und Mais 107
–, grüne 165
–, grüne, mit gelben und roten Cocktailtomaten 21
Brät, hausgemachtes 169
Brioche mit Pilzragout 43
Brombeer(en)
– kuchen mit Sahne 103
–, Limettensoufflé, gefrorenes, mit Brombeersauce 73
– pyramiden 166
Brot (siehe auch Toast)
  Acqua cotta 172
– mit Buttermilch 185
– mit Oregano 186
– mit Paprika, scharf 186
– mit Walnuß 72
– aus Weizen, aus der Steinmühle 91
Brötchen aus Mais mit Schnittlauch 143
Brotmäuse, Seans 131

Brunnenkresse 46
Buttermilch
– dressing, Tortellini und Pilze in 36
– Landbrot 185
– suppe, gekühlte 142

Cabernet-Senf-Sauce 71
California Sunset Soup 164
Cambozolakäse mit Birnen 96
Carpaccio vom Stör 132
Cayenne Pound Cake 22
Champagnerkaninchen mit Apfel-Birnen-Chutney 43
Chardonnay-Paprika-Sauce 82
Chicorée mit Keta-Kaviar 94
Chili
– creme 56
– mayonnaise 175
– polenta 65
– schoten, gefüllte 180
Chutney
  Apfel-Birnen-, mit Champagnerkaninchen 43
  Ingwer- und Antilopenmedaillons mit Rotweinsauce 175
Creme 167
–, englische 17
–, gebackene, aus Knoblauch 151
Crudités mit Kräutermayonnaise 128

Dill-Chardonnay-Vinaigrette 85
Dressing, Speck-Melasse 118

Eintopf mit Schweinefleisch und Tomatillos 157
–, mexikanischer, mit Schweinefleisch 170
Eiscreme
  Limetten-, mit Brombeersauce 144
– mit Aprikosen, Mandelkuchen mit 85
Eldorado-Gold-Sauce 139
Enchiladas, Huhn-Walnuß, mit grüner Chilisauce 65
Engelshaar mit Tomaten, Spinat und dreierlei Käsesorten 136
Englische Creme 17
Entenbrust, geräucherte mit Farfalle, Shiitake-Pilzen und Speckwürfeln 121
Entenwurst mit Orangen 101
–, geräucherte, mit Fenchelsamen 101
–, zweierlei, vom Grill mit Maispfannkuchen 101
Erdbeerkuchen mit Amarettocreme 29
Erdbeersirup 79

Farfalle mit geräucherter Entenbrust, Shiitake-Pilzen und Speckwürfeln 121
Feigen, frische, in Cabernet und Honig pochiert 22
–, mit Walderdbeersauce 153
Feldsalat und Radicchio an Schaumweinvinaigrette 21
Fisch (siehe auch Seespeisen und Geräucherter Fisch)
  Forelle, geräucherte, mit Bohnensalat 182

Lachs, vom Rost 20
Lachs, kalter, in Aspik 94
Regenbogenforelle im Weinblatt 58
Stör vom Rost 20
Thunfisch, Lachs und Stör vom Rost 20
Thunfischsauce 50
– salat mit Orangen-Oregano-Vinaigrette 65
Flan aus Karamel mit Kokosflocken 67
Forelle (»Regenbogen«) im Weinblatt 58
–, geräucherte, mit Bohnensalat 182
French Cream mit frischen Beeren 77
Fruchtschale, bunte, mit Himbeersauce 53

Garnelen
–, eingelegte 29
–, gegrillte, mit Papayasauce 70
–, marinierte, mit Chilipolenta und Maisgemüse 64
– mit Pfannkuchen, Gourmet, in Gurkensauce 171
Gartengemüse
–, eingelegtes 100
–, gegrilltes 113
Gazpacho, Krabben 106
Gebäck
  Karameltortillas 180
  Kokos-Macadamia-Kekse 108
  Mandelkörbchen mit Zitronencreme 66
  Pfeffer-Zucker-Plätzchen 23
  Schokoladenplätzchen 145
  Zitronen-Walnuß-Stangen 32
  Zitrusplätzchen, hauchdünne 115
Gegrilltes
  Entenwürste, zweierlei, vom Grill mit Maispfannkuchen 101
  Garnelen, gegrillte, mit Papayasauce 70
  Hähnchenwurst vom Grill 56
  Lachs vom Rost 20
  Penne mit gegrilltem Gartengemüse 113
  Radicchio, gegrillter 176
  Schweinefilet, gegrilltes, mit Cabernet-Senf-Sauce 71
  Spareribs vom Grill »Country-Style« 90
  Stör vom Rost 20
  Wachteln, gegrillte, Mandarinart 26
Gemüse
  Blatt- 21
  Blatt-, gemischt, und Blattsalate mit Honig-Zitronen-Dressing 15
  Baby- mit gebratenem Kapaun und Pilzsauce 14
– aus dem Garten, eingelegtes 100
– aus dem Garten, gegrillt, mit Penne 113
– aus/mit Mais 65, 169
– aus Mais, mit Polenta, Chili und marinierten Garnelen 64
–, kaltes, mit Senfsauce 96
Geräucherter Fisch (siehe auch Fisch)
  Carpaccio vom Stör 132
  Forelle, geräucherte, mit Bohnensalat 182

Pizza mit Räucherlachs und Kaviar 174
Risotto mit Räucherlachs und Spinat 173
Geräuchertes
  Entenwurst, geräucherte, mit Fenchelsamen 101
  Farfalle mit geräucherter Entenbrust, Shiitake-Pilzen und Speckwürfeln 121
  Pastetchen mit Bauchspeck und wilden Pilzen 172
Glasur, Tabasco-Honig 106
Goldrüben und rote Bete mit Blattgrün 21
Grüne Bohnen 165
–, mit gelben und roten Cocktailtomaten 21
–, Baby-, Salat aus 52
Gurkensauce 171

Hähnchenwurst vom Grill 56
Hartweizennudeln 150
Himbeersauce 133
Himbeersauce 17
Honig-Zitronen-Dressing 15
Hors d'œuvres
  Austern in Rucolacreme 27
  Austernhäppchen in Schaumweinvinaigrette 164
  Crudités mit Kräutermayonnaise 128
  Garnelen, eingelegte 29
  Käsekörbchen, leichte 26
  Parmaschinken mit Zitronen und Dill 164
  Radieschen-Kanapees 42
  Schinkenbällchen, gebackene 42
  Wachteln, gegrillte, Mandarinart 26
Huhn
  Hähnchenwurst vom Grill 56
– in Chardonnay 137
  Phyllotäschchen 156
– in Tabasco-Honig-Glasur 106
– in Thunfischsauce 50
– Walnuß-Enchiladas mit grüner Chilisauce 65
Hühnerbrust, scharf gebratene, auf Blattsalat mit Speck-Melasse-Dressing 118
Hühnersuppe mit Zitronenaroma 64
Hummersalat mit Früchten 76

Ingwer
– Soja-Butter 14
– chutney 176
– mousse mit Kokosraspeln 123

Kalbslende in Portwein-Orangen-Marinade 82
Kammuscheln mit Ingwer-Soja-Butter auf Bok Choy 14
Kammuscheln, Salat 181
Kaninchen auf Champagner mit Apfel-Birnen-Chutney 43
Kapaun, gebratener, mit Pilzsauce und Babygemüsen 14
Karamelflan mit Kokosflocken 67
Karameltortillas 180

Karotten
- und Kohl mit Ingwer 46
- und weiße Rübchen, Püree, auf Artischockenböden 38

Kartoffel(n)
- mit Knoblauch 70
- mit Mais und Elefantenbohnen 107
-, neue, und Blattsalate mit Dill-Chardonnay-Vinaigrette 85
  Rosmarinkartoffeln, knusprige, mit Parmesan 83
-, rote, Salat 143

Käse, Cambozola, mit Birnen 96
Käsekörbchen, leichte 26
Käsequiche, würzige 166
Käsetoasts 142
Kaviar (Keta) mit Chicorée 94
Kekse, Kokos-Macadamia 108
Kirschen, schwarze, in Wein 97

Knoblauch
- creme, gebackene 151
- kartoffeln 70
- knollen mit Kräutern 178
  Pizzette mit Knoblauch und Kräutern 177

Kohl und Karotten mit Ingwer 46
Kokos-Macadamia-Kekse 108
Kopfsalat mit Tomaten und Zucchiniblüten 119

Krabben
- gazpacho 106
- kuchen mit Chilimayonnaise 175

Kräuter
  Crudités mit Kräutermayonnaise 128
- mit Knoblauchknollen 178
  Lauch-Kräuter-Auflauf 58
- mantel 165
- mayonnaise 128
  Pizzette mit Knoblauch und Kräutern 177
- sauce 95

Kuchen
  Ananas-, gestürzter 91
  Apfel-, Napa Valley 31
  Cayenne Pound Cake 22
  Erdbeer-, mit Amarettocreme 29
  Krabben-, mit Chilimayonnaise 175
  Lauch-, mit Ziegenkäse 112
  Mandel-, mit Aprikoseneis 85
  Nuß-, kalifornischer 179
  Pistazien-Pecan-Meringen-, mit Erbeerfüllung 132
  Schokoladenmousse- 185

Lachs
-, kalter, in Aspik 94
- vom Rost 20
Lammfilet in Cabernetsauce 151
Langusten mit scharfer Tomatensauce 129
Lauch-Kräuter-Auflauf 58
Lauchkuchen mit Ziegenkäse 112
Limitteneis mit Brombeersauce 144
Limettensoufflé, gefrorenes, mit Brombeersauce 73

Mais
- brötchen mit Schnittlauch 143
- gemüse 65, 169
- gemüse mit Garnelen, mariniert und Chilipolenta 64
- mit Kartoffeln und Elefantenbohnen 107
- pfannkuchen 102, 169
- pfannkuchen, Entenwürste, zweierlei, vom Grill 101

Mandelkörbchen mit Zitronencreme 66
Mandelkuchen mit Aprikoseneis 85
Mariniertes
  Garnelen, mit Chilipolenta und Maisgemüse 64
  Kalbslende in Portwein-Orangen-Marinade 82
  Schweinelende in Senfkruste 178
  Ziegenkäse, eingelegter 152
Mousse, Ingwer, mit Kokosraspeln 123

Nudeln (siehe auch Pasta)
- aus Hartweizen 150
- mit Erbsenpüree, garniert mit Miesmuscheln 150
-, Safran, mit Chardonnay-Paprika-Sauce 82
Nußkuchen, kalifornischer 179

Orangen-Oregano-Vinaigrette 65

Orecchiette mit Tomaten, Koriandergrün und Ziegenkäse 119
Oreganobrot 186
Orzo-Nudeln mit Balsamessig-Vinaigrette 52

Papayasauce 70
Paprikabrot, scharfes 186
Parmaschinken mit Zitronen und Dill 164
Pasta (siehe auch Nudeln)
  Engelshaar mit Tomaten, Spinat und dreierlei Käsesorten 136
  Hartweizennudeln 150
  Nudeln mit Erbsenpüree, garniert mit Miesmuscheln 150
  Orecchiette mit Tomaten, Koriandergrün und Ziegenkäse 119
  Orzo-Nudeln mit Balsamessig-Vinaigrette 52
  Penne mit gegrilltem Gartengemüse 113
  Safrannudeln mit Chardonnay-Paprika-Sauce 82
  Tortellini und Pilze in Buttermilchdressing 36
Pastetchen mit Bauchspeck und wilden Pilzen 172
Penne mit gegrilltem Gartengemüse 113

Pfannkuchen
- aus Mais 102, 169
- aus Mais mit Entenwürsten, zweierlei, vom Grill 101
-, Gourmet, mit Garnelen und Gurkensauce 171

Pfeffer-Zucker-Plätzchen 23
Pfirsich
- in Ingwerchutney 176
- in Shortcake mit warmer Sahnesauce 183
- pie aus dreierlei Pfirsichsorten 60
Phyllotäschchen 156
Pilz(e)
- ragout mit Brioche 43
- ragout, Fenchel und Artischocken 171
- mit Reis 158
  Shiitake-, zu Farfalle, mit geräucherter Entenbrust und Speckwürfeln 121
  Stein-, frische, mit Speck 76
- und Tortellini in Buttermilchdressing 36
-, wilde, zu Pastetchen mit Bauchspeck 172
Pistazien-Pecan-Meringen mit Erbeerfüllung 132
Pizza mit Räucherlachs und Kaviar 174
Pizzette mit Knoblauch und Kräutern 177
Plätzchen
-, Pfeffer-Zucker 23
- aus Schokolade 145
- aus Zitrus, hauchdünn 115
Polenta, Chili, mit marinierten Garnelen und Maisgemüse 64
Polentaauflauf 184
Portwein-Orangen-Marinade 82
Portweinvinaigrette 59
Pudding aus Reis mit Heidelbeeren 47
Pyramiden 167

Quiche
  Creme, gebackene, aus Knoblauch 151
- mit Käse, würzige 166
  Lauch-Kräuter-Auflauf 58
  Lauchkuchen mit Ziegenkäse 112

Radicchio und Feldsalat an Schaumweinvinaigrette 21
Radicchio, gegrillter 176
Radieschen-Kanapees 42
Ragout von Pilzen, Fenchel und Artischocken 171
Räuchern 101
Regenbogenforelle im Weinblatt 58
Rehrücken in Pfefferkruste 36
Reis
-, brauner und wilder 165
- mit Pilzen 158
- pudding mit Heidelbeeren 47
  Risotto mit Räucherlachs und Spinat 173
Roastbeef 113
Rosmarinkartoffeln, knusprige, mit Parmesan 83
Rote Bete und Goldrüben mit Blattgrün 21
Rotweinsauce 176

Rübchen, weiße, und Karotten, Püree, auf Artischockenböden 38
Rucolacreme mit Austern 27
Safrannudeln mit Chardonnay-Paprika-Sauce 82
Salat
  Artischocken- 51
- aus Avocado-Melonen 144
  Blatt- und Blattgemüse, gemischte, mit Honig-Zitronen-Dressing 15
  Blatt- und neue Kartoffeln mit Dill-Chardonnay-Vinaigrette 85
  Blatt- zu scharf gebratener Hühnerbrust mit Speck-Melasse-Dressing 118
  Bohnen- zu geräucherter Forelle 182
- von der Brunnenkresse 46
- aus grünen Babyböhnchen 52
-, grüner, mit Rotweinvinaigrette 166
  Feld- und Radicchio an Schaumweinvinaigrette 21
  Fisch- mit Orangen-Oregano-Vinaigrette 65
  Hummer- mit Früchten 76
- aus Kammuscheln 181
- aus Kartoffeln, Mais und Elefantenbohnen 107
  Kopf- mit Tomaten und Zucchiniblüten 119
- mischung, bunte, mit Birnen, Blauschimmelkäse und Portweinvinaigrette 59
- aus roten Kartoffeln 143
- aus rote Bete 51
  Weißkraut-, kalifornischer 90
Sauce
  Brombeer- zu gefrorenem Limettensoufflé 73
  Brombeer- zu Limetteneis 144
  Cabernet- zu Lammfilet 151
  Cabernet-Senf- 71
  Chardonnay-Paprika- zu Safrannudeln 82
  Chili, grüne, zu Enchiladas und Huhn-Walnuß 65
  Eldorado-Gold- mit pochierten Birnen 137
  Erdnuß- zu Truthahnbrust 142
  Gurken- 171
  Himbeer- 17, 133
  Himbeer- zu bunter Fruchtschale 53
  Papaya- 65
  Pilz- zu gebratenem Kapaun und Babygemüsen 14
  Rotwein- 176
  Sahne-, warm, zu Shortcake 183
  Senf- zu kaltem Gemüse 96
  Thunfisch- 50
  Tomaten-, frische 20
  Tomaten-, scharfe 129
  Walderdbeer- zu frischen Feigen 153
Schinkenbällchen, gebackene 42
Schokolade(n)
- Kirsch-Trifle 38
- moussekuchen 185
- plätzchen 145
- terrine von drei verschiedenen Schokoladensorten mit Englischer Creme und Himbeersauce 16
Schwarzkirschen in Wein 97
Schweine(fleisch)
- Eintopf mit Tomatillos 157
- Eintopf, mexikanischer 170
- filet, gegrilltes, mit Cabernet-Senf-Sauce 71
- Lende, in Senfkruste 178
  Spareribs vom Grill »Country-Style« 90
Seans Brotmäuse 131
Seespeisen (siehe auch Fisch)
  Austern in Rucolacreme 27
  Garnelen, eingelegte 29
  Garnelen, gegrillte, mit Papayasauce 70
  Garnelen, marinierte, mit Chilipolenta und Maisgemüse 64
  Gourmet-Pfannkuchen mit Garnelen und Gurkensauce 171
  Kammuscheln mit Ingwer-Soja-Butter auf Bok Choy 14
  Krabbengazpacho 106
  Krabbenkuchen mit Chilimayonnaise 175
  Langusten mit scharfer Tomatensauce 129
  Nudeln mit Erbsenpüree, garniert mit Miesmuscheln 150

Suppe aus Austern mit Chilicreme 56
Shortcake mit warmer Sahnesauce 183
Sorbet
  Ananas-Bananen- 114
- vom Grignolino Rosé 158
  Walnuß- 32
Spareribs vom Grill »Country-Style« 90
Spargelbouquet 129
Steinpilze, frische, mit Speck 76
Stör vom Rost 20
Stör, Carpaccio 132
Suppe
- aus Austern mit Chilicreme 56
  Buttermilch-, gekühlte 172
  California Sunset Soup 164
  Hühner- mit Zitronenaroma 64
  Krabbengazpacho 106
- aus Tomatillos mit Koriandergrün und Orangen 182

Tabasco-Honig-Glasur 106
Täubchen im Kräutermantel 165
Thunfisch, Lachs und Stör vom Rost 20
Thunfischsauce 50
Toast mit Käse 142
Tomaten
  Acqua cotta 172
  California Sunset Soup 164
  Cocktail-, rote, mit grünen Bohnen und gelben 21
- zu Engelshaar, Spinat und dreierlei Käsesorten 136
- mit Kopfsalat und Zucchiniblüten 119
- zu Orecchiette, Koriandergrün und Ziegenkäse 119
- in Polentaauflauf 184
- in Rotweinsauce 176
- sauce, frische 20
- sauce, scharf, zu Langusten 129
Tomatillosuppe mit Koriandergrün und Orangen 182
Tortellini und Pilze in Buttermilchdressing 36
Tortillas aus Karamel 180
Trifle, Schokoladen-Kirsch 38
Truthahnbrust mit Erdnußsauce 142

Wachteln, gegrillte, Mandarinart 26
Walnuß
- brot 72
- Huhn mit Enchiladas auf grüner Chilisauce 65
- sorbet 32
- Zitronen-Stangen 32
Weißkrautsalat, kalifornischer 90
Weizenbrot 91
Wurst
  Brät, hausgemachtes 169
- aus Ente, geräuchert, mit Fenchelsamen 101
- aus Ente, zweierlei, vom Grill, mit Maispfannkuchen 101
- aus Hähnchen, vom Grill 56

Ziegenkäse
  Käsekörbchen, leichte 26
- mit Lauchkuchen 112
- zu Orecchiette mit Tomaten und Koriandergrün 119
-, eingelegter 152
Zitronen-Walnuß-Stangen 32
Zitrusplätzchen, hauchdünne 115
Zwiebelringe, hauchdünne 71

Restaurants

Brother Juniper's Bakery 185
The Diner 169
French Laundry 182
John Ash & Co 178
La Placita Restaurant 180
The Restaurant at Chateau Souverain 184
Ristorante Piatti 173
Sonoma Mission Inn & Spa 175
Terra 172
Tra Vigne 176
Trilogy 181
Truffles Restaurant & Bar 170